JENS FÖRSTER

Kleine Einführung in das SchubladenDenken

Buch

Mädchen rechnen schlechter als Jungen, und Blondinen sind dumm. Das sind bloße Behauptungen, reine Vorurteile. Doch verfehlen sie ihre Wirkung nicht, wie Sozialpsychologen herausgefunden haben. Vorurteile halten sich hartnäckig und leiten unser Verhalten – meistens weit mehr, als uns bewusst ist. Der Sozialpsychologe Jens Förster hat untersucht, wie Vorurteile unsere Leistung beeinflussen. Seine These: Vorurteile sind an ganz bestimmte Erwartungen geknüpfte Prophezeiungen, die sich selbst erfüllen. Förster verbindet wissenschaftliche Erkenntnis mit anschaulichen Berichten von persönlichen Alltagserfahrungen, um zu erklären, wie Vorurteile und Stereotype zustande kommen, was sie anrichten, welche positiven Auswirkungen sie mitunter haben und wie wir das Brett vorm Kopf wieder loswerden können.

Autor

Jens Förster, geboren 1965, ist nicht nur Professor der Sozialpsychologie an der Universität Amsterdam, wo er Ursache und Wirkung von Vorurteilen erforscht, sondern auch Chansonnier und Kabarettist und wurde selbst immer wieder mit festgefügten Vorurteilen konfrontiert. »Kleine Einführung in das SchubladenDenken« vereint fundierte Forschungsergebnisse und persönliche Erfahrung des Autors.

Jens Förster

Kleine Einführung in das SchubladenDenken

Vom Nutzen und Nachteil des Vorurteils

GOLDMANN

Namen von Wissenschaftlern und Hochschulen sind unverändert.
Namen von realen Plätzen, Orten, Organisationen und Personen
des außeruniversitären Lebens wurden jedoch fast sämtlich zum
Schutz der Personen verändert. Die geschilderten Begebenheiten
haben sich jedoch alle so zugetragen.

Verlagsgruppe Random House FSC-DEU-0100
Das FSC-zertifizierte Papier *München Super* für Taschenbücher
aus dem Goldmann Verlag liefert Mochenwangen Papier.

1. Auflage
Taschenbuchausgabe August 2008
Wilhelm Goldmann Verlag, München,
in der Verlagsgruppe Random House GmbH
Copyright © 2007 by Deutsche Verlags-Anstalt, München,
in der Verlagsgruppe Random House GmbH
Umschlaggestaltung: Design Team München
KF · Herstellung: Str.
Druck und Bindung: GGP Media GmbH, Pößneck
Printed in Germany
ISBN: 978-3-442-15507-1

www.goldmann-verlag.de

*Für Fritz Strack,
der den Wissenschaftler in mir entdeckt hat*

*Für Frank G. Hirschmann,
der den Künstler in mir geweckt hat*

*Und für Manfred Nußbaum,
dem das im richtigen Moment so völlig egal ist*

Inhalt

KAPITEL 1 Von Vorurteilen, Stereotypen und Diskriminierung

Warum meine Mutter beim Gedanken an Vorurteile schlesische Torten zerhackt. Was wir von Hochhäusern, Fitnesstrainern und Obdachlosen im Kopf haben. Von Wissen, das manchmal Pseudowissen ist, Emotionen, die nicht zu bändigen sind, und menschlichem Verhalten, das unmenschlich ist. Und über von Menschen gemachte Normen, die uns im Zaum halten.

Seite 11

KAPITEL 2 Alles gegessen? Warum wir es immer noch mit Vorurteilen zu tun haben

Warum mir ein Vorurteil geholfen hat, die Schulzeit gut zu überstehen. Über Unterschiede zwischen Gruppen. Wie verschiedene Erklärungen von Leistungsunterschieden zwischen Gruppen dazu führen, dass Vorurteile verändert werden können oder bestehen bleiben. Wie Vorurteile die Leistungen von älteren Menschen, Schwarzen und sogar Blondinen behindern. Und darüber, welche Gemeinsamkeiten es zwischen der Biologie, der Religion und dem Glauben an eine gerechte Welt gibt.

Seite 37

KAPITEL 3 Die Welt im Kopf – Wie Vorurteile im Gedächtnis abgespeichert sind und wie sie unsere Wahrnehmung erleichtern und verzerren

Wie Herr Berlusconi meine Medienkarriere begründet hat. Wie Stereotypen im Kopf gespeichert sind. Was wir uns von Personen besser merken können und warum das so ist. Warum wir die Häufigkeit von Flugzeugabstürzen überschätzen. Von unbewussten Einflüssen bei der

Beurteilung aggressiver und abenteuerlustiger Donalds. Warum wir alle Ostwestfalen sind. Und von meiner Oma, die vorgab, ich wäre ihr Enkel.

Seite 72

KAPITEL 4 Das Unbewusste schlägt zurück: Von Stereotypen, die unbewusst unser Verhalten bestimmen, und von fast zwangsläufiger Diskriminierung

Warum ich gerne Germanist bin. Warum man keine verrückte Kuh ist, wenn man zwei Berufe hat. Wie die Worte »Florida« und »grau« amerikanische Studenten verlangsamen und Professoren unbewusst beim Trivial Pursuit helfen können. Wie wir automatisch Leute diskriminieren, ohne es zu merken. Wann Inuits den Wunsch haben, Ostwestfalen kleine Steinchen ins Spaghettieis zu rühren. Warum eine »minimale« Gruppe trotzdem diskriminieren kann. Und warum wir sowieso die Tollsten sind.

Seite 106

KAPITEL 5 Full Stop: Sind sozialpsychologische Experimente sinnvoll?

Warum gibt es eigentlich so viele Experimente? Warum kann man nicht einfach in sich hineinhorchen und das als Wissenschaft bezeichnen? Warum kann man Maria Callas nicht objektiv beurteilen? Was muss man beachten, will man erfolgreich experimentieren? Sind die Ergebnisse auf das »echte« Leben übertragbar? Warum wirken manche Experimente so künstlich? Und was ist das überhaupt, die Sozialpsychologie?

Seite 160

KAPITEL 6 Vom Messen und Maßnehmen: Muster, Persönlichkeitsstrukturen, psychologische Quellen der Diskriminierung und Vorurteilsmaße

Wer eher zu Diskriminierung neigt und wer nicht. Warum man sich denen mit Vorsicht nähern sollte, »die nach oben buckeln und nach unten treten«. Warum Rechtskonservative so geworden sind, wie sie

sind. Warum Sexisten nur bestimmten Frauen die Türe aufhalten. Warum wir lieber niedliche Alte, normale Homosexuelle und zahme Braunbären mögen. Die Frage nach dem Selbstwert. Warum sich unsere Persönlichkeit schnell ändern kann. Wie man bewusste und unbewusste Vorurteile messen kann, und welche Probleme sich dabei ergeben.

Seite 178

Kapitel 7 Raus mit den Vorurteilen! Vom mühsamen, aber hoffnungsvollen Kampf gegen Stereotype im Kopf, gegen Vorurteile im Herzen und von möglichen Wegen zur Verhinderung von Diskriminierung

Warum man Eisbären und Vorurteile schlecht unterdrücken kann. Vom Umlernen von Gedanken und Emotionen. Wie man die Quote – und ihren schlechten Ruf – verbessern kann; und welche besseren Möglichkeiten zur Förderung von Minderheiten es gibt. Wie man seine Gruppe aufwerten kann. Warum Kontakt zwischen Gruppen Diskriminierung reduziert. Warum Lackschuhe nicht in »Eine Welt« passen. Wann es gelingen kann, dass mehrere Gruppen, und vielleicht sogar alle, zu einer zusammenwachsen.

Seite 221

Kapitel 8 Vorurteile – eine Zusammenfassung und gleichzeitige Suche nach ihrem Sinn

Seite 266

Epilog 277
Dank 279
Literatur 281

KAPITEL 1

Von Vorurteilen, Stereotypen und Diskriminierung

Warum meine Mutter beim Gedanken an Vorurteile schlesische Torten zerhackt. Was wir von Hochhäusern, Fitnesstrainern und Obdachlosen im Kopf haben. Von Wissen, das manchmal Pseudowissen ist, Emotionen, die nicht zu bändigen sind, und menschlichem Verhalten, das unmenschlich ist. Und über von Menschen gemachte Normen, die uns im Zaum halten.

Als ich zehn Jahre alt war, passierten viele aufregende Sachen in meinem Leben. Meine Eltern zogen mit uns in eine Eigentumswohnung, die im dritten Stock eines 38-Apartmenthauses am Rande der Stadt lag, und ich kam aufs Gymnasium. Ich musste mir neue Freunde suchen. Das war nicht so leicht, denn in dem neuen Haus gab es tatsächlich kein einziges Kind, das mich interessierte, und aus meiner alten Schule wechselten nur wenige Schüler aufs Gymnasium – und das waren ausgerechnet diejenigen, die ich nicht so toll fand. Ich war nicht auf den Mund gefallen, und nach ein paar Wochen hatte ich endlich einen netten Jungen gefunden, den man als Freund mal ausprobieren konnte. Er wohnte in der Stadt, seine Eltern hatten ein Geschäft in der Hauptstraße, und wir verbrachten einen Tag bei ihm zu Hause. Ich fand ihn langweilig, obwohl er komisch sprach, sehr hochgestochen, etwas abgehoben, aber ich gab ihm eine Chance, denn langweiliger als meine Einsamkeit konnte eine – wenn auch nicht perfekte – Freundschaft kaum sein. Und eine verschrobene Sprache ist ja schon mal was!

Das nächste Mal sollte er zu mir kommen. Meine Mutter hatte schlesischen Kuchen gebacken und die Wohnung auf Vordermann gebracht. Wir fuhren nach der Schule mit den Rädern zu uns raus, und ich plapperte viel, weil ich aufgeregt war, ob ihm unsere Familie, mein Aquarium und meine Bücher wohl gefallen würden. Als wir in der Hertwigstraße waren, zeigte ich auf den Wohnkomplex am Horizont: »Da wohne ich, Gernot!« Gernot stoppte sein Rad und fragte sichtlich verstört: »Da? Da wohnst du?« Ich wusste nicht, was er meinte, und rief: »Ja, komm, wir wohnen im dritten Stock, das ist cool, wir können von da oben das ganze Wiehengebirge sehen.« Er drehte sein Fahrrad in Richtung Stadt, sagte: »Hmm, Jens, aber ich kann da nicht mit hin. Wir haben bei uns zu Hause eben Vorurteile gegen Hochhäuser.« Und fuhr weg.

Es war das erste Mal, dass ich bewusst das Wort »Vorurteil« hörte, und ich glaube, ich habe geweint und bin ein wenig in die Felder gefahren, was ich immer tat, wenn was los war und ich zur Ruhe kommen musste. Meine Mutter hatte gewartet und war wütend und traurig zugleich. Ich erzählte ihr alles und fragte sie, was ein Vorurteil sei. Sie erklärte es mir. Ich sehe sie vor mir, wie sie dabei die Torte schnitt, die Gernot nun nicht genießen konnte. Sie schnitt und schnitt die wunderbare Torte in so viele kleine Teile, dass man die verhunzten Stücke kaum auf den Teller manövrieren konnte, denn die schlesische Torte ist eine leichte Quarktorte, die auf der Zunge zergeht und sehr fragil ist. Nun wurde sie, von wütenden Erklärungen begleitet, vor meinen Kinderaugen zerfetzt.

»Vorurteile! Das sind dumme Urteile! Dumme Urteile! Dummer Menschen! Dummer Menschen, die nicht wissen, was sie sagen. Das ist Hass. Dummer, unbegründeter Hass dummer Menschen. Wir haben uns krummgelegt für diese Wohnung. Wir haben alles für euch getan! Damit ihr anständig wohnt.«

Mama musste sich setzen. Sie ist keine hysterische Frau. Sie ist sehr vernünftig und weiß, wovon sie spricht. Aber jetzt rastete sie schlichtweg aus. Das musste etwas wirklich Schlimmes sein, so ein Vorurteil!

»Wisst ihr, als wir fliehen mussten und nach Uchte kamen, da waren wir Flüchtlinge an allem schuld. Wenn ein harter Winter kam, waren es die Flüchtlinge. Kamen die Kartoffelkäfer, waren es die Flüchtlinge. Wurde die falsche Partei gewählt, an allem, aber wirklich an allem, waren die Flüchtlinge schuld! Ich hatte keine Freunde, man machte einen großen Bogen um unser Haus, und der Lehrer nahm mich nie dran, obwohl ich die Beste war! Das, Jens, das ist ein Vorurteil. Hass gegen diejenigen, die anders sind, ohne dass sie etwas dafür können. Ein Urteil, bevor man mit jemandem überhaupt gesprochen hat. Und die Vorurteile treffen vor allem die Schwachen. Wenn jemand unten liegt, dann kommen die anderen wie Ratten aus den Löchern und treten nach. Manche Leute halten sich tatsächlich für etwas Besseres, sie halten sich für die Größten. Und dann fangen sie an, auf die Schwachen einzudreschen. Was kann ich denn dafür, dass wir flüchten mussten?«, sie holte tief Luft, und das Messer zerhackte die Torte und ihre weiteren Sätze. »Wenn ein Vorurteil wirkt, dann kann man machen – was – man – will! Sie hören nicht auf. Sie hören einfach nicht auf!«

Es schien, als hätte sie an diesem Tag den Kampf verloren. Sie hatte sich zusammen mit meinem Vater halb tot gearbeitet für uns. Sie, der Flüchtling, und er, der Kriegswaise, hatten sich aus dem sozialen Wohnungsbau hochgearbeitet. Er mit vier Jahren Schule, sie mit einer Ausbildung als Lederwarenstepperin hatten es geschafft, eine Wohnung zu kaufen, ohne jegliches Kapital im Hintergrund, förmlich aus dem Nichts, mit unglaublicher Disziplin und striktem Sparen, Sparen, Sparen. Mit zusätzlichen Arbeiten wie Hähnchengrillen auf Jahrmärkten, Gummibärenverkauf in Badeanstalten neben ihren Berufen als kaufmännischer Angestellter und Schuhverkäuferin. All das hatten sie für ihre drei Jungs getan, damit sie es mal besser hätten. Der Große, also ich, ging aufs Gymnasium, hatte passable Noten, las Bücher und ansonsten konnte man sich über sein Benehmen nicht sonderlich beklagen. Die anderen beiden standen ihm in nichts nach, auch sie würden sicherlich auf das – für meine Eltern damals recht teure – Gymnasium gehen wollen. Und jetzt schien es ihnen so, als hätten alle diese Anstrengungen nicht ausgereicht. Jetzt holte es sie wieder ein: das Vorurteil.

Ich hatte das aber immer noch nicht verstanden. Ich dachte, entweder man mag sich oder man mag sich eben nicht. Was war denn gegen eine Eigentumswohnung zu sagen? Schließlich floss bei Gernots Eltern das Spülwasser direkt in die Gosse, das hatte ich selbst gesehen. Ich wusste gar nicht, was er gegen eine so schicke, neue Eigentumswohnung hatte, wo alles so gut funktionierte und mich keine anderen Kinder hänselten, so wie es in der Mietwohnung ständig passiert war.

Meine erste Begegnung mit dem Vorurteil bescherte mir eine fast unbegreifliche Situation: Da stand meine wütende Mutter über einer zermatschten Torte, nebenan brüllte mein kleiner, dicker, Bruder Uli, für den Torten sogar wichtiger waren als sein kleiner, noch dickerer Dackel. Und mit Gernot war es seitdem komisch: Er schaute mich nicht mehr an, grüßte mich kaum, und beim Sport wählte er mich nie in seine Mannschaft. Gernot war in der Unterstufe einer der Besten. Das war ich nicht. Der Übergang zum Gymnasium war schwieriger, als ich dachte. Ich träumte mich in bessere Welten und musste viel nachdenken. Ich musste auch oft in die Felder gehen. Schon bald aber hatte ich die ostwestfälische Monokultur mit ihren Feldern und Rasenflächen satt und wanderte lieber durch beinahe alle Bände der Kirchenbücherei: Kleist, Lasker-Schüler, Kafka, Freud, Brecht, Sartre, Shakespeare und was sonst noch so da war. Und wenn ich etwas nicht bekam, weil ich dafür angeblich zu jung war, klopfte ich bei Frau Walter, meiner Lieblingslehrerin, an, und sie gab mir das Buch und meist noch ein französisches oder englisches und eins von Heine obendrauf. Irgendwann war ich wieder richtig gut in der Schule, denn von guten Schriftstellern lernt man mehr als aus schlechten Lehrbüchern. Irgendwann kamen auch Schulfreunde zu uns nach Hause, und es gingen viele schlesische Torten über unseren Tisch. Ich schwor mir, irgendwann Gernot meine Meinung zu sagen. Dazu hatte ich aber nie Gelegenheit, und zu den zehn- und zwanzigjährigen Klassentreffen konnte ich nie kommen, weil ich so beschäftigt war. Ich hatte mir damals auch geschworen, erst einmal zu erforschen, was an Gernot eigentlich so mies war. Schließlich war der Junge nicht dumm und wusste mit zehn Jahren, was ein Vorurteil war. Aber: Warum hatte er mich mit seinem Verhalten so verletzt?

Ich schrieb mich für Psychologie ein und widmete mich besonders der Psychologie des normalen Menschen. Der Psychologie der Gernots, der Französischlehrerinnen und Schuhverkäufer. Das Fach heißt Sozialpsychologie. Ich studierte, wie wir andere Personen beurteilen, was wir uns von ihnen merken, wie Vorurteile entstehen, wirken und wie viele Facetten sie haben. Ist es so, wie meine Mutter meinte, dass wir vor allem Schwachen gegenüber Vorurteile haben? Ist es so, dass Vorurteile vor allem abstruse Ansichten beinhalten, also von vornherein falsch sind? Kann man nichts anderes gegen sie tun, als wütend gegen sie aufzubegehren? Und ist vor allem Hass eine Brutstätte für Vorurteile, wie meine Mutter unterstellte?

Ich denke, nach zwanzig Jahren Forschung sollte ich in der Lage sein, Antworten auf diese Fragen zu formulieren, die, frei von jedem Rachegedanken aufzeigen, was Gernot antrieb. Ich habe durch mein Studium gelernt, wie normal und allgegenwärtig Vorurteile sind. Und dass wir alle irgendwie Gernots sind.

Ich werde Ihnen dabei durchaus unangenehme Dinge zu berichten haben. Bisher bin ich in der Geschichte ja der Gute, der Gerechte, der Jens, dem Übles widerfahren ist. Die arme Torte, die Tränen der Mutter, der auf dem Absatz kehrtmachende Gernot, das Spülwasser in der Gosse der Hauptstraße sind natürlich nur die halbe Wahrheit. Ich werde Ihnen erzählen müssen, dass Sie Vorurteile haben. Dass wir alle Vorurteile haben. Und dass sie manchmal unser Verhalten leiten, ohne dass wir uns dessen bewusst sind. Dass sie nicht nur auf Hass gründen, sondern Teil unseres menschlichen Wahrnehmungs- und Gedächtnissystems sind. Dass wir sie gegen fast jede menschliche Gruppe hegen, gegenüber Reichen wie gegenüber Armen, gegenüber Frauen und Männern, gegenüber Ausländern, Fitnesstrainern, Blondinen, Regisseuren – gegen jeden und jede. Manchmal bemerken wir diese Vorurteile im Gegenüber gar nicht, und manchmal überraschen sie uns.

Auch ich habe einst einem Freund den Laufpass gegeben. Ich war zwei Jahre lang mit Michael befreundet gewesen, als wir an einem lauschigen Sommerabend an einem See saßen, Mozart aus einem Kassettenrekorder hörten und er plötzlich sagte: »Weißt du, Sabine ist ja nett und sieht auch gut aus, aber sie hört dauernd Barbra Streisand. Kannst du dir das vorstellen? Dreimal am Tag Yentl rauf und runter. Ich kann dir sagen, diese jüdische Mucke geht mir so dermaßen auf die Nerven, dass ich manchmal meinen Kopf gegen die Wand schlagen möchte.« Ich dachte, ich hörte nicht richtig, aber dann fing er erst richtig an und erzählte von seinem Stolz, ein Deutscher zu sein, der Übertreibung des Holocausts und all dem blöden Quatsch. Ich war sehr ärgerlich und handelte wie viele Feiglinge – ich meldete mich nicht mehr bei ihm und gab ihm einfach seine Kassetten nicht zurück.

Antisemitismus! Dummer Hass gegen eine Gruppe von Menschen, die man kaum kennt. Und das von einem Freund?

Mit solchen Leuten will ich nichts zu tun haben – das ist auch heute noch so. Diese Einstellung hat sich schon in sehr jungen Jahren bei mir entwickelt, und ich werde sie niemals mehr ändern. Die Generation meiner Eltern konnte nämlich noch viele Geschichten über den Holocaust erzählen, zum Beispiel diese hier: Die Familie meiner Mutter wohnte mit einem Stall voll Kindern in einem Haus in Landeshut, Niederschlesien. Man lebte so vor sich hin, man war nicht politisch interessiert und kam selten über die Grenzen des Dorfs hinaus. Man hatte keinen Ehrgeiz, in keine Richtung, es lief ja alles, man blieb im Dorf, man fiel nicht auf, man machte, was alle machten. Bis das KZ in der Nachbarschaft gebaut wurde. Man wunderte sich. Was war das? Man glaubte, es würde schon seine Richtigkeit damit haben. Nachgefragt wurde nicht, und als dann der Krieg kam, da hatte man Angst, vor allem um die Kinder und was aus allem werden würde. Auch die Geschehnisse im KZ blieben nicht unbemerkt. Man hörte Schüsse, man hörte Schreie, und immer wieder kamen Transporte an. Aber die durfte keiner beobachten. Eine Vorhut von Uniformierten befahl den Dorfbewohnern, die Fenster zu schließen, sich mit dem Rücken zur Straße zu stellen oder die Augen zuzumachen. Das machte die Dorfbewohner erst recht neugierig. Sie stellten ihre Kinder zum Beobachten an. Nur Kinder durften hinsehen, ohne geschlagen oder mitgenommen zu werden. Meine Mutter war so ein Kind, drei, vier, fünf Jahre alt. Sie sollte hinschauen und erzählen, was sie gesehen hatte. Das, was das Kind sehen musste, war unendliches Leid. Angst in den Gesichtern. Schlimme Wunden. Stumme Hilferufe. Ein so junges Kind versteht nichts von Faschismus, aber es versteht, wenn es anderen schlecht geht. Das Kind wurde dann auch nachts zum KZ mitgenommen, als man anfing, Brot über den Zaun zu werfen. Man war nicht sicher, wer es finden würde und ob es überhaupt gefunden wurde. Es war eine hilflose, mitfühlende Geste; keine, die einen zum Helden macht, keine, die wirklich geholfen hätte, aber eine, die die Familie meiner Mutter über die meines Vaters stellt, der von einer angeblichen »von« adoptiert wurde, weil sie und ihr Mann, der Polizist, unbedingt einen Sohn in der Familie haben wollten. Meine Mutter war damals die beste Verteidigung gegen Gewehrläufe, die möglicherweise gegen einen gerichtet wurden; schließlich war sie ja ein deutsches Mädchen, ein blondes, schönes Kind mit dicken Locken. Das Kind wird den Nazis nie verzeihen, dass es niemand anderem erlaubt war, die Transporte zu sehen; das Kind wird auch niemals vergessen, wie sehr es sich über jedes Brot freute, das über den Zaun flog zu den Menschen, die so dünn waren, wie es noch kein Tier gesehen hatte.

Meine unter anderem aus solchen Geschichten gewachsene Einstellung Antisemiten gegenüber werde ich mit fast allen Lesern dieses Buches teilen. Und vermutlich hätten auch Sie sich von einem Freund wie Michael getrennt. Erstaunlich ist, dass ich mir mehr als zwei Jahre lang seiner Gesinnung nicht bewusst war. Gut, wir hatten wenig über Politik geredet, unser Thema war die Musik und die Literatur, aber trotzdem ist es mir bis heute rätselhaft, wie lange ich mit einem Antisemiten befreundet war. Offensichtlich hatte er es verstanden, mir gegenüber seine Einstellung gut zu verbergen. Offensichtlich hatte er gesellschaftliche Normen befolgt, denen zufolge wir andere nicht diskriminieren sollen. Normen werden von Mitgliedern einer Gruppe geschaffen und definieren, welches Verhalten wir akzeptieren und welches wir ablehnen.

Normen sind Gesetze, die nicht unbedingt niedergeschrieben werden müssen. Sie können verinnerlicht oder als Druck von außen empfunden werden. Für Michael war es eine von außen aufgepropfte Norm, zu verschweigen, dass er Türken, Schwarze, Juden, kurz, alles andere als »das Deutsche«, verachtete. Denn wer Normen übertritt, hat üblicherweise mit Sanktionen zu rechnen. Und deshalb behielt er seine Haltung lange Zeit für sich.

Michael muss sich also sehr sicher gewesen zu sein, dass ich seine Einstellung teile, als er sie mir kundtat. Etwas, das mich sehr gekränkt hat. Wie konnte er nur denken, dass ich so etwas unterstützen würde? Ich habe Antisemiten und Faschisten immer schon für die widerlichsten Menschen gehalten, die es gibt, und letztendlich nie begriffen, wie eine solche Haltung möglich werden kann. Sollte man deshalb in meinem Fall nicht besser von einem Urteil sprechen? Und bei Gernots Handeln und Michaels Einstellung von einem Vorurteil?

Was ist eigentlich ein Vorurteil?

Vorurteile sind durch Erwartungen gefärbte Urteile, die zunächst nichts mit der Person an sich zu tun haben, sondern mit ihrer Gruppenzugehörigkeit. Und manchmal ist diese Gruppenzugehörigkeit das Einzige, was wir von einem Menschen wissen. Stellen Sie sich vor, Sie werden auf einer Party einem Fitnesstrainer vorgestellt: »Gestatten, das ist Herr Birkenkötter, er hat dieses tolle Fitnessstudio im Viertel.« Welche Erwartung hätten Sie? Vermutlich würden Sie denken, dass unter dem Hemd ein ziemlich knackiger Körper steckt. Ihr Urteil über seine geistigen Leistungen hingegen wird wahrscheinlich weniger positiv ausfallen. Aus irgendeinem Grund halten wir Fitnesstrainer zunächst einmal für nicht besonders intelligent. Das ist das Erste, was wir (das heißt viele) mit dieser gesellschaftlichen oder sozialen Gruppe assoziieren. Und wir glauben, sie seien gut trainiert. Bei Professoren erwarten wir das Gegenteil: einen schwabbeligen oder abgemagerten (keinesfalls aber athletischen) Körper und Intelligenz. Gruppeninformation ist das Erste, was wir haben, wenn wir einer Person begegnen, denn jede Person lässt sich zunächst einmal einer bestimmten Kategorie von Leuten zuweisen. Auch wenn wir noch so wenig wissen über eine Person, sehen wir doch wenigstens sofort, ob es sich dabei um eine Frau oder einen Mann handelt, ob sie teuer oder billig gekleidet ist, ob sie eine dunkle oder eine helle Hautfarbe hat, ob sie alt oder jung ist. Allein diese Information reicht aus, um in unserem Gedächtnis ein Vorurteil hervorzurufen. Frauen? Können weder Auto fahren noch rechnen, kochen gut und lieben Handarbeiten und Haustiere. Schwarze? Hängen in heruntergekommenen Gettos rum, spielen Basketball, dealen, sind sowieso oft kriminell, sind ganz gute Sänger und Tänzer, aber gebildet? Wohl eher nicht. Obdachlose? Haben ein psychisches Problem, trinken, haben versagt, sind selbst schuld an ihrer Misere. Geschlecht, Alter, sozialer Status und Hautfarbe sind grundlegende Kategorien, an die Vorurteile geknüpft sind. Speziellere Vorurteile hingegen hegen wir gegenüber gesellschaftlichen Rollen, wie zum Beispiel Müttern, Vätern, Lehrern, Fitnesstrainern, Vorgesetzten und Putzfrauen. Die Liste ist unendlich lang, und es kommen immer neue Kategorien hinzu, etwa VIVA-Moderatorinnen (aufgeregt und wortgewandt), Callcenter (nervig) und Scheidungskinder (selbstbewusst und unsozial).

Je näher wir eine Person kennen, umso mehr Informationen haben wir über sie und umso weniger formen Gruppenerwartungen unsere Urteile. Da sind wir wieder bei Gernot: Er kannte mich ja eigentlich nicht richtig, und eine einzige Information über eine Gruppenzugehörigkeit, meinen sozialen Status, reichte aus, eine Freundschaft im Keim zu ersticken. Bei Michael ist der Fall etwas komplizierter: Ihn kannte ich ja schon etwas besser, und vor allem habe ich damals geglaubt, dass ein intelligenter Mensch kein Antisemit sein kann. Das heißt, zumindest hier hatte mein Vorurteil über intelligente Menschen oder solche, die Heinelieder hören, gewirkt: Ich hätte nicht gedacht, dass sie anders sein können als politisch vernünftig. Vermutlich hat genau dieses Vorurteil meine

Wahrnehmung gestört, und ich war blind geworden für jegliche Anzeichen seiner Einstellung.

Aber bringen wir es auf den Punkt: Ich selbst habe nach meiner Definition ein starkes Vorurteil gegenüber Faschisten und Antisemiten. Ich möchte nichts mit ihnen zu tun haben. Ich empfinde Ekel, allein wenn ich das Wort höre oder sehe, wie Neofaschisten polternd durch die Straßen ziehen. Mir kommt der Hass, wenn ich ihre armselige und verkümmerte Musik höre. Und wenn auch alle Freunde bei mir immer eine zweite, dritte Chance haben, ein Faschist hat bei mir eben keine einzige. Und bei dieser Meinung bleibe ich auch bis zum Ende des Buches und bis zum Ende meines Lebens. Aber genau genommen, ist das ein Vorurteil. Denn ich kenne nicht einen von ihnen persönlich; und damit ist zwangsläufig jedes Urteil über diese Personen ein Vorurteil, ein Urteil aufgrund von Gruppeninformationen. Nun kann ich Ihr Unbehagen bei der Vorstellung, ein Urteil gegenüber Faschisten sei ein Vorurteil, sehr gut verstehen. Weiß ich nicht mehr über sie als ein Faschist über die schwer zu definierende Gruppe der »Ausländer«?

Ja und nein. Ich habe Bücherwissen, und ich vertraue meinen Büchern, denn es sind gute Bücher, und sie wurden von vernünftigen Leuten geschrieben. Aber die Nazis haben sicherlich auch ihren Büchern und Autoren getraut; und sie haben sicherlich gedacht, sie wüssten alles über Juden.

Häufig definieren wir uns dadurch, was wir mögen und was wir nicht mögen, und das scheint uns sehr wichtig zu sein. Ich definiere mich selbst als eine Person, die keine Faschisten mag, das tun auch alle meine Freunde, und dieses Merkmal definiert damit mich und meine Identität, aber auch die Identität meiner Clique: Wir sind gegen Faschisten. Und der Kontakt zu ihnen, der nötig wäre, um aus einem Vorurteil ein (faires) Urteil über einen bestimmten Faschisten zu ermöglichen, ist sogar unerwünscht – ich möchte ihn nicht, und meine Freunde würden so etwas auch nicht von mir verlangen. Damit ist ein Vorurteil identitätsstiftend.

Wir werden später sehen, dass das eine Funktion von Vorurteilen ist: Sie enthalten nicht nur eine bestimmte Erwartung, sondern sie sind auch ein wichtiges Mittel, um sich von anderen abzugrenzen oder, positiver ausgedrückt, sich eine eigene Identität zu geben: »Ich bin jemand, der schlaue Menschen mag, und ich bin jemand, der dummen Faschismus verabscheut.« Psychologisch gesehen mag bei Gernot etwas Ähnliches im Kopf abgelaufen sein, als er mit seinem Fahrrad auf dem Absatz kehrtgemacht hat: »Ich bin keiner, der mit Leuten aus Hochhäusern spielt!« Und es mag Ähnliches im Kopf eines Faschisten vorgehen, wenn er aus noch so abstrusen Gründen sagt: »Ich bin niemand, der beim Türken Gemüse kauft!« Psychologisch gesehen geht es hier darum, dass eine Person bestimmte Gruppen mag und andere nicht und dieses Urteil sich kategorisch auf alle Mitglieder der Gruppe erstreckt.

In meiner Definition des Vorurteils mache ich keine Aussage bezüglich der moralischen Wertigkeit. Gordon Allport, einer der großen Vorurteilsexperten, der unser Gebiet etabliert hat, und viele andere Kollegen mit ihm hätten es vermutlich bedenklich gefunden, wenn man die Abneigung gegenüber Faschisten, aber auch gegenüber Mördern, Kinderschändern, Vergewaltigern, Selbstmordattentätern, Terroristen, Steuerbetrügern etc. als Vorurteil bezeichnet hätte, denn das sind Menschen, die unsere Gesellschaft gefährden. Hier erscheint eine Abneigung sogar als vernünftig, da diese Leute Unrecht tun, andere schädigen, Menschen diskriminieren etc. Aber es hilft alles nichts: Ein Vorurteil ist ein Urteil aufgrund einer vorgefertigten Einstellung gegenüber einem Mitglied einer Gruppe, das man nicht genügend kennt. Und das trifft auf die oben genannten Gruppen ebenfalls zu.

Weiterhin gibt es Vorurteile, die an bestimmte Bedingungen geknüpft sind: »Ich mag Frauen, wenn sie nicht so viel reden« ist zum Beispiel eines, was nicht die gesamte Gruppe der Frauen aus dem Kreis derer ausschließt, die man mag, sondern nur diejenigen, die sich hübsch aufs Sofa setzen und einfach zuhören. Genauso sagen manche, »Ich mag Schwarze, wenn sie eine Arbeit haben«, »Ich mag Alte, wenn sie nicht vertrottelt sind« oder »Ich mag Kinder, wenn sie ruhig sind«. Auch diese Wenn-Vorurteile (ich mag euch, wenn…) reflektieren eine generelle Erwartung, sonst hätte man ja gar nicht erst eine Einschränkung gemacht. Also: Schwarze sind faul, kriminell und arbeitslos – aber diejenigen, die anständig arbeiten, sind in Ordnung. Alte sind vertrottelt – aber die, die nicht vergesslich sind, mag ich. Kinder sind Nervensägen – aber wenn sie nicht schreien und grölen, dann mag ich sie. Frauen quatschen viel – und wenn sie das nicht tun, dann finde ich sie okay.

Vorurteile beinhalten also generell sehr vereinfachte Bilder, Assoziationen und Vorstellungen über Mitglieder einer Kategorie von Menschen; sie spiegeln Erwartungen wider: dass sie bestimmte Dinge tun, sich in einer bestimmten Weise kleiden und benehmen und ihre Stärken und Schwächen in unterschiedlichen Gebieten haben.

Bilder von Personen und Gruppen können aber auch vorteilhaft sein: »Männer sind gute Naturwissenschaftler«, »Frauen sind sprachbegabt«, »Alte sind weise«, »Schwarze sind die besten Musiker«, »Ostdeutsche sind sozial« und »Leute der sozialen Unterschicht sind gesellig«, »Schwule sind kreativ« und »Lesben sind sportlich« sind nur einige von diesen positiven Erwartungen. Kann also auch ein Vorurteil positiv sein? Ich denke ja, aber für die meisten Sozialpsychologen geht dies so völlig gegen unseren Sprachgebrauch, dass man für solche Erwartungen, die positiv oder sogar manchmal ganz neutral sein können, den Begriff »Stereotyp« geprägt hat.

Was ist ein Stereotyp?

Stereotypen bezeichnen das Wissen über bestimmte Gruppen und können positive, neutrale und negative Aspekte beinhalten. Vorurteile dagegen sind den meisten Forschern zufolge immer eindeutig negativ. Damit sich der Begriff »Vorurteil« erkennbar von dem Begriff »Stereotyp« unterscheidet, hat man folgende weitere Unterscheidung getroffen: Während ein *Vorurteil* eine *Emotion* beinhaltet, ist ein *Stereotyp* eine relativ *emotionslose Vorstellung*, so wie *Wissen*, das nicht notwendigerweise emotional behaftet ist.

Im Klartext: Gernots Abneigung gegenüber Hochhausbewohnern ist ein Vorurteil, an dem ganz klar eine Emotion wie Abscheu oder Verachtung beteiligt war, die sich deutlich in einem abwehrenden Verhalten und seinem Gesichtsausdruck zeigte. Meine Abneigung gegenüber Faschisten ist auch ein solches Vorurteil. Ganz klar habe ich starke negative Emotionen gegen diese Leute.

Für mich ist entscheidend, ob eine emotionale Reaktion ein vorgefertigtes Urteil begleitet; immer wenn das der Fall ist, handelt es sich um ein Vorurteil und nicht um ein Stereotyp. Daher sollte man das Wort Vorurteil auch für positive Emotionen gegenüber Gruppen zulassen. Wenn ich zum Beispiel aufgrund einer positiven Emotion, die ich mit einer bestimmten Gruppe verbinde, eine fremde Person dieser Gruppe besonders freundlich behandle, dann ist für mich ebenso ein Vorurteil im Spiel.

Ein Stereotyp hingegen betrachte ich als ein »kaltes« Wissen oder Pseudowissen über eine Gruppe – es beinhaltet all die Informationen, die einen nicht unbedingt stark emotional erregen müssen. Ich weiß etwa, dass Afrikanerinnen bei olympischen Wettspielen häufig schneller sind als europäische Frauen. Dies ist wiederum eine Erwartung, die ich an beide Gruppen habe. Sie lässt mich aber emotional kalt. Ich interessiere mich nicht für Sport, und es freut mich deshalb weder wenn die eine noch die andere gewinnt. Wenn ich allerdings daraus schlussfolgere: »Europäische Frauen sind unsportlich, sie sollten besser aufhören zu laufen!«, zeigt das, dass mir dieser Unterschied offensichtlich wichtig ist und ich eine Gruppe weniger mag. In diesem Falle handelt es sich um ein Vorurteil.

Anderes Beispiel: Ich weiß, dass viele denken, dass »Zigeuner klauen«. Neben der Tatsache, dass mir Sinti und Roma einfach gleichgültig sind – weder mag ich sie, noch mag ich sie nicht –, glaube ich diese Behauptung schlichtweg nicht. Damit aus diesem Stereotyp ein Vorurteil werden könnte, müsste mich die Gruppe interessieren, und ich müsste das Stereotyp glauben. Man nennt das *Stereotypakzeptanz*, das heißt, wir haben nicht nur das Wissen: »Zigeuner klauen«, sondern halten darüber hinaus diese Aussage für wahr. Die Akzeptanz von solchen Behauptungen (»die stehlen«) macht aus dem Stereotyp ein Vorurteil, denn wenn man bewertende Aussagen über Gruppen akzeptiert, ruft dies auch eine emotionale Reaktion hervor.

Das Stereotyp ist also ein Wissen über die Erwartungen gegenüber einer Gruppe. Man kann auch sagen: Stereotype sind emotionslose Gedanken über bestimmte Gruppen, die Erwartungen, Bilder und Assoziationen enthalten. Man muss aber nicht an sie glauben. Vorurteile dagegen sind emotionale, persönliche negative und positive Urteile über bestimmte Gruppen.

Wenn man sich die hier genannten Beispiele anschaut, kann man dann nicht sagen, dass alle oder wenigstens viele Vorurteile und Stereotype einen wahren Kern enthalten?

Ich habe ja von Stereotypen als »Wissen über eine Gruppe« gesprochen. Ich meine damit aber nicht, dass dieses Wissen notwendigerweise richtig ist, so wie dieser Begriff ja landläufig gebraucht wird. Psychologisch gesehen ist Wissen einfach eine Struktur von Assoziationen, die eine Wenn-Dann-Verknüpfung enthält (im Sinne von »wenn du auf eine heiße Herdplatte fasst, dann verbrennst du dich«) und die wir auf deren Wahrheitsgehalt hin überprüfen können. Diese Struktur kann falsch oder richtig sein. In unserem Gedächtnis haben wir viel falsches Wissen über alles Mögliche gespeichert. Viele glauben beispielsweise, dass Löwen die gefährlichsten Tiere Afrikas sind. Falsch, es ist das Nilpferd. Viele glauben, dass Alkohol im Winter wärmt. Falsch, er kühlt den Körper aus. Viele glauben, je kleiner das Hirn, desto geringer die Intelligenz. Falsch, Elefanten (Hirngewicht 5000 gr.) sind nicht schlauer als wir, und Frauen (Hirngewicht 1200 gr.) nicht dümmer als Männer (Hirngewicht 1400 gr.).[1]

So verhält es sich auch bei Wissen über Menschen, denn was anderes sind Stereotype ja nicht. Und da gibt es richtiges und falsches Wissen über Gruppen. Zum Beispiel ist es so, dass Män-

---

[1] Übrigens kommt man ins Schleudern, wenn man das Hirngewicht proportional zum Körpergewicht rechnet, dann sind nämlich die Frauen überlegen mit 22 Gramm pro Kilo Körpergewicht im Gegensatz zu Männern mit 20 Gramm.

ner im Schnitt größer sind als Frauen und im Schnitt schneller laufen und höher springen – so sieht man es ja bei sportlichen Wettkämpfen. Aber dass Frauen keine mathematische Begabung haben und nicht Autofahren können, stimmt so schon mal nicht, wie wissenschaftliche Studien belegen. Und trotzdem haben viele es so im Kopf. Wissen kann also falsch, und es kann richtig sein. Wissen ist auch kulturabhängig. Becca Levy und Ellen Langer fanden etwa heraus, dass das Stereotyp gegenüber Alten in westlichen Kulturen, zum Beispiel bei uns, viel negativer ist als in östlichen, asiatischen Kulturen. Wir verbinden mit alt häufig vergesslich, zerbrechlich, geizig, arm. In China dagegen verbindet man mit Altsein positive Aspekte wie Weisheit und Durchblick. Allein dieser Befund zeigt, dass Stereotype veränderbar sind. Sie sind weder selbstverständlich noch genetisch bedingt, sondern von der Kultur geprägt, in der wir leben. Oder wie der Journalist Walter Lippmann, der als einer der Begründer der Vorurteilsforschung gilt, schon im Jahre 1922 sagte: »Vorurteile werden von Menschen gemacht.«

Bei Stereotypen ergibt sich noch ein weiteres Problem: Sie sind Wissen über Gruppen und nicht über Einzelpersonen. Das heißt, selbst *wenn* ein Stereotyp auf die meisten Mitglieder einer Gruppe zutrifft, muss es nicht zwangsläufig für jedes einzelne Gruppenmitglied stimmen. Selbst wenn in amerikanischen Gefängnissen mehr Schwarze als Weiße einsitzen, bedeutet das nicht, dass der Schwarze, der mir gegenübertritt, gefährlich ist. Selbst wenn nur ein sehr geringer Prozentsatz der Mathematikprofessoren Frauen sind, bedeutet das nicht, dass meine Nichte Marie nicht rechnen kann. Das Verallgemeinern, das Über-einen-Kamm-Scheren, das Überstülpen von Gruppenerwartung über einen individuellen Menschen, das ist das Fatale, wenn ein Stereotyp im Spiel ist. Als Opfer reagieren wir dementsprechend: Wir fühlen uns in ein Gerüst gepresst, in das wir einfach nicht passen und auch nicht passen wollen, wir werden ärgerlich oder traurig, müssen weinen oder in die Felder gehen.

Oder wir schlagen zurück. Ich habe zum Beispiel Kolleginnen, die Professorinnen sind, und alle sind mindestens einmal in ihrem

Leben für eine Sekretärin gehalten worden. Und alle hat es sehr geärgert und ärgert es immer wieder, es sei denn, sie schaffen es, dem Ganzen mit Humor zu begegnen. Ich habe eine Professorenkollegin, die in einem solchen Falle sagt: »Ja, die Toiletten sind da vorne, Sie können das Papier dort abliefern. Aber machen Sie nicht wieder so viel Dreck wie beim letzten Mal.« Was meinen Sie, wie der andere ausrastet, weil er falsch eingeschätzt worden war! Und dann lächelt meine Kollegin nur triumphierend und sagt: »Gestatten, mein Name ist Professor Hildebrand!«

Ich habe einen belgischen Freund, der das Wort »Kindesmissbrauch« nicht mehr hören kann und deshalb immer, wenn er gefragt wird, ob es ihm was ausmacht, dass sein Land mit Kindesmissbrauch assoziiert ist, sagt: »Nein, wieso, das ist in Belgien eben so. Da müssen wir alle als Kinder durch!«

Nun haben wir also ein *Vorurteil* als ein emotionales Urteil über ein Gruppenmitglied und ein *Stereotyp* als ein Wissen, wie normalerweise über eine Gruppe gedacht wird, definiert. Diese beiden Dinge führen aber noch nicht unmittelbar zur *Diskriminierung*. Nehmen wir an, Gernot hat ein Vorurteil gegenüber Hochhausbewohnern, und nehmen wir an, er hat stereotypes Wissen über Hochhausbewohner der Form: »Hochhausbewohner sind ungebildet, arm, faul, kinderreich und kriminell.« Führt dies notgedrungen dazu, dass er mit seinem Fahrrad auf dem Absatz kehrtmacht?

Führen ein Gedanke und eine Emotion unmittelbar zu diskriminierendem Verhalten?

Die Antwort ist ganz klar nein.[2] Es gibt genügend Leute, die Vorurteile haben und um Stereotypen wissen, aber sich ihre Meinung nicht anmerken lassen und ihr Verhalten kontrollieren. Zum Bei-

---

[2] Lassen Sie mich das Ganze in »Ganz klar, jein!« abwandeln, denn in Kapitel 4 werden wir sehen, dass tatsächlich manchmal ein bloßer Gedanke unser Verhalten leitet. Aber bevor es richtig gruselig wird, gehen wir die Sache zunächst sachte an.

spiel aus Angst, dass dieses diskriminierende Verhalten nicht besonders gut ankommt. Und hier sind wir wieder bei den Normen, die uns vorschreiben, bestimmte Gruppen nicht zu diskriminieren. Wenn eine Lehrerin denkt, dass Mädchen schlecht in Mathematik sind, würde sie dies vermutlich kaum ausgerechnet an einem Elternabend kundtun, genauso wie sie nicht fordern würde, Mädchen vom Mathematikunterricht auszuschließen und stattdessen für sie einen Putzkurs einzurichten. Das ist übrigens eines der großen Probleme unserer Forschung, denn wie können wir wissen, dass eine Person tatsächlich Vorurteile hat, wenn wir uns so gut unter Kontrolle haben? Die Messung von Vorurteilen ist derzeit ein großes Thema in der Sozialpsychologie, und eine Methode nach der anderen wird heftig diskutiert. Aber davon später. Zunächst zurück zu unserer Lehrerin, der ich Böses unterstellt habe, nämlich, dass sie eigentlich Mädchen für dumm hält und es nur deswegen nicht zugibt, weil sie einer gesellschaftlichen Norm folgt. Das ist natürlich nicht der einzige Grund dafür, ein Vorurteil kontrollieren zu wollen. Es kann ja sehr gut sein, dass man negative Emotionen gegenüber bestimmten Gruppen irgendwann für nicht mehr angebracht hält und gegen sie angehen will. Wir Menschen lernen ja ständig dazu, und manche mögen irgendwann einsehen: Frauen zu diskriminieren ist Blödsinn, und das Vorurteil, dass Frauen dümmer sind, führt dazu, dass 50 Prozent der Bevölkerung unter ihren Möglichkeiten arbeitet und lebt. Das ist vollkommen unwirtschaftlich und unvernünftig. Oder dass Schwule und Lesben eigentlich nett sind und niemandem etwas zuleide tun, schließlich arbeiten sie, wie wir wissen, in allen Berufen, sind Professoren, Künstler, Manager, Schlachter, Polizisten, Priester und Krankenpfleger. Oder dass Schwarze völlig normale Menschen sind, die Computer weiterentwickeln, in der Armee ihre Frau stehen, Sterneköchinnen sind und Brotverkäufer. Manchmal lernen wir dazu und merken trotzdem, dass wir gegen ein Vorurteil angehen müssen. Der Wille allein, Vorurteile loszuwerden, macht uns noch nicht zum vorurteilsfreien Menschen.

Nehmen wir ein weiteres Beispiel: Ich hatte einen Kollegen an der Columbia University in New York, der einer der großherzigsten Menschen war, den ich je kennengelernt habe. Er war ziemlich dick (dick = lieb, nett, warmherzig – ein Vorurteil?, egal, ich mochte ihn), trug auch im Winter kurze Hosen und immer nur T-Shirts, die mit bedrohten Tierarten bedruckt waren. Und dieser Kollege gab zu: »Weißt du, Jens, ich lebe seit Jahrzehnten in New York, ich bin zwar kein Sozialpsychologe, aber ich kenne doch die Literatur, ich habe haufenweise schwule Freunde, und trotzdem: Immer wenn ich an schwulen Sex denke, dann ekele ich mich total. Ich schäme mich deswegen. Zeigt das nicht ein tiefes Vorurteil, das in mir steckt?« Meine spontane Antwort war: »Weißt du, ich glaube Schwulen geht es manchmal nicht anders, wenn sie sich heterosexuellen Sex vorstellen.« Das fand er lustig und musste laut lachen.

Ich denke, dass mein Kollege nicht nur aus sozialen Zwängen sein Vorurteil aufgeben wollte, sondern weil er es selbst für unangebracht hielt. Mir geht es manchmal ebenso, wenn ich merke, ich habe ein Vorurteil. Ich gestehe mal eines, das mir nicht lieb ist. Wenn ich beipielsweise an Bauern denke, denke ich immer an »dumm«. Ich weiß nicht, woher das genau kommt, vermutlich daher, dass meine Oma väterlicherseits, die, die sich für eine »von« hielt, immer gesagt hat: »Iss nicht wie ein Bauer«, wenn ich nicht beide Hände auf dem Tisch hatte. Oder »Du gehst wie ein Bauer«, wenn ich nicht aufrecht ging. Oder »Du willst doch wohl kein Bauer werden!«, wenn ich eine schlechtere Note nach Hause brachte. Immer wenn ich wie ein Bauer aß, steckte sie mir Bücher unter die Achseln, und ich musste gerade sitzend ihre verkohlten Kartoffeln essen (sie war über achtzig und konnte nicht gut sehen). Ich habe die Assoziation »Bauer = dumm« gelernt, und jetzt finde ich das alles andere als gut und schäme mich sogar ein bisschen, das hier zu schreiben. Wer bin ich denn, dass ich eine Gruppe abwerte, die mir den knackigen Ruccola liefert und das gute Biosteak? Trotzdem werde ich aber einer leichten Abneigung gewahr, sobald ich an Bauern denke. Obwohl ich es besser weiß: Ich habe sogar einen sehr lieben Freund, der ist Bauerssohn und studiert Medieninformatik und rettet mich immer, wenn mein Computer streikt. Also habe ich doch Beweise, dass Bauern so dumm nicht sein können! Und eine meiner besten Studentinnen derzeit ist eine Bauerstochter! Trotzdem rutschte mir letztlich wieder das Schimpfwort raus, als mir ein Typ beim Aldi heftig in die Hacken fuhr – ich schrie: »Hey, du Bauer, kannst du nicht aufpassen!?« Manchmal rutscht es mir einfach heraus, dann, wenn ich richtig sauer bin. Und hinterher schäme ich mich.

Gibt es dafür eine Erklärung? Zunächst einmal scheint es nicht so einfach zu sein, ein Vorurteil zu verlernen. Emotionen sind etwas, was man nur schwer kontrollieren kann, das wissen wir aus der Emotionspsychologie. Ein unmittelbares Haarsträuben, eine spontane Gänsehaut kann man nicht so leicht bekämpfen, sie sind, so scheint es, einfach da. Sagen Sie mal jemandem mit Spinnenangst, dass Spinnen sehr nützliche Tiere sind.[3] Selbst wenn er einsieht, wie toll Spinnen sind, wird er nicht freudestrahlend auf eine dicke pelzige Spinne zugehen und ihren Rücken massieren! Mir geht es selbst so, etwa wenn mein Freund mich auf einen Dreitausender zum Wandern mitnimmt und sagt: »Schau mal, ist diese Natur nicht einzigartig?« Ehrlich gesagt, ich habe Höhenangst und wünsche mir dann mein flaches Ostwestfalen zurück. Meine Angst ist stärker als der Gedanke: »Das musst du jetzt schön finden, das ist ja so abwechslungsreich und spektakulär!«

Die Emotion, die ich ja als ein bestimmendes Merkmal des Vorurteils definiert habe, ist genau das, was es uns schwer macht, gegen eine ungeliebte Vorstellung anzugehen. Denn Gefühle können doch nicht lügen, oder? Wir werden später sehen, wie man diese unmittelbaren emotionalen Reaktionen zur Vorurteilsmessung einsetzen kann. Emotionen lassen sich also, so halten wir hier mal fest, nicht so leicht kontrollieren.

---

[3] Die schlaue Bauern beispielsweise gerne in Kuhställen haben, weil sie die Fliegen wegfangen.

Wie aber verhält es sich mit dem Stereotyp? Lässt es sich, wenn es auch manchmal falsches Wissen beinhaltet, leichter kontrollieren? Leider nicht. Hier macht uns unser Gedächtnisapparat, in dem unser Wissen abgespeichert ist, einen Strich durch die Rechnung. Denn unser Gedächtnis ist so aufgebaut, dass Gedanken, die ständig zusammen gedacht werden (z. B. Bauer = dumm), sich auch gegenseitig aktivieren, ohne unseren Willen. Denke ich an »Bauer«, denke ich unmittelbar auch an »dumm«. Und das ist deshalb so, weil ich es über Jahrzehnte hinweg so gelernt habe. Jahrelanges Zusammentreffen von Assoziationen führt zu einer hohen Assoziationsstärke (Mütter = lieb; Väter = nie da; Ausländer = Gemüseverkäufer, etc.). Dieser Aufbau des Gedächtnisses als assoziativer Speicher ist im Allgemeinen ungemein praktisch. Wenn ich an meinen Freund denke, dann fällt mir spontan die dazugehörige Telefonnummer ein; wenn ich für ihn kochen soll, dann erinnere ich mich blitzschnell an seine Speisevorlieben; und ich weiß auch die Straße, in der er wohnt. Weil ich diese Informationen in diesem Zusammenhang gelernt habe, rufe ich diese Assoziationen mühelos ab. Genauso ist es bei Gruppeninformation, die ich im Gedächtnis abgespeichert habe. Denke ich an »afrikanische Sportlerin«, denke ich spontan an »schnell«. Ein Gedächtnis vergisst nicht so leicht, und das ist generell gut. Bei ungeliebten Vorurteilen ist dieses Gedächtnis jedoch manchmal ein wahrer Teufel! Selbst ohne negative Emotion oder bösen Willen und ohne dass ich den Sachverhalt für richtig halte, kommen mir die Gedanken in den Sinn, die zum Stereotyp passen. Wir werden später sehen, dass manche Diskriminierungen auf diese teils unbewussten Gedächtnisfunktionen zurückzuführen sind.

Was ist Diskriminierung?

Ein Beispiel: Ich unterrichte an der International University Bremen, und wir haben Studierende aus achtzig verschiedenen Nationen dort. Als ich einmal ein Computerkabel für ein Seminar vergessen hatte, boten sich mehrere Studierende an, es mir schnell aus dem Büro zu holen, während ich schon mal anfangen sollte. Und ich – Vorurteilsforscher von Beruf! – schickte eine Studentin aus Nigeria. Als sie wiederkam, wurde mir klar, was passiert war – die für mich emotionslose, aber stereotype Assoziation »Afrikanerin = schnell« hatte zu einer blitzschnellen Entscheidung geführt. Kurzerhand machte ich meine Einsicht zum Diskussionsthema. Da kam heraus, dass die Studentin eine der langsamsten der Klasse gewesen war und ich eine Deutsche in der Klasse hatte, die Landesmeisterin in verschiedenen Distanzen war. Offenbar hatte hier eine verallgemeinerte Vorstellung ohne den bösen Willen des Urteilers zu einer Diskriminierung geführt. In diesem Fall hat sich glücklicherweise keiner beklagt, jedoch kann die Assoziation »Männer = gut in Mathematik«; »Frauen = schlecht in Mathematik« schon schlimmere Konsequenzen haben, etwa wenn wir uns aufgrund der bestehenden Assoziation für einen schlechteren männlichen Bewerber für eine technische Stelle entscheiden und der höher qualifizierten Frau keine Chance geben.

Natürlich kann man sich gegen solche Assoziationen wehren. Wenn ich weiß, dass ich eine ungeliebte Assoziation habe und mich konzentriere, kann ich deren Einfluss korrigieren. Begegne ich einem Bauern in der Kneipe, wende ich mich nicht sofort ab, sondern arbeite gegen mein Vorurteil an, indem ich freundlich zu ihm bin und erst recht ein Gespräch mit ihm beginne. Das funktioniert ganz gut. Ähnliches bestätigte auch mein dicker Kollege aus New York: »Natürlich lasse ich mir meinen Ekel nicht anmerken. Ich denke auch nicht, dass irgendein schwuler Freund ihn mir anmerkt. Trotzdem finde ich die Vorstellung von schwulen Zartlichkeiten widerlich, und es erfüllt mich mit Scham, dass sie mich so anwidert. Bin ich ein schlechter Mensch?«

Ich beruhigte ihn und meinte, dass es einem Diskriminierungsopfer wichtiger ist, wie sich sein Gegenüber verhält, als was es fühlt oder denkt. Ein türkischer Angestellter, der anständig von seinem Chef behandelt, fair bezahlt und genauso gelobt wird wie seine deutschen Kollegen, wird dies als wichtiger empfinden, als die versteckten Emotionen und Gedanken, die dieser eventuell gegenüber Türken hegt. Ein schwuler Bekannter meinte einmal zu mir: »Mir ist das egal, was der Alte über mich denkt, ich muss mit ihm ja nicht ins Bett gehen. Hauptsache, mein Gehalt stimmt am Ende des Monats. Und wenn nicht, dann wird er eben irgendwann doch meinen schwulen Hintern von hinten sehen müssen.«

Halten wir fest: Das Schlimmste ist und bleibt diskriminierendes Verhalten. Das fängt bei der Nichtbeachtung von Leuten an und endet beim Völkermord. Diskriminierung ist eine Ungleichbehandlung gegenüber Personen aufgrund ihrer Gruppenmitgliedschaft, die von den benachteiligten Gruppen oder anderen als ungerecht empfunden wird. Bereits die Tatsache, dass ich die nigerianische Studentin aufgrund ihrer Gruppenmitgliedschaft zum Kabelholen geschickt habe, ist Diskriminierung. Wobei die Konsequenzen nicht immer klar abzuschätzen sind: Es kann sein, dass es niemanden stört; es kann sein, dass ich als Professor diese freundliche Geste abspeichere und die Studentin in Zukunft vor anderen Studentinnen bevorzuge; es kann aber auch sein, dass die Nigerianerin im Nachhinein denkt: »Komisch, immer, wenn jemand Sklavendienste verrichten soll, dann sind es die Schwarzen!« Dabei kann Diskriminierung ein negatives Verhalten (Lehrer H. ignoriert alle Mädchen in seiner Klasse) oder ein positives Verhalten betreffen (Lehrer H. lobt besonders die Jungen in seiner Klasse). Wie das Vorurteil ist Diskriminierung zunächst einmal ein negatives Verhalten; jedenfalls schreibt der übliche Sprachgebrauch es so vor.

Wenn ein Bauernkind von mir ständig schlechtere Noten bekommt, dann ist das Diskriminierung; wenn Frauen weniger Lohn für dieselbe Arbeit bekommen als Männer, dann ist das Diskriminierung; wenn Frauen es schwerer haben, in einem Verein Mitglied zu werden als Männer, ist das Diskriminierung. Als Junge durfte ich in Ostwestfalen nicht am Handarbeitsunterricht teilnehmen: Diskriminierung. Frauen dürfen in vielen Kirchen nicht Priesterinnen werden: Diskriminierung. In einem Kölner Nachtclub gibt es eine U 27-Fete, auf die nur Leute unter 27 dürfen (Passkontrolle!): Diskriminierung. Jedoch ist die *Bevorzugung* oder *posi-*

tive Behandlung einer Gruppe oder einer Person, allein weil sie einer Gruppe angehört, ebenfalls Ungleichbehandlung. Hiermit wird ebenso ein Unterschied zwischen Gruppen geschaffen, der von der nicht bevorzugten Gruppe als ungerecht empfunden werden kann. Kurz: Behandelt ein Mensch einen anderen aufgrund von dessen Gruppenmitgliedschaft schlechter oder besser als ein Mitglied einer anderen Gruppe, diskriminiert er.

Wie entdeckt man Diskriminierung?

Manchmal ist es schwierig zu entscheiden, ob es sich bei einem Verhalten um Diskriminierung handelt oder nicht. Wenn eine Person zum Beispiel eine andere schlecht behandelt, steht damit noch nicht fest, ob dies aufgrund ihrer Gruppenzugehörigkeit geschehen ist. Handelt es sich also, wenn sich ein serbischer Hochschulassistent um eine Professur bewirbt und diese nicht bekommt, um Diskriminierung? Diese Frage lässt sich nicht beantworten, solange man keine eindeutigen Informationen hat, also etwa nicht aus zuverlässiger Quelle erfahren hat, dass tatsächlich seine serbische Nationalität ausschlaggebend war. Ist der Kandidat so hoch qualifiziert, dass man ihn eigentlich hätte nehmen müssen, liegt Diskriminierung schon näher. Doch auch in diesem Fall kann es ja durchaus sein, dass die Kommission den Bewerber für unsympathisch hielt oder die Studenten ihn nicht mochten, um nur einige Möglichkeiten zu nennen, die zur Nichtberücksichtigung geführt haben können, ohne dass das Merkmal »serbisch« eine Rolle gespielt haben muss. Aber oft gibt es auch Situationen, die deutlich darauf hinweisen, dass Diskriminierung vorliegt.

In Bremen, der Stadt, in der ich momentan lebe und unterrichte und die ich wegen ihrer toleranten und multikulturellen Atmosphäre sehr mag, geschah Folgendes: Bremens zweiter Bürgermeister Peter Gloystein sollte die »Deutsche Weinwoche« auf dem Marktplatz eröffnen. Zunächst schäkerte Gloystein mit der Weinprinzessin, öffnete dann eine Magnumflasche Sekt und warf den

Korken in die Menge. In der ersten Reihe der Zuschauer stand auch der Obdachlose Udo O. Was dann passierte, wird von unterschiedlichen Seiten unterschiedlich berichtet: Der Sprecher des Politikers erklärt, dass Herr O. nach der Flasche gegriffen habe, daraufhin sei Gloystein auf die Idee gekommen, ihm Sekt in den Mund zu gießen. Doch weil der Mann sich weggedreht habe, habe er ihm – lachend – Schampus über den Kopf gegossen. Das Opfer habe geweint. Mehrere Augenzeugen äußern sich ganz anderes: Sie sagen, dass Herr O. völlig ruhig und harmlos am Rand des Geschehens gestanden habe. Die Sektattacke von oben sei ganz allein von Gloystein ausgegangen. Er habe feixend den Sekt über Herrn O. gegossen mit den Worten »Hier hast du was zu trinken!« und hingenommen, dass dieser stinkend und klebrig vom Sekt wie ein begossener Pudel vor ihm stand – zum Gespött der Leute. Die Affäre zog weite Kreise, und alle Zeitungen beschäftigten sich mit diesem Skandal. War das Diskriminierung? Gloystein selbst stellt es anders dar. Er habe im Affekt gehandelt, aus einer Sektlaune heraus hätte er sich einen Spaß erlaubt. Affekt ist immer eine gute Entschuldigung, denn gegen Gefühle kann man ja nichts machen, oder? Also keine Diskriminierung? Eine falsch verstandene Laune?

Die entscheidende Frage ist, ob diese Sektlaune dazu geführt hätte, dass er jeden mit Sekt bespritzt hätte, so wie es seine Worte »Sorry, ich war in Sektlaune« ja nahelegen. Ein solcher Affekt (wir sind so gut drauf und bespritzen jetzt mal alle mit Sekt) hätte sich auf jeden Anwesenden auswirken können: einen chinesischen Touristen, eine hanseatische Hausfrau oder einen Priester, der Lust auf ein Weinfest hatte. Sie alle hätten die Ladung abkriegen können. Doch ein Foto zeigt deutlich, wie Gloystein zielgerichtet die Flasche über Herrn O.s Nacken auskippt und sich lachend, Beifall heischend umschaut. Dass dieses Verhalten, die Zielstrebigkeit mit dem es ausgeführt wurde, und die Bemerkung, von der es begleitet wurde (»Da hast du auch was zu trinken!«), genauso gut eine gut angezogene Hanseatin mit Betonfrisur hätte treffen können, ist unwahrscheinlich. Gloystein hätte vermutlich nicht gedacht, dass das beim Publikum gut ankommen würde, und auch der Spruch hätte keinen rechten Sinn gehabt. Hier traf es einen Obdachlosen, Mitglied einer Gruppe, die leicht an ihrem Aussehen zu erkennen ist und von der viele denken, dass sie ihre Situation selbst herbeigeführt habe. Viele verachten es, dass Obdachlose trinken, und meiden den Geruch, der häufig mit dem Leben auf der Straße einhergeht. Die Sektattacke hatte speziell einen Menschen aus dieser Gruppe getroffen. Wenn Menschen glauben, jemand habe sein Elend verdient, halten sie sich manchmal auch für befugt, ihn dafür öffentlich abzustrafen oder lächerlich zu machen. Gloysteins Verhalten ist Diskriminierung. Glücklicherweise waren sich in diesem Fall fast alle einig: So etwas widerspricht einer demokratischen Gesellschaft, eine solche Diskriminierung ist die Übertretung einer wichtigen sozialen Norm. Gloystein musste von seinem Amt zurücktreten.

Kurz gefasst

Wenn wir jetzt einmal alles zusammenfassen, so gibt es drei Phänomene: *Stereotype*, also Wissensstrukturen, die Vorstellungen und Erwartungen gegenüber bestimmten Gruppen enthalten, ohne dass wir unbedingt von der Richtigkeit dieses Wissens überzeugt sein müssen. Stereotypen können, müssen aber nicht, in ein Verhalten (eine Diskriminierung) münden, und sie sind im Gegensatz zu Vorurteilen nicht emotionsgeladen. *Vorurteile* sind Stereotype, an deren Wahrheitsgehalt eine Person glaubt oder die eine starke (positive oder negative) emotionale Reaktion hervorrufen – sie sind Bewertungen gegenüber Gruppen, ohne dass man deren Mitglieder kennt. *Diskriminierung* ist das negative oder positive Verhalten gegenüber Mitgliedern bestimmter Gruppen aufgrund deren Gruppenmitgliedschaft.

Nebenbei haben wir schon angesprochen, dass manche Stereotype einen wahren Kern haben und andere erwiesenermaßen falsch sind, dass sie gelernt und nicht angeboren sind, dass sie abhängig von der Gesellschaft sind, in der wir leben, und dass sie uns manchmal ungewollt einfallen. Wir haben angesprochen, dass es schwierig ist, negative Gefühle und Gedanken zu unterdrücken und dass es uns doch teilweise gelingt, sie nicht offen zu äußern und nicht zwingend Diskriminierung daraus erfolgt. Hier tragen soziale Normen dazu bei, nicht zu diskriminieren. Allerdings scheint es schwierig zu sein, einmal festgesetzte Assoziationen und Gefühle zu ändern. Diskriminierendes Verhalten ist manchmal schwer nachzuweisen (die Bewerbungssituation), da man Verhalten häufig auch individuell erklären oder rechtfertigen kann (der ist uns unsympathisch). Das Beispiel Gloystein zeigt jedoch, dass man rein logisch auf Diskriminierung schließen kann, wenn sich ein negatives Verhalten eindeutig gegen ein Mitglied einer stigmatisierten Gruppe richtet. Nebenbei habe ich schon auf eine Funktion von Vorurteilen hingewiesen, sie dienen der Identifizierung, der Ichfindung: Ich bin jemand, der Juden gut und Antisemiten blöd findet. Eine weitere Funktion der Stereotype scheint zu sein, dass sie abgespeichertes, wenn auch manchmal ungenaues oder inkorrektes Wissen beinhalten und uns damit helfen, schnell Entscheidungen zu treffen.

Wir werden nun im Folgenden sehen, wie Vorurteile und Stereotypen in unserem Gedächtnis gespeichert sind, wie sie bewusst und unbewusst unser Verhalten leiten und welche Konsequenzen sie haben. Danach wird die Rede davon sein, wann und bei wem Vorurteile vor allem zu finden sind und wie man sie messen kann. Schließlich soll es um die Korrektur von Vorurteilen gehen und um Möglichkeiten, Ungleichbehandlung zu verhindern.

KAPITEL 2

Alles gegessen? Warum wir es immer noch mit Vorurteilen zu tun haben

Warum mir ein Vorurteil geholfen hat, die Schulzeit gut zu überstehen. Über Unterschiede zwischen Gruppen. Wie verschiedene Erklärungen von Leistungsunterschieden zwischen Gruppen dazu führen, dass Vorurteile verändert werden können oder bestehen bleiben. Wie Vorurteile die Leistungen von älteren Menschen, Schwarzen und sogar Blondinen behindern. Und darüber, welche Gemeinsamkeiten es zwischen der Biologie, der Religion und dem Glauben an eine gerechte Welt gibt.

Als ich in Trier Psychologie studierte, war ich zusammen mit sieben Frauen in einer Clique, quasi als Hahn im Korb. Alle waren frauenbewegt, an allem interessiert und, immer hatten wir Lust, über uns und unser Leben nachzudenken. Wir brannten vor Ideen, wir wollten die Welt verändern, ja wir wollten es schaffen, durch die Kraft unseres Willens durch Wände zu gehen. Ehrlich, ich habe mit Lydia damals stundenlang darüber diskutiert, wie wir es schaffen könnten, durch eine Wand zu gehen, weil wir dachten, allein die Idee, dass man das nicht kann, könnte uns davon abhalten. Wir wühlten uns durch die Quantenmechanik, esoterische Bücher und die Science-Fiction-Literatur, schlossen die Augen, konzentrierten uns – und zogen uns eine Beule nach der anderen zu. Those were the days! Und nebenbei studierten wir Psychologie, liebten das, was wir taten, und genossen unser schönes, selbst entworfenes Leben.

Wir hatten jedoch einen Dozenten, der gerne frauenfeindliche Sprüche losließ und uns öfters richtig ärgerte. Zum Beispiel sagte er nach einem schlechten Referat einer Kommilitonin: »Wissen Sie, das war so schlecht, da wird mir ganz übel. Aber machen Sie sich nichts draus: Ich finde es gut, dass Frauen studieren. Es ist ja sinnvoll, dass Sie sich vorbereiten auf das Leben. Ein Akademiker braucht eine Frau, mit der er sich vernünftig unterhalten kann und die seine Kinder kompetent erzieht. Ein Psychologiestudium ist da eine gute Wahl! Deshalb gebe ich Ihnen eine Vier –, damit kommen Sie durch, aber Sie wissen, was ich von diesem Gefasel halte.«

Einige Leute, meistens Männer, lachten mit tiefer gelegten Stimmen – diese Art von Humor kommt bei manchen Leute gut an! Für meine sieben Freundinnen und mich war dies jedoch eine Kampfansage, der man begegnen musste. Etta war die Erste: Sie ging ganz langsam nach vorne, sah dem Dozenten aus fast zu intimer Entfernung in die Augen und sagte dann mit einem unvergesslichen Ekel im Gesicht: »Entschuldigung, ich wollte mir nur mal ganz genau einprägen, wie so was aussieht.« Und verließ, von uns anderen sieben begleitet, mit majestätischer Pose das Seminar. Manch andere Frau gesellte sich dazu, auch einige Männer. An der Tür angekommen, drehte ich mich um und sagte: »Es wird irgendwann mal die Zeit kommen, da werden wir Ihre Lehre bewerten. Wir. Und dann sind Sie geliefert.«[4]

Fünfzehn Jahre später, Universität Duisburg. In meinem Kurs »Vorurteile« bat ich die Studierenden zu berichten, wann und wo sie wegen ihres Geschlechts oder einer anderen Gruppenzugehörigkeit diskriminiert worden waren und wie sie das festgestellt hätten – ich dachte, das wäre ein prima Einstieg. Es herrschte Totenstille. Ich erzählte die Story vom Trierer Dozenten und erntete vor allem genervte Blicke. Dann meldete sich die erste Studentin und sagte, sie würde nicht mehr diskriminiert, was die Frage denn solle? Dem stimmte eine zweite zu. Die dritte wurde ausführlicher: Diskriminierung sei eine Sache der Nazizeit und der achtzi-

---

[4] Zugegeben, in der Hinsicht war ich damals ein wenig größenwahnsinnig. Der verehrte Kollege blieb weiterhin ein hohes Tier in der deutschen Psychologie und glitt ruhig und mit Anerkennungen gesegnet ins Pensionsalter. Noch heute zählen Bewertungen von Studierenden an den meisten Universitäten nichts. Ein guter Professor wird hierzulande genauso bezahlt wie jemand, den international niemand kennt oder der eine Lehre macht, dass seine Studenten in Scharen weglaufen würden – wenn sie denn könnten.

ger Jahre. Ihre Mutter sei Feministin, aber das sei etwas peinlich, manchmal, so'n bisschen altmodisch. Die Frauen in der Klasse kicherten zustimmend. Frauen seien heute anders als früher, und Männer auch. Und alle würden gleich behandelt. Alles kein Problem mehr. Daraufhin milderte eine andere das Ganze etwas ab: Es gibt sicher Diskriminierung, aber ich wurde immer fair behandelt, ich denke, das ist eine Sache des Auftretens. Und eine Türkin wollte offenbar die Diskussion beenden, indem sie sagte: »Ja, das haben die Grünen doch nun wirklich geschafft, dass man uns nicht mehr anmacht und wenn, dann muss man eben abschätzig gucken oder ein Selbstsicherheitstraining machen, und dann ist schon alles okay – von wenigen seltenen Übergriffen im Osten mal abgesehen.« Nur eine sehr übergewichtige Studentin sagte nichts und kicherte auch nicht.

Ich war etwas verwirrt. Aber das war eine wichtige Rückmeldung: »Uns geht's gut!« Wir haben einiges erreicht: Die Frauenbewegung, die Schwarzenbewegung, die Multikultibewegung, die Schwulen- und Lesbenbewegung haben einiges geleistet – ohne Frage. Und das ist gut. Lesben und Schwule dürfen heute heiraten, Unternehmen wie zum Beispiel Ford unterstützen ihre schwulen Mitarbeiter in den Betrieben und öffentlich, Schwarze, wie Jessye Norman, die für ihre deutschen Liedinterpretationen gepriesen wird, dürfen bei offiziellen Anlässen für die USA die amerikanische Nationalhymne singen, Halle Berry bekam mit Denzel Washington 2002 einen Oscar, und wir 2005 die erste (ost-)deutsche Kanzlerin. Maggie Thatcher hat es vorgemacht; es gab Golda Meir, und die Bürgermeister von New Orleans, Ray Nagin, und von Washington sind Schwarze, ja, mit Condoleezza Rice haben wir sogar eine schwarze Frau als Außenministerin der USA, und die Bürgermeister von Berlin, Hamburg und Paris sind schwul – alles Beispiele für erfolgreiche Minderheiten und den Sieg der Vernunft und der Demokratie. Ist das nicht bereits eine perfekte Welt? Ist da ein Forschungsprojekt über Vorurteile und Diskriminierung nicht so etwas wie eine historische Betrachtung, eine gruselige Rückschau auf Leichenberge und abgedrehte Frauenrechtlerinnen, um sagen zu können: Ach, was war das mal schrecklich! Und: Wie gut haben wir es doch!

Mit Verlaub, das ist vollkommener Quatsch und zeigt doch nur, wie schnell unterdrückte Personen sich zufriedengeben. Sobald der größte Schmerz nachlässt, sind wir schon mit wenig zufrieden. Das kennen wir doch. Wenn wir frisch operiert wurden, dann ist der erste Kamillentee nach der Tortur eine Delikatesse! Aber wenn wir im Leben stehen und einen Erfolg feiern und es uns richtig gut geht, trinken wir eben einen Rothschild. Ich glaube nicht, dass genauso viele Frauen aus eigenen Kräften zu einem Rothschild kommen wie ein Mann – und das wäre ein Unterschied, der auf eine ungleiche Behandlung von Männern und Frauen zurückzuführen ist. Vorausgesetzt, dass Frauen denn genauso erfolgreich sein möchten. Aber die Studentinnen in meinem Kurs sahen nicht so aus, als wollten sie Hausfrauen werden, die ihren Männern Rilke vorlesen oder in Verzückung geraten, wenn sie einen Diamantring von Karstadt bekommen!

Jetzt könnte man seufzen: Früher war alles besser! Da waren wir noch politisch interessiert und wach und haben uns eingemischt! Aber ist es nicht vielmehr so, dass wir generell dazu neigen, Diskriminierung zu unterschätzen, vielleicht gerade weil schon einiges erreicht ist? Machen wir ein kleines Spiel: Schätzen Sie doch mal, wie hoch der Prozentsatz bestimmter Gruppen und Minderheiten in bestimmten Positionen ist.

1. Wie viele deutsche Männer, die 2003 Vater geworden sind, haben Erziehungsurlaub genommen?
2. Wie viel Prozent der Absolventen an deutschen Hochschulen sind Frauen und wie viel Prozent aller C4-Professoren sind Frauen?
3. Wie viel Prozent der Schüler in der Sonderschule und wie viele am Gymnasium waren im Schuljahr 2004/2005 Ausländerkinder?
4. Wie viele Englisch- und Deutschlehrer waren im Jahre 1999/2000 in Berlin (West) weiblich? Und wie viele Physiklehrer?

5. Wie viel häufiger kommt es in Bayern vor, dass ein Akademikerkind im Vergleich zu einem Facharbeiterkind aufs Gymnasium geht, wenn beide die gleiche Begabung aufweisen? 1-mal häufiger, 2-mal, 3-mal, 4-mal, 5-mal, 6-mal oder 7-mal?
6. Wie viel Prozent der Frauen haben sich – über alle Fachbereiche hinweg – im Jahre 2004 habilitiert?
7. Wie viel Prozent weniger verdienen Frauen in vergleichbaren Berufen im Angestelltenverhältnis? (Die Lösungen finden Sie in der Fußnote[5] unten)

Haben Sie richtig gelegen? Ich befürchte, dass Sie, da Sie vermutlich schon sensibilisiert für dieses Thema sind, sehr vorsichtig schätzen. Doch selbst wenn Sie richtig lagen: Finden Sie, dass bereits alles getan ist? Wohl kaum.

Wie kommt es zu den Unterschieden?

Dabei kann man Unterschiede in der Leistung zwischen Gruppen, wie zum Beispiel Geschlechtsunterschiede, nicht vom Tisch wischen. Diese sind von Bettina Hannover vor Kurzem eingehend diskutiert worden. Sie hält wie ich nicht viel davon, eine einzelne Studie, die keine oder enorme Unterschiede herausgefunden hat, überzubewerten, aber inzwischen gibt es Methoden, sogenannte Metaanalysen, die zahlreiche Studien zusammenfassen und es dadurch erlauben, Rückschlüsse auf die Stabilität von Unterschieden zu ziehen. Diese Analysen zeigen unter anderem ab der vierten Schulklasse Unterschiede in der Mathematikleistung beim Problemlösen und einigen räumlichen Aufgaben zugunsten von Jungen, jedoch keine beim Rechnen oder beim Verstehen mathematischer Konzepte. Mädchen hingegen sind im Schreiben und

---

[5] Auflösung: 1: 1,6 %; 2: Absolventinnen 48,4 %, C4 Professuren 8,6 % (Zahlen von 2002); 3: 18,7 % Sonderschule und 4,1 % Gymnasium; 4: Fast 75 % Englisch- und Deutschlehrerinnen und 23 % Physiklehrerinnen; 5: 6,65-mal häufiger (2003); 6: 22,7 %; 7: 17 % (2005). Alle Daten Statistisches Bundesamt.

Leseverständnis sowie beim Erkennen emotionaler und nonverbaler Ausdrücke bei Mitmenschen besser.

Entscheidend ist, wie wir solche Unterschiede interpretieren. Wenn wir denken, dass fast unser gesamtes Verhalten biologisch oder gar religiös bedingt ist, dann sind wir aus dem Schneider. Nehmen wir eine evolutionsbiologische Theorie: Frauen sind demnach durch ihre Rolle als Mutter eindeutig zur Beschützerin des Haushalts und der Sippe angelegt. Klar, dass sie dann auch die emotionalen Muster der Sippe besser erkennen müssen. Räumlich auskennen müssen sich dagegen die Jäger, die Männer, und da sie mit den mutig erlegten Mammuts Handel treiben, können sie auch besser rechnen. Diese unterschiedlichen Fähigkeiten manifestieren sich schließlich in unterschiedlich aufgebauten Gehirnen. Der Geschlechtsunterschied in Mathematik und sozialem Handeln ist damit sehr einfach erklärt und das Problem erledigt: Klar, dass aufgrund unterschiedlich strukturierter Hirne Frauen dann doch lieber die Kinder füttern und das Haus putzen sollten als neue physikalische Theorien zu entwickeln oder unsere Wirtschaft anzukurbeln. Und Schwarze und Schwule und Türken? Alles genetisch? Da wird es schon heikler.[6]

Zunächst einmal Folgendes: Es gibt kaum methodisch gute Untersuchungen, die zeigen, dass sich diese Gruppen in ihren mentalen Möglichkeiten dramatisch voneinander unterscheiden. Und es hat durchaus Versuche gegeben, diese Unterschiede aufzuzeigen. Zwar gibt es in einigen Verhaltensbereichen, wie zum Beispiel der körperlichen Aggression, Geschlechtsunterschiede, bei der vermutlich biologische Prozesse im Spiel sind. So nimmt man an, dass Aggression mit der Ausschüttung eines Hormons, dem Testosteron zusammenhängt, das bei Männern stärker ausgeschüttet wird als bei Frauen. Andere Studien zeigen, dass Frauen zwar körper-

---

[6] Es erschreckt mich immer wieder, wenn manche Frauen diese biologistischen Erklärungsversuche sogar unterstützen – welcher Schwarze würde denn für sich annehmen, dass er aus biologischen Gründen weniger intelligent wäre? Ist die Evolutionstheorie einleuchtender, was Geschlechtsunterschiede angeht, oder spielen andere Faktoren für diesen Gleichmut eine Rolle?

lich weniger aggressiv sind, dafür aber verbal aggressiver sein können und dass körperliche Gewalt von Frauen in den letzten Jahren deutlich angestiegen ist – vielleicht ist ja auch dieser Unterschied nicht ins Gen geschnitzt? Die nächsten zwanzig Jahre werden zeigen, welche Erklärungsmacht die Biologie tatsächlich hat. Ich bin skeptisch, dass sie die Psychologie ersetzen kann, vor allem nicht im Bereich der Leistungen, für den soziale Faktoren eine entscheidende Rolle spielen. Und diese sozialen Einflüsse sind im Gegensatz zu den biologischen durch zahlreiche, methodisch wasserdichte Untersuchungen belegt.

Sie zeigen unter anderem – und das gilt für mehrere Länder –, dass sich Mädchen im Alter von sechs Jahren in Bezug auf mathematische Aufgaben keineswegs von Jungen unterscheiden, aber nach einigen Jahren Schule deutliche Unterschiede sichtbar werden. Des Weiteren hat Bettina Hannover in ihren Arbeiten zu Geschlechtsunterschieden herausgearbeitet, dass die Unterschiede zwischen Männern und Frauen hinsichtlich mathematischer und verbaler Leistungen innerhalb der letzten zwanzig Jahre deutlich weniger geworden sind. Diese Ergebnisse lassen sich nicht biologisch erklären.

Aber, seien Sie mal ehrlich, hätten Sie nicht gedacht, dass Männer die besseren Mathematiker sind? Ich selbst habe ja gerade eben von solchen Unterschieden gesprochen. Ihre Wahrnehmung beruht vermutlich auf der Tatsache, dass sich nach dem sechsten Lebensjahr eine Schere auftut, die im Laufe des Lebens immer größer wird. Ein paar Jahre nach der Einschulung sind die Mädchen schon deutlich schlechter. In der Oberstufe gibt es dann erheblich weniger Mädchen, die Mathematik als Fach wählen oder darin gut abschneiden. An den Universitäten finden wir ausgesprochen wenige Mathematikstudentinnen, Doktorinnentitel gibt es kaum, und Mathematikprofessorinnen muss man mit der Lupe suchen. Bei schwarzen Amerikanern verhält es sich ähnlich. In der Grundschule zeigen sich keine Unterschiede zwischen weißen und schwarzen Amerikanern, doch mit zunehmendem Alter werden Unterschiede immer größer.

Wie aber lassen sich diese ständig zunehmenden Unterschiede erklären? Auch wenn die Biologie mit der These »Wir sind so, wie wir (unsere Gene) sind« eine einfache Erklärung liefert, so müsste sie hier eine kompliziertere Theorie aufstellen, die zusätzlich zu den angeborenen Talenten die Idee einer inneren Uhr beinhaltet, die an irgendeinem Zeitpunkt bei Mädchen und Schwarzen eine automatische Entwicklungshemmung verursacht. Viel einfacher jedoch lassen sich solche Abweichungen anhand unterschiedlicher Förderungen durch Eltern und Lehrkräfte erklären. Und durch die Wirkung von Vorurteilen und Diskriminierung.

Vorurteile drücken die Schulbank und -leistungen

Wir wissen, dass Menschen ihre Motivation verlieren, wenn man sie nicht ernst nimmt, ihnen nichts zutraut oder sie nicht fördert. Stellen Sie sich folgendes Experiment vor: Ein Sozialpsychologe geht in eine Schule und gibt den Lehrkräften Informationen über die Fähigkeiten der Kinder. Er behauptet, Maggie und Max seien intelligent, und Egon und Martha seien etwas dumm. Tatsächlich hat er die Kinder aber zufällig ausgesucht, um zu untersuchen, wie stark die Erwartungen der Lehrer die Leistungen der Schüler prägen. Maggie ist eigentlich ein wenig unterbelichtet und Martha dagegen ziemlich schlau. Nach einem Jahr sammelt er die Noten ein und sieht: Die Erwartungen sind Realität geworden. Maggie und Max sind plötzlich gute Schüler, und über Egons und Marthas Zeugnisse kann sich niemand so recht freuen.

Dieses Experiment von Robert Rosenthal und Lenore Jacobson wurde in den sechziger Jahren durchgeführt. Es hat in der Sozialpsychologie Geschichte gemacht und wurde dutzendfach in anderen Schulen und auch in anderen Ländern nachgestellt.

Wie aber lässt sich dieser Effekt erklären? Müssen solche Lehrer nicht sofort entlassen werden? Schon fallen uns viele Beispiele von ungerechten Lehrern ein. Hatte ein Lehrer diesen Typs an den Experimenten teilgenommen?

Es scheint, dass die Lehrer in den Experimenten alle vollkommen normal reagiert haben. So wie viele reagieren würden. Zunächst einmal ist es menschlich, das kann ich als Professor nur unterstreichen, dass es einem Lehrenden mehr Spaß macht, mit guten Schülern zusammenzuarbeiten als mit schlechten. Schlechte Schüler zeigen selten Erfolge, und man ärgert sich, wenn sie das, was man doch gerade so schön erklärt hat, nicht kapieren. Also widmet man den guten Schülern mehr Aufmerksamkeit. So zeigen dann auch Studien, dass Lehrer häufiger die besseren Schüler drannehmen als die schlechteren – selbst dann, wenn diese sich gleich oft melden. Nichts anderes haben die Lehrer in den Experimenten gemacht. Diejenigen, von denen sie dachten, sie seien schlau, kamen häufiger dran. Dann zeigte sich, dass die Lehrer den »guten« Schülern besseres, differenzierteres Feedback geben: Wenn gute Schüler etwas Dummes sagen, tadeln sie, wenn sie etwas Gescheites sagen, loben sie, und wenn sie halbwegs kluge Kommentare geben, dann sagen sie: »Okay, aber da musst du noch mal ein wenig in die Tiefe gehen.« Wenn ein schlechter Schüler etwas sagt, wird er bei dummen Antworten oft zurechtgewiesen. Bei guten und mittelmäßigen Antworten wird jedoch kaum differenziert: Auch für mäßige Leistungen erhält er Lob.

Wird jemand ständig und grundlos gelobt und für eine grandiose Leistung nicht mehr als für eine mittelmäßige, fühlt er sich schließlich als Idiot, dem man nichts zutraut. Er wird weder aufgefordert, weiterzudenken und in die Tiefe zu gehen, noch bekommt er einen Tipp, wie er sein Wissen vertiefen kann. Und kriegt so natürlich kein Gefühl dafür, wie man überhaupt erfolgreich lernen kann.

Der Befund zeigt auch, dass viele Lehrer nicht böswillig sind: Sie verteilen Lob selbst an schlechte Schüler und »meinen es ja nur gut mit ihnen«. Jedoch kommt dies bei den Betroffenen manchmal als Abwertung ihrer Leistungen an.

Ein weiterer Aspekt ist die Wahrnehmung von Leistungen, die man nicht richtig einordnen kann. Nehmen wir an, ein guter Schüler schreibt in einer Nacherzählung nicht nur das, was der Lehrer vorgegeben hat, sondern er erfindet einen Handlungsstrang frei hinzu, lässt aber, weil es in die nun veränderte Geschichte nicht so richtig passen will, andere Ereignisse weg. Streng genommen hat dieser Schüler das Thema verfehlt, und bei jedem mittelmäßigen bis schlechten Schüler würde man vermutlich glauben, er habe entweder die Aufgabe nicht verstanden oder schlichtweg einige Ereignisse vergessen und deshalb Neues hinzugedichtet. Dagegen würde ein solches Verhalten bei einem guten Schüler wahrscheinlich als kreativ und Ausdruck von Unterforderung gewertet werden. So geschehen in Ostwestfalen-Lippe im Jahre 1974. Ich war in der Grundschule ein guter Schüler, aber häufig sehr zerstreut, weil mich die Kinder in meiner Straße oft ärgerten und ich dauernd in die Felder laufen musste, zum Nachdenken und um allein zu sein.

Bei einer Klassenarbeit passte ich nicht auf, was der Lehrer vorlas und schrieb einfach die Geschichte, die ich nacherzählen sollte, um. Ich rechnete mit einer schlechten Note. Aber weit gefehlt: Mein Lehrer war nicht sauer, im Gegenteil, er war entzückt! Ich bekam eine Eins mit Sternchen, und er meinte: »Es tut mir leid, dass dir das alles zu einfach vorkommt, aber bald kommst du ja aufs Gymnasium.« Die Wahrnehmung derselben Leistung kann also je nach Erwartung unterschiedlich sein.

Auf diesen Prozess der unterschiedlichen Interpretation von mehrdeutigem Verhalten werden wir später noch zurückkommen. An dieser Stelle aber sei gesagt, dass die sogenannten Rosenthal-Effekte selbst bei Tierforschern im Labor nachgewiesen wurden, denen man erzählt hat, dass bestimmte Albinoratten aus einem Stamm von schlauen und andere aus einem Stamm von unintelligenten Ratten stammen. Tatsächlich wurden die Ratten nach einiger Zeit von den Forschern so wahrgenommen, wie die Erwartung es ihnen nahelegte. Dieses Beispiel für den Rosenthal-Effekt ist für mich deshalb so bedeutsam, weil es zeigt, dass wir Leistung offensichtlich unterschiedlich wahrnehmen, und dass das, was Leistung ist, alles andere als eindeutig ist. Selbst bei Ratten, mit denen wir nicht kommunizieren können, weshalb sie uns weder austricksen noch beeinflussen können, wird unsere Wahrnehmung allein von unserer Voreinstellung geleitet. Das Verhalten einer angeblich »dummen« Ratte, die im Labyrinth einen anderen Weg nimmt, als den, den sie gerade gelernt hat, wird vermutlich als Beleg für ihre Unfähigkeit gesehen, sich Labyrinthe merken zu können, während dasselbe Verhalten bei einer »schlauen« Ratte als besondere Neugier und als weiterer Beweis für die Intelligenz des Tieres wahrgenommen wird. Es ist auch davon auszugehen, dass Fehler bei der dummen Ratte eher bemerkt werden als bei der schlauen Ratte.

Auch Stereotype machen Schule

Stereotype bezüglich menschlicher Leistungen führen zu einem ähnlichen Ergebnis. Das erklärt, warum Lehrer in den ersten Schulklassen glauben, Jungen seien stärker in Mathe und Mädchen besser in Sprachen, selbst wenn sich diese Unterschiede objektiv weder in den Noten noch in psychologisch treffsicheren Leistungstests widerspiegeln.

Auf die Dauer führen diese Faktoren dazu, dass ein als dumm abgestempelter Schüler sich nicht länger in dem Bereich engagiert, den er angeblich nicht kann. Sein Interesse daran sinkt, er sucht sich andere Betätigungsfelder, in denen er mit guten Leistungen glänzen kann. Bastelt vielleicht lieber oder singt in einem Chor oder bürstet das Fell seines Kaninchens und ist stolz auf dessen Glanz. Im besten Fall. Andere suchen sich vielleicht ein Leben in einer Umgebung, die dem Gegenteil dessen entspricht, was die Gesellschaft, unter der man gelitten hat, propagiert. Sie fackeln Papiertonnen ab, fangen an zu klauen, belästigen kleine Jungs, die mit einer Geige durch ostwestfälische Monokulturen wandeln oder sprayen Wände an[7].

---

[7] Die Forschung zeigt, dass Sprayer vor allem anderen, etwa zu rebellieren oder dem Wunsch sich selbst zu verwirklichen, ein Leistungsmotiv antreibt – sie wollen besser sein als alle anderen Sprayer. Sie sind Spießer, wie viele von uns. Sie wollen, wie wir alle, stolz auf etwas sein. Jeder Mensch braucht etwas, auf das er stolz sein kann.

Hinzu kommt, dass in unserer Gesellschaft Leistungen unterschiedlich bewertet werden, je nachdem zu welcher Gruppe man gehört. Was zählt es schon, wenn eine Frau gut in Mathematik ist – sie sollte lieber kochen können und gut aussehen. Oder? Das machen doch immer noch genügend Frauen vor.

Am Anfang des Jahrtausends machte Verona Feldbusch (jetzt Pooth) Karriere. Sie war recht hübsch, gab sich wahnsinnig dümmlich und war auch noch stolz darauf (»Lyrik? Ich weiß noch nicht mal was das ist!«), versprach sich dauernd (redete von Krankenschwestern und Krankenschwesterinnen), spielte ihre Schönheit dabei gekonnt aus und verdiente damit ein Vermögen. Was sie damit nahelegte, war, dass alles andere, Dinge wie Wissen, Lesen und Leistung, einer weiblichen Karriere doch nur im Wege stehen. Die Botschaft an die jungen Mädchen war: »Du kannst ruhig blöde, beschränkte Sätze von dir geben, nur schau zu, dass du deine Beine elegant übereinander schlägst. Hör auf zu lesen und kauf dir ein anständiges Make-up!« Zum Glück ist dieses gefährliche Vorbild für junge Frauen längst dem kollektiven Vergessen überantwortet worden. Frau Pooth ist persönlich vermutlich nicht viel vorzuwerfen. Sie hat das Beste aus sich gemacht und ist dabei reich geworden. Während sie für ihr Aussehen gut bezahlt wurde, hat sie für ihre Intelligenz wahrscheinlich nie einen Cent gesehen. Ist doch klar, dass sie sich da auf das konzentriert hat, was ihr die Knete brachte. So konnte sie vermutlich auch gar nicht einsehen, welche »Gefahr« sie für die Jugend war, denn es sind häufig die prominenten Vorbilder, die uns zeigen, worauf eine Gesellschaft Wert legt, was sie positiv und was sie negativ bewertet.

Aber auch am eigenen Leib erfährt man, welche Leistungen wichtig sind und welche nicht. Ich erinnere mich noch gut daran, dass meine Kunstnoten längst nicht so viel zählten wie die Erfolge meines in der Pubertät gar nicht mehr dicken kleinen Bruders Uli im Fußball (in Ostwestfalen ging das Gerücht um, dass Arminia Bielefeld ihn haben wollte!) und die meines Bruders Hendrik im Ironman. Kunst, das war nichts für Jungs, Sport aber wohl. Und dann, als ich mit 18 den *Brigitte*-Strickwettbewerb gewann, was meinen Sie, wer da stolz war? Meine Eltern? Denen war das ziemlich peinlich, und nur die 500 Mark, die ich damals gewann, freuten sie dann doch etwas.

Wir werden für dieselbe Leistung unterschiedlich belohnt, und dies hat Auswirkungen darauf, wofür wir ein Interesse entwickeln und wofür wir uns auf den Hosenboden setzen. Und was ist in den oben genannten Fällen der Grund für die unterschiedliche Beurteilung? Die Gruppenzugehörigkeit! Ob ich Männlein oder Weiblein bin. Schwarzer oder Weißer (wenn Sie ein Schwarzer sind, wehe, wenn Sie unmusikalisch sind und keinen Rhythm haben!). Schwul oder Hetero (wenn Sie schwul sind, müssen Sie kreativ sein, denn Sie werden häufig danach gefragt, wie Sie Ihren Tisch dekorieren).

Damit sind wir direkt beim Stereotyp und seinen Folgen. Studien von Ursula Kessels zeigen, dass Mädchen ebenso wie Jungen glauben, dass Mädchen, die in Physik gut sind, weniger gemocht werden als solche, die in einem typischen Frauenfach wie Musik glänzen. Und die guten Schülerinnen, die mit dem Gedanken spielen, Physikerinnen zu werden, sind ebenfalls der Ansicht, dass sie aus genau diesem Grund von den Jungen weniger gemocht werden.

Verheerend wird es, wenn dabei ein Teufelskreis entsteht: Wenn wir die Erwartung (»Mädchen können nicht rechnen«) und die diskriminierende Unterforderung zusammen nehmen, und das schließlich dazu führt, dass sich die meisten Mädchen ein anderes Interessengebiet suchen, dann werden sie letztendlich tatsächlich schlechter. Die Erwartung über die Leistung eines Gruppenmitglieds wird zur *sich selbst erfüllenden Prophezeiung* und nur wenige – diejenigen, denen die Außenwelt gleichgültig ist, die aus der Familie oder woandersher starke Unterstützung erfahren oder an deren Superleistung man einfach nicht vorbeikommt – werden sich dagegen wappnen können.

Dieses Prinzip der sich selbst erfüllenden Prophezeiung hat natürlich – wie fast alle psychologischen Prozesse – auch seine guten Seiten. Das ist bei vielen psychologischen Prozessen so, die auf den ersten Blick als störend empfunden werden; meist haben sie auch eine bestimmte Funktion. So können Erwartungen beispielsweise auch anspornen und Leistungen verbessern. Vermutlich ist die Tatsache, dass ich Professor geworden bin, auf eine sich selbst erfüllende Prophezeiung zurückzuführen, die ironischerweise mit einem psychologischen Test ihren Anfang nahm. Damals war ich sechs Jahre alt. Kindheitserinnerungen sind zwar wie die meisten Erinnerungen mit Vorsicht zu genießen, doch ich erinnere mich an das vermutlich entscheidende Ereignis in meiner Entwicklung in recht lebendigen Bildern:

Es war mein erster Schultag, und ich lief mit jämmerlichen Klamotten auf. Das war nicht anders zu erwarten von einer Familie, die mütterlicherseits nach der Flucht aus Schlesien als Torfstecher vollkommen verarmt war und väterlicherseits von einer sich immer für was Besseres haltenden, aber eigentlich recht unkultivierten Bücher-unter-den-Armen-Oma vor allem malträtiert, aber selten finanziell unterstützt wurde. Omi besorgte von einem Nachbarn eine kurze Tweedhose und einen Blazer, die »der Junge« (ich) zur Einschulung anziehen sollte. Das alles sah nicht nach dem Beginn einer Universitätskarriere aus: Die Hose war nicht nur zu groß, sie kratzte vor allem wie die Hölle und roch nach Mottenpulver. Mein körperliches Unwohlsein wurde noch durch die zu enge Jacke gesteigert, deren Nylonfäden in meinen Achseln pieksten wie ein Schwarm bissiger Insekten. Eine Belastung eher ästhetischer Natur stellte ein quietschgelber Pullunder aus Polyacryl dar; handgestrickt von Tante Elli aus Uchte, und da ich mir schon als Kind etwas aus Kleidung machte, fühlte ich mich einfach nur scheußlich. Es gab einen sehr langen Gottesdienst in der schmucklosen und mir Angst einflößenden Andreaskirche, einschüchternde Reden, und nachher wurden wir den Klassen zugeteilt. Ich hatte mich so auf diesen Tag gefreut, aber nun war ich körperlich am Ende, an Armen und Beinen rot gekratzt, genervt, ängstlich und auch aufgeregt: Was kam da alles Schreckliches auf mich zu? Zu guter Letzt rief uns auch noch der Direktor am Ende der Feier zu sich ins Lehrerzimmer. Was war denn nur los? Meine Mama wurde sichtbar nervös – sie zum Direktor? Es gab jedoch keinen Grund zur Beunruhigung: Der Direktor teilte meiner Mutter mit, dass der psychologische Einschulungstest bei mir sehr gut gelaufen sei; ich hätte einen außerordentlichen Wert erzielt, zu dem er sie herzlich beglückwünschen wollte. Er lehnte sich über den monströsen Schreibtisch, um mich zu sehen, denn ich war gut zehn Zentimeter kleiner als die meisten anderen Kinder. Ich stand artig auf, und er schien darauf zu warten, dass ich etwas sagte. Schüchtern fragte ich ihn, was denn »psychologisch« bedeutete. Er strich mir übers Haar und sagte, ohne zu lächeln, denn Ostwestfalen lächeln nicht: »Mein Junge, dein Kopf ist ungewöhnlich, das bedeutet es!« Ich verstummte, und als wir aus der Tür waren, fing ich leise an zu weinen. Mama war angespannt – sie hatte auch Tränen in den Augen, und ich wußte nicht, ob das gut oder schlecht war. Ich war verstört. »Komm, Jens, jetzt gehen wir in die Stadt ein Eis essen!« Ich wunderte mich ein wenig und wischte mir verstohlen die Tränen ab (Jungen durften damals nicht weinen). Und staunte dann, dass es ein Spaghettieis gab, mein erstes im Leben, noch dazu im Stadtcafé Rubino, da wollte ich immer schon mal hin, weil die beleuchtete Knusperhäuschen in der Weihnachtszeit hatten und weil da alles so edel aussah. Und jetzt saß ich auf einem der künstlich marmorierten und golden leuchtenden Sessel und kam kaum an mein Eis ran, so hoch war der Tisch. Bei uns gab es nur sehr selten Süßes. Meine Mutter stand damals schon auf Obst und Gemüse, und meine Eltern sparten zudem jeden Pfennig. Ich aß brav das Eis und fragte schließlich: »Mami, was ist mit meinem Kopf, ist der wirklich nicht in Ordnung?« Sie lachte. Sie kam mir jetzt so fröhlich vor. Und erklärte mir, dass Anderssein manchmal gut ist. Bisher hatte ich das Gegenteil gelernt: »Fall bloß nicht auf.« Neben Weinen und Lächeln ist Auffallen nämlich tatsächlich das Schlimmste für einen Ostwestfalen; vielmehr strengt man sich sein Leben lang an, möglichst genauso zu sein wie alle anderen. Man hat blaue Anoraks an wie alle, beige Rollkragenpullover und, um die Uniform zu komplettieren, trägt man dazu braune Schuhe mit einer Schutznaht außen rum; man hat Koniferen im

Vorgarten und viel Rasen ohne Moos und Unkraut; man hat eine Doppelgarage mit gepflasterter Einfahrt und man fährt einen Nissan. Meine Mutter meinte: »Du wirst es einmal besser haben als wir. Die Psychologie ist eine gute Wissenschaft, sie bestimmt, wer wirklich was im Kopf hat und wer nicht. Sie hat gezeigt, dass du ziemlich schlau bist. Jetzt musst du was draus machen. Iss dein Eis, wein nicht, es gibt keinen Grund dazu. Du musst nur etwas draus machen!«

Während meiner Schulzeit passierten merkwürdige Dinge – ich musste mich zum Beispiel immer in die erste Reihe setzen. Die Lehrer nahmen mich ziemlich oft dran, forderten und förderten mich. Der Direktor kannte mich persönlich und fragte häufig nach mir. Wenn ein Lehrer mit mir nicht klarkam, musste er zum Direktor, nicht ich. Ich hatte eine Sonderstellung, etwa als ich Sabine Burkämpers gute Hose mit Tinte bespritzte. Zwar wurde ich bestraft (ich musste einen Aufsatz über Waschmittelpreise schreiben), aber der Zutritt zur Schulbibliothek wurde mir nicht – wie allen anderen bei einem derartig schweren Vergehen – verwehrt. Meine Mutter ärgerte sich über jede schlechte Note, denn sie wusste, dass ich es eigentlich besser konnte. Manchmal schimpfte sie schon bei einer Drei plus. Auch die Nachbarschaft hatte Respekt, denn meine Eltern hatten natürlich allen erzählt, was für ein kluger Kopf ich war. Ich musste keinen Sport treiben (das macht ein ungewöhnlicher »Kopf« nicht, und mir war es recht), ich durfte verrückte Sachen machen (Experimente, wie aus Geranienjauche Eau de Cologne zu entwickeln; Genversuche mit eigens dafür eingefrorenen Kaulquappen und Angelmaden; und Versuche, Wasserschnecken mit Landschnecken zu kreuzen, wurden als missglückte Geniestreiche gewertet), und unsere Familie bekam, weil ich so schlau war, von der Salat-Oma aus der Lortzingstraße an jedem Sommertag einen Salatkopf und frisches Gemüse auf die Türschwelle gelegt. »Schlaue Menschen brauchen Vitamine!«, meinte sie. Wenn ich mein Leben mit dem eines typischen Mitglieds des sozialen Wohnungsbaus vergleiche, so denke ich, dass dieser Test mich gerettet hat. Er hat das Vorurteil »Kinder aus dem sozialen

Wohnungsbau sind dumm!« widerlegt – oder eben durch eine andere Erwartung ersetzt. Ich wurde ein Liebling der Lehrer und ich mochte sie – welches Kind kann das schon von sich sagen?

Ich könnte jetzt einfach behaupten, dass der Test ja wirklich gezeigt hat, wie intelligent ich bin. Psychologische Intelligenztests waren auch damals schon ziemlich gut. Sie messen tatsächlich Intelligenz als Merkmal, das von Situationen und Zeit unabhängig ist. Allerdings hängt ein nicht unbeachtlicher Teil immer auch von der jeweiligen Tagesform und anderen Dingen ab (Testangst, Stimmungen, etc.). Ohne Koketterie denke ich auf der Basis meines jetzigen Wissens als Psychologe, dass das nicht mal die Hälfte der Geschichte ist: Ich wurde mit dieser Erwartung einfach ganz anders gefördert als die anderen! Von der bevorzugten Behandlung, über Investitionen (»der Junge braucht das Buch, auch wenn es teuer ist«), Ausnahmen (Attest für den Sportunterricht des sadistischen Sportlehrers, der es lustig fand, uns mit einem KZ-ähnlichen Zuchthäuslergang unter die kalte Dusche zu schicken) bis hin zur guten Ernährung (ungespritzter Salat) lief für mich alles wie am Schnürchen und hob mich so über meine soziale Schicht. Um das Prinzip der sich selbst erfüllenden Prophezeiung auf den Punkt zu bringen: Meine Bauernhasser-Oma nannte mich ab dem ersten Schuljahr häufig »Herr Doktor«. Und genau das bin ich ja dann auch geworden. Ich bin felsenfest davon überzeugt, dass uns vor allem die Gesellschaft prägt, und diese Gesellschaft die größten Unterschiede zwischen Gruppen schafft.

Schwarz und Weiß: Sich selbst erfüllende Prophezeiungen

Sich selbst erfüllende Prophezeiungen aufgrund von Vorurteilen haben in der letzten Zeit in der Sozialpsychologie einige Aufmerksamkeit erregt. Nicht zuletzt aufgrund einer Studie von Claude Steele und Joshua Aronson, die 1995 einen dramatischen Effekt fanden: Sie gaben schwarzen und weißen Studenten der Universität Stanford einen sprachlichen Leistungstest. Die eine Hälfte der Versuchsteilnehmer sollte vorher ihre Hautfarbe angeben, die andere Hälfte nicht. Diese Frage war, damit sie nicht so sehr auffiel, in einen ganzen Fragebogen eingebettet, der ansonsten für alle Versuchsteilnehmer die gleichen Fragen enthielt. Es gab also vier Untersuchungsgruppen: Schwarze, die ihre Hautfarbe angeben sollten, Weiße, die ihre Hautfarbe angeben sollten, Schwarze, die ihre Hautfarbe nicht angeben sollten, und Weiße, die ihre Hautfarbe nicht angeben sollten. Nachdem zwei der Gruppen ihre Hautfarbe angegeben hatte, mussten sich alle vier Gruppen demselben Test unterziehen. Es gab eine Gruppe, die viel schlechter abschnitt als alle anderen: Die Gruppe der Schwarzen, die ihre Hautfarbe angeben sollten. Warum war das so?

Erwartungen müssen nicht ausdrücklich wiederholt werden, um zu wirken. Unsere Gruppenzugehörigkeit (z. B. schwarz oder weiß) ist durch die langen Jahre unserer Erziehung so stark mit bestimmten Erwartungen (»Schwarze sind nicht gut in intellektuellen Leistungsaufgaben«) assoziiert, dass es ausreicht, sie durch bloßes Hinschreiben des entsprechenden Merkmals (hier die Hautfarbe) zu aktivieren. Gleichzeitig ruft es assoziierte Erwartungen wach: Was sollte man als Mitglied dieser Gruppe können, und worin würde man versagen. Negative Erwartungen bedrohen eine Person auf zweierlei Weise. Erstens, hat sie Angst, negativ bewertet zu werden, und zweitens hat sie Angst, die Erwartung tatsächlich zu erfüllen. Diese Bedrohung führt zu Stress, und der wiederum kann die Leistung beeinträchtigen.

Zusammen mit Beate Seibt habe ich ähnliche Untersuchungen in meinen Labors durchgeführt. Wir hatten aber zusätzlich die Idee, positive Stereotype zu untersuchen. Was würde passieren, wenn man beispielsweise bei Frauen das Stereotyp aktivieren würde, sie seien insbesondere sprachlich begabt? Würden sie in einer sprachlichen Aufgabe besser abschneiden? Oder werden sie schlechter, weil sie unter einem Erwartungsdruck arbeiten müssten? Wir überlegten lange und formulierten eine etwas komplexere Hypothese, die auf Erkenntnissen der Motivationspsychologie beruht.

Wir wissen, dass positive Erwartungen (»Ich kann das gut!«) zu riskantem, schnellem, aber unvorsichtigem Verhalten führen, während negative Erwartungen (»Ich kann das nicht!«) ein vorsichtiges, langsames, aber genaues Verhalten bewirken. Dies sollte auch passieren, wenn die Erfolgs- oder Misserfolgserwartungen durch ein Stereotyp ausgelöst würden.

Wir luden Frauen und Männer in unser Labor ein und gaben jeweils der Hälfte von ihnen die Information, der folgende Test messe Geschlechtsunterschiede bei sprachlichen Leistungen, während wir der anderen Hälfte erzählten, dass derselbe Test allgemeine Leistungen messe. Wir hatten damit folgendes im Sinn: Die Information »der Test misst Geschlechtsunterschiede bei sprachlichen Leistungen« sollte bei Frauen direkt eine Erfolgserwartung auslösen (»Ich kann das gut!«), während sie bei Männern eine Misserfolgserwartung zeitigen konnte (»Ich kann das nicht!«). Die Information »der Test misst allgemeine Leistung« sollte keine bestimmte Erwartung wecken, die mit dem Geschlecht in Zusammenhang steht; einige würde denken, »das kann ich«, andere, »das kann ich nicht«. Dementsprechend erwarteten wir in dieser Versuchsbedingung keine Unterschiede zwischen Männern und Frauen. In dem Test mussten die Versuchspersonen aus einer Serie von Wörtern dasjenige raussuchen, das nicht zu den anderen passte. Zum Beispiel sollte aus der Reihe Apfel-Zitrone-Banane-Tomate-Papaya das nicht passende Wort (in diesem Fall Tomate) herausgestrichen werden. Dieser Test wird üblicherweise eingesetzt, um Komponenten menschlicher Intelligenz zu testen, unter der Annahme, dass intelligentere Leute solche Aufgaben schneller und besser lösen. Wir gaben den Versuchsteilnehmern dreißig Sekunden für 13 solcher Fragen, die mehr oder weniger knifflig waren, und fanden genau das, was wir vorhergesagt hatten: Männer und Frauen unterschieden sich nicht, wenn sie die Information bekamen, der Test messe allgemeine Leistungen. Allerdings zeigte sich ein dramatischer Abfall der Schnelligkeit bei den Männern, wenn sie dachten, der Test messe »sprachliche Fähigkeiten« – im Gegensatz zu den Frauen, die unter dieser Vorgabe deutlich schneller waren. Zwar schafften sie unter dieser Erfolgserwartung mehr Aufgaben, aber sie wurden auch schlampiger und machten mehr Fehler. Die Männer schafften, solchermaßen eingeschüchtert, zwar weniger Aufgaben, waren dafür aber auch sorgfältiger und machten weniger Fehler. Unsere Vorhersagen hatten sich bestätigt. Je nach Situation geweckte Stereotype lösen Erfolgs- oder Misserfolgserwartungen aus, die unterschiedliche Konsequenzen haben: Bei Erfolgserwartung zeigen die Versuchsteilnehmer schnelles und riskantes Verhalten, während sie im umgekehrten Fall zu langsamem und vorsichtigem Verhalten neigen.

Wie können wir die Ergebnisse der Untersuchung von Steele und Aronson erklären? Hier waren doch die Schwarzen (die mit der Misserfolgserwartung) schlechter, während bei uns die Männer unter der Misserfolgserwartung genauer wurden? Wir vermuten, dass Misserfolgserwartung und das dadurch ausgelöste vorsichtige Herangehen an die Aufgabe bei Tests zu Lasten der Geschwindigkeit gehen. Die Probanden lösen dann die Aufgaben, die sie in Angriff nehmen, zwar besser, aber sie bewältigen eben weniger davon. Unsere Erklärung deckt sich mit anderen Experimenten, die zeigen, dass Frauen bei Mathematikaufgaben erhebliche Schwierigkeiten haben, wenn sie vor dem Test ihr Geschlecht angeben müssen. Sie arbeiten dann langsamer; und hinterher sieht es so aus, als ob sie weniger könnten, obwohl sie die angegangenen Aufgaben richtig lösen. Das konnten Lioba Werth und ich auch in anderen Studien zeigen, bei denen Frauen am Fahrsimulator dann übervorsichtig fuhren, wenn sie vorher einen Aufsatz gelesen hatten, in dem darauf hingewiesen wurde, dass Frauen schlechter Auto fahren.

Und es gibt sogar Studien, die beweisen, dass Vorurteile selbst dann greifen, wenn man nicht an sie glaubt. Oder glauben Sie im Ernst, dass Blondinen – im folgenden Falle blonde, intelligente Studentinnen – denken, dass sie tatsächlich dümmer sind, so wie es zahlreiche Witze behaupten? Wir haben dies in unseren Experimenten getestet: In einer Studie gaben wir Blondinen und Frauen mit anderen Haarfarben einen Test, der Schnelligkeit und Genauigkeit untersucht. Wir sagten allen, dass der Test ihre Intelligenz messe. Bevor wir den Frauen die eigentlichen Aufgaben vorlegten, gaben wir ihnen eine Reihe von Witzen zu lesen; wir sagten ihnen, dass wir diese Witze für eine andere Studie benötigten und wir dafür ihre Bewertungen bezüglich der Witzigkeit bräuchten. Der Inhalt der Witze wurde im Experiment systematisch variiert: Die Hälfte der Frauen sollte Blondinenwitze bewerten, die andere Hälfte andere Witze. Es gab also vier Gruppen: blonde Frauen, die Blondinenwitze gelesen hatten, und solche, die andere Witze gelesen hatten, sowie Frauen anderer Haarfarben, die Blondenwitze gelesen hatten, und solche, die andere Witze gelesen hatten. Mit diesem Experiment testeten wir klar die Grenzen von sich selbst erfüllenden Prophezeiungen aus. Würden intelligente blonde Frauen durch die Lektüre von Blondinenwitzen tatsächlich langsamer, aber auch genauer? Und ob! Blondinen waren bei unseren Aufgaben tatsächlich langsamer, nachdem sie Blondinenwitze gelesen hatten, während Frauen mit anderer Haarfarbe schneller wurden nach der Lektüre von Blondinenwitzen.

Wieder einmal hatten Vorurteile Erfolgs- und Misserfolgserwartungen ausgelöst, die sich bei Nichtblonden direkt in riskantem Verhalten und bei Blonden in vorsichtigem Verhalten zeigten. Diese Vorsicht nutzte den Blondinen jedoch: Sieht man sich die Genauigkeit der Aufgabenlösung (Fehler pro angegangene Aufgabe) an, dann machten sie weniger Fehler als alle anderen Gruppen, wenn sie Blondinenwitze gelesen hatten. Für uns ist das ein starker Beleg für unsere These: Selbst dann, wenn wir offensichtlich nicht an die Wirkung eines Vorurteils glauben, kann es uns vorsichtiger oder in unserem Verhalten riskanter machen, und es kann unsere Genauigkeit und Schnelligkeit in Leistungstests beeinträchtigen.

Nimmt man diese Befunde ernst, dann lassen sich damit tatsächlich einige Unterschiede in der Schule erklären, etwa die unterschiedlichen Leistungen in Mathematik zwischen Mädchen und Jungen. Möglicherweise schneiden Mädchen in der Schule bei Mathematikaufgaben deshalb schlechter ab, weil sie in derselben

Zeit nicht so viele Aufgaben schaffen wie Jungen. Weil sie ständig daran erinnert werden, dass sie dafür eigentlich zu dumm sind, werden sie langsam und zu vorsichtig. Weil sie deshalb schlechtere Noten haben, verlieren sie die Lust und werden schließlich tatsächlich schlechter.

Insgesamt zeigen diese Experimente, wie schnell die Leistung eines Menschen verbessert oder verschlechtert werden kann. Der simple Hinweis darauf, dass man eine Aufgabe bewältigen bzw. nicht bewältigen kann, führt zu unterschiedlichen Ergebnissen. Nachdenklich stimmt mich insbesondere die Tatsache, dass die Personen sich der Auswirkung von stereotypen Informationen offensichtlich nicht bewusst sind. Wenn wir unsere Versuchspersonen am Ende des Experiments nämlich aufklären und fragen, ob sie durch irgendetwas beeinträchtigt wurden, sagen fast alle, sie seien in keiner Weise beeinflusst worden! Manche berichten, sie hätten die Aufgabe einfach zu schwer gefunden, andere führen andere Ursachen an, aber niemand erkennt den wahren Grund für den Leistungsabfall oder -anstieg.

Allein die Angabe der Hautfarbe oder des Geschlechts kann ausschlaggebend dafür sein, ob ein schwarzer Student bzw. eine Studentin gut abschneidet oder nicht. Man kann sich vorstellen, wie schnell so eine Gruppenzugehörigkeit und die damit verbundenen Erwartungen durch alles Mögliche aktiviert werden können: Das Hinschreiben des Namens (z.B. ob ich Martha oder Özen heiße); des Alters, der Herkunft etc. Bereits ein aufmunternder oder tadelnder Blick des Lehrpersonals oder ein Artikel über Gedächtnisprobleme im Alter, den man morgens gelesen hat – das alles kann unsere Leistung beeinträchtigen. Und das alles spricht dafür, dass wir die sozialen Faktoren unserer Leistungen und derjenigen unserer Kinder sehr ernst nehmen müssen. Es untermauert die Wichtigkeit von Untersuchungen, die uns zeigen, was Informationen in einer spontanen Situation, unsere Kommunikation untereinander, die Medien, die Werbung, unsere Vorbilder – Lehrer, Stars und Politiker – und alles, was unsere soziale Welt ausmacht, in uns bewirken. Vielleicht trifft das Prinzip der sich selbst erfüllenden Prophezeiung sogar auf gesellschaftliche Entwicklungen zu. Vielleicht ist es der Grund dafür, warum wir in Deutschland in den letzten Jahren immer weniger Innovationen produziert haben. Wir lesen doch ständig, wie mies es uns geht, wie faul wir sind und wie hurtig uns alle anderen Nationen davonmarschieren! Vielleicht sind wir auch deshalb so vorsichtig und weniger kreativ geworden, weil uns allein die Erwartung, dass wir nicht mehr gut sind, im Wege steht.

Gerechte Welten: Biologie, Religion und Psychologie

Man hat gegen die Biologie oft das Vorurteil, dass sie behaupte, wenn wir ein Gen oder ein Hormon für ein bestimmtes Verhalten finden, spielten Psychologie und Pädagogik keine Rolle mehr. Man dachte: »Lass mich dein Gen finden, und ich sage dir, wer du bist und was du kannst.« Die Einfachheit der Erklärung macht bis heute ihren Erfolg aus, vor allem in den Medien, aber nicht selten auch was die Verteilung von Forschungsgeldern angeht. Und Schlagzeilen über das sogenannte Schwulen-Gen oder Übergewichtigen-Gen beeindrucken immer noch viele Leser. Derartige Erkenntnisse lieferten neben einer eleganten Erklärung für die Wissenschaft prima Rechtfertigungen für bestimmte Gruppen und bestehende Strukturen und damit für fehlende oder besondere Leistungen im emotionalen, technischen, musischen, mathematischen, sprachlichen etc. Bereich. Und erhärteten dadurch bestehende Vorurteile. Inzwischen haben Genforscher und Biologen aber Lehrgeld gezahlt und betonen zusehends mehr, dass die genetische Grundlage lediglich unser Potenzial, die Basis aller Möglichkeiten ist. Die wichtige Rolle der Sozialisation wird heutzutage kaum jemand bestreiten. So sind wir Psychologen genauso erstaunt wie die Hirnforscher, wie gut sich das Gehirn selbst nach schweren Läsionen bei guter Förderung erholen kann. Sind darüber erstaunt, wie sehr gute schulische und vom Elternhaus ausgehende Förderung eine schwache Ausgangslage bei Intelligenz,

Bereitschaft zu Aggression und Kreativität kompensieren kann. Und wenn im Alter von sechs Jahren Jungen und Mädchen gleichermaßen begabt für Mathematik sind und sich Unterschiede erst später entwickeln, aber die bestehenden Unterschiede in den letzten Jahrzehnten deutlich kleiner geworden sind, dann zeigt das vor allem, welchen Einfluss Unterricht, Erziehung und Sozialisation haben. Für unsere Leistungen spielen vor allem die Erwartungen eine wichtige Rolle, die entweder direkt durch andere (Lehrer, Eltern, Beziehungspartner) vermittelt werden oder die wir verinnerlicht haben und im Gedächtnis wachrufen (»Ich, als Junge, kann keine Sprachen).

Interessanterweise beeinflusst die Art und Weise, wie wir Unterschiede interpretieren, auch unsere Akzeptanz gegenüber anderen Gruppenmitgliedern. So fand Bernard Whitley heraus, dass Leute eher bereit waren, Homosexualität zu akzeptieren, wenn sie im Experiment erfahren hatten, dass diese genetisch bedingt sei und nicht auf eigener Entscheidung oder Erziehung beruhe. Versuchspersonen, denen man das Gegenteil vermittelt hatte, nämlich dass Homosexualität auf eine eigene Entscheidung oder auf Erziehung zurückgehe, aber nichts mit Vererbung zu tun habe, zeigten Homosexuellen gegenüber weniger Verständnis. Es scheint, als ob eine genetische Erklärung den Diskriminierten eine Hilfe ist in dem Sinne: Diese Leute können nichts dafür, also sind sie auch nicht schuld an ihrem Anderssein.[8] Sobald aber die Meinung vorherrscht, Homosexuelle trügen selbst die »Schuld« an ihrem Anderssein, wird auch die Ansicht vertreten, sie sollten dieses gefälligst wieder rückgängig machen. Allerdings kann von »Schuld« überhaupt nur dann die Rede sein, wenn bestimmte Lebensweisen, wie Homosexualität, als inakzeptabel gelten. An sich sind die starken Reaktionen, die viele Leute gegenüber Menschen mit anderen sexuellen Vorlieben an den Tag legen, nur schwerlich nachzuvollziehen. Was

---

[8] Sicherlich hat es auch Übergewichtigen geholfen, dass man glaubte, genetische Veranlagungen dazu entdeckt zu haben. Endlich waren Übergewichtige nicht mehr undiszipliniert, unmotiviert und faul, also selbst schuld an ihrer Misere, sondern die Gene!

zwei Leute im Bett machen, *die beide dasselbe wollen*, sollte sich eigentlich jeglicher Bewertung entziehen.

Natürlich spielen bei der Bewertung häufig religiöse Gemeinschaften eine Rolle, die wiederum biologische Erklärungsmodelle für ihre Argumentation nutzen. Häufig wird ein Schöpfer angenommen, der uns von Geburt an so gemacht hat, wie wir sind, und der uns bestimmte Verhaltensweisen mitgegeben hat, die eine unterschiedliche Behandlung erfordern. Warum sollte man also ein Mädchen mit einem priesterlichen Beruf überfordern, wo der Schöpfer es doch so geschaffen hat, dass sie zu allem, nur nicht zu diesem Amt taugt? Mit solchen oder ähnlichen Ausgrenzungen unterstützen viele Religionen (u.a. die Weltreligionen des [katholischen] Christentums, des Islam, des Judentums und des Hinduismus) Stereotypen und Vorurteile. Beschränken wir uns hier einmal exemplarisch auf das katholische Christentum.

Die ungleiche Behandlung von Frauen und Männern wird teils religiös begründet, teils biologisch erklärt und gewinnt damit für viele eine unanfechtbare Autorität. Jesus Vertraute waren vor allem Männer, und die Apostel haben nur Männer gesegnet, heißt es, und daraus wird geschlossen: Die Frau ist spirituell nicht geeignet für das Priesteramt. Hinzu kommt, dass Eva das gesamte Geschlecht sinnbildhaft mit dem Makel der fehlenden Selbstkontrolle versehen hat. Und wenn es ein Stereotyp schon seit so vielen Jahrtausenden gibt, dann muss doch was dran sein, oder?

Seit Kurzem untermauert die katholische Kirche ihre Thesen konkret mit Hilfe der Biologie zwischen den Geschlechtern. Es sei so offensichtlich, dass wir unterschiedliche Körper haben, warum also sollten wir nicht auch vollkommen unterschiedliche Aufgaben wahrnehmen? So in etwa argumentierte Papst Johannes Paul II. in seiner Enzyklika 2003, in der er gegen die Feministen wetterte, weil sie die existierenden biologischen Unterschiede wegdiskutierten, die eine unterschiedliche Behandlung von Frauen und Männern förmlich bedingten.

Da wundert man sich, warum denn gerade dieser eine biologische Unterschied so wichtig sein soll. Warum nicht ein Unterschied in Hautfarbe und Körpergröße? Warum nicht Leute unter 1,60 Meter vom Priesteramt ausschließen, weil man sie so schlecht auf der Kanzel sehen kann. Oder solche mit zu leiser Stimme, weil man sie nicht hören kann. Oder warum nicht Weiße, weil die bunten Gewänder doch viel schöner auf schwarzer Haut aussehen? Warum nicht Ostwestfalen ausschließen, weil sie durch den ständigen Regen in der Region vermutlich chronisch schlecht gelaunt sind? Ein Schöpfergott wird sich auch bei diesen Unterschieden etwas gedacht haben, und es wird nicht ersichtlich, warum das Geschlecht eine so starke Bedeutung erhält. Jedenfalls muss ein junges Mädchen zwangsläufig aus solchen Aussagen schließen, dass ihm etwas Entscheidendes fehlt.

Es gibt einen weiteren Punkt, warum der große Sozialpsychologe Gordon Allport Religionen eine nicht unbedeutende Rolle bei der Entstehung und Unterstützung von Vorurteilen und Diskriminierung beimisst. Allport beobachtet richtig, dass fast alle Religionen unmissverständlich definieren, was gut und was böse ist. Monotheistische Religionsgemeinschaften sind Gruppen mit sehr starken Grenzen und klaren Vorgaben für ihre Mitglieder. Jeder weiß genau, was er zu tun und was er zu lassen hat, um dem einzigen Gott zu gefallen. Dabei sollte man nicht vergessen, dass religiöse Gemeinschaften und ihre Regeln historisch gesehen häufig aus Konflikten entstanden – und in Abgrenzung zu anderen Religionen. So sind die homosexuellenfeindlichen Passagen des Alten Testament entstanden, um sich zum Beispiel von den griechischen Religionen zu unterscheiden, die homosexuelle Komponenten teilweise institutionalisiert hatten. Eine neue Gruppe muss ja zunächst begründen, warum es sie überhaupt gibt. Diese religiösen Normen, damals als gruppenbildendes Merkmal eingesetzt, gelten unverrückt bis zum heutigen Tage und werden von Religionsoberhäuptern vehement verteidigt. Weiterhin sind bestimmte Einschränkungen und eine gewisse Selbstkontrolle bezüglich fleischlicher Freuden (Sex, aber auch Speisevorschriften) Bestandteil vieler Religionen. Das ist vielleicht deshalb der Fall, damit man sich jedes Mal an seinen Gott erinnert, wenn man in Versuchung gerät – und sich ihm nahe fühlen kann, wenn man die Einschränkung gemeistert hat. Ayelet Fishbach, Ron Friedman und Arie Kruglanski zeigen in zahlreichen Untersuchungen, dass bekennende Christen »Sex« mit »Bibel« und »Religion« assoziieren. Diese Assoziationen helfen ihnen vermutlich, sich in Situationen der Verführung an »höhere« Werte zu erinnern und somit zu kontrollieren. In anderen Religionen mögen Speisevorschriften und Fastentage eine ähnliche Wirkung haben: Immer dann, wenn ich Hunger habe oder einer Versuchung widerstehen muss, erinnere ich mich an meinen Gott. Es mag deshalb nicht erstaunen, dass für die katholische Kirche, in der es wenig Speisevorschriften gibt, Sexualität nach wie vor ein nahezu bestimmendes Thema ist: Verhütung, Masturbation, Affären, Liebe außerhalb der Ehe, homosexueller Geschlechtsverkehr; das alles ist auch im Angesicht einer modernen Gesellschaft Teufelszeug. Die stärkere Präsenz von Verführungen in unserer Gesellschaft (durch Internet, Dating- und Heiratsmärkte etc.) arbeitet paradoxerweise der Kirche zu: Je öfter ich einer Verführung ausgesetzt werde, umso eher erinnere ich mich an höhere Werte und umso stolzer kann ich sein, wenn ich der Verführung wieder einmal widerstanden habe. Einschränkungen von sexuellen Praktiken haben einen weiteren Vorteil: Sie setzen die Gruppe der Katholiken klar von der Gruppe der Atheisten ab und bieten damit die Möglichkeit der Identifizierung mit Werten einer Gruppe. Diese Werte sind bei der weniger klar definierten Gruppe der Atheisten nicht so eindeutig, das heißt, sie sind nicht so identitätsstiftend, müssen immer wieder mühsam verhandelt werden und verändern sich andauernd. Ein Vorteil der Kirchen ist, dass sie genaue Orientierungshilfen bieten, auf die man sich verlassen kann.

So nachvollziehbar das Ganze in psychologischer Hinsicht ist, so sehr müssen sich die Religionsoberhäupter bewusst machen, dass sie durch die starren Gruppen, die sie definieren, auch die Saat für Konflikte säen. Hunderte von Religionskriegen, die die Geschichte der Menschheit pflastern, illustrieren, was passiert, wenn Gruppen mit diametral entgegengesetzten Interessen (hier vom wahren Gott) und starren Normen aufeinander treffen.

Selbstverständlich sind auf der anderen Seite die karitativen Verdienste der Kirche zu würdigen. Prinzipiell sind beispielsweise im gesamten Christentum alle Menschen vor Gott gleich. Und dies wird deutlich sichtbar in den zahlreichen kirchlich geführten Krankenhäusern und psychosozialen Einrichtungen, die ein Zeichen dafür sind, wie vorbehaltlos die Kirchen Schutzbedürftigen und Kranken helfen. Ein karitatives Element liegt klar in der Heilsbotschaft, und ich unterstelle, die Krankenhäuser stehen allen offen: Arm und Reich, Schwarz und Weiß, weiblich oder männlich, ohne jeden Hintergedanken.

Darin steckt ein unauflösbarer Widerspruch, ein Paradoxon – denn auf der einen Seite werden offen Vorurteile geschürt, Fremdgruppen befeindet und Mitglieder (wie Frauen und Homosexuelle) diskriminiert, und auf der anderen Seite sollen alle Menschen Gottes Geschöpf sein. Diesen Widerspruch muss die katholische Kirche – und nicht nur sie, sondern fast alle bestehenden monotheistischen Religionen – auflösen. Die Priester, Pastoren, Mullahs und Rabbiner dieser Zeit sind aufgefordert, das Problem der Diskriminierung sowohl innerhalb ihrer Gruppe als auch zwischen den Religionen anzugehen. Heutzutage kehren Gläubige in Scharen der Kirche den Rücken zu, weil sie mit den starren Regeln nicht mehr klarkommen. Auf der anderen Seite beobachten wir eine gefährliche Radikalisierung mit extremen Auswüchsen: Gläubige sprengen sich und Unschuldige in die Luft, erschießen Frauen vor Abtreibungskliniken, töten Schwule und »Unkeusche« und hetzen ihre Kinder gegen Minderheiten auf. Diese Probleme müssen die Glaubensgemeinschaften verstärkt und mit großer Dringlichkeit angehen.

Es fällt mir schwer, es zu schreiben: Auch die klinische Psychologie und die Psychiatrie spielen eine Rolle bei der Aufrechterhaltung von Vorurteilen. Die klinische Psychologie definiert zwar nicht, wer ins Himmelreich kommt und wer zu verdammen ist, aber sie legt, verkürzt gesagt, fest, wer psychisch krank ist und wer nicht. Noch vor wenigen Jahren hat man versucht, Homosexuelle zu therapieren, indem man ihnen beispielsweise kleine Maschinen an die Hand gab, um die gleichgeschlechtliche Neigung, die lange Zeit als Perversion galt, zu heilen. Man bat die Patienten, sich selbst immer dann schmerzhafte Stromstöße zu versetzen, wenn sie an eine erotische Situation mit einem Mann dachten. Diese Therapie, wie auch zahlreiche andere, die hier nicht alle geschildert werden können, war relativ erfolglos, wurde aber trotzdem durchgeführt. Es hat lange gedauert, bis man merkte, dass ein Homosexueller zwar in mancher Hinsicht anders als die anderen, ansonsten aber total normal ist. Erst im Jahre 1974 wurde Homosexualität als Störung aus dem Krankheitenkatalog DSM (Diagnostic and Statistic Manual of Mental Disorders) von der American Psychology Association gestrichen. In der von der Weltgesundheitsorganisation herausgegebenen Krankheitenliste »International Classification of Diseases« (ICD) wurde sie sogar erst 1992 mit der Publikation der ICD-10 (International Classification of Diseases) entfernt. Und noch heute gibt es Kollegen, die Therapien anbieten, um homosexuelle Menschen umzupolen.

Das moderne Stereotyp scheint mir nicht mehr zu beinhalten, dass Schwule und Lesben abnorm sind, doch man unterstellt ihnen nach wie vor gerne ein Leben voller Probleme. Das ist zwar etwas netter, kann aber unter Umständen dazu führen, dass man jemanden, von dem man glaubt, er habe mit vielen Schwierigkeiten zu kämpfen, nicht gerne einstellt. Wer will schon eine Mitarbeiterin oder einen Kollegen haben, der häufig schlecht drauf oder abgelenkt ist? Die Psychologie hat also mit dazu beigetragen, Unterschiede zwischen Gruppen zu definieren, und manches daraus folgende Vorurteil (»die ist ja krank«) lebt in den Köpfen der Menschen weiter. Die wissenschaftliche klinische Psychologie ist sich des Problems der Stigmatisierung bewusster denn je und erlebt ständig rege Diskussionen darüber, was normal ist und was nicht. Dabei verschiebt sich die Fragestellung immer mehr in Richtung »Wer braucht Hilfe und wer nicht?«, die eine moralische Wertung vermeidet und den Fokus auf die Not des Patienten selbst legt.

Neben diesen biologischen, religiösen und klinischen Erklärungen zur Unterscheidung von Gruppen gibt es weitere, die dazu beitragen, dass sich bestimmte Gruppenunterschiede nicht auflösen. Eine sehr beliebte Interpretation von Unterschieden ist beispielsweise die, alle Leute seien ihres »Glückes Schmied«. Verarmte Menschen etwa trügen selbst daran Schuld, und diejenigen, die in einer Welt angeblich gleicher Chancen Erfolg haben, könnten zu Recht stolz auf sich sein. Der Loser trägt also eine Mitschuld an seiner Misere. Diese Interpretation funktioniert vor allem bei Erklärungen von Gruppenunterschieden, die auf Hierarchien beruhen, und betrifft diejenigen in unserer Gesellschaft, denen es wirklich schlecht geht, zum Beispiel Obdachlose, Strafgefangene, Arme und Arbeitslose.

Nehmen wir die Obdachlosen als Beispiel. Ihr erbärmliches Aussehen, der unter ihnen verbreitete Alkoholismus, ihre psychischen Probleme – alles dies kann doch nicht nur ein Produkt der Gesellschaft sein, also etwa *unsere* Schuld? Die *müssen* doch selbst verantwortlich sein für ihre miese Lage! *Jeder* kann doch heutzutage *was aus sich machen*!

Mag im Einzelfall jemand aus einem vorprogrammierten Lebensweg aus eigener Kraft ausbrechen – meine eigene Geschichte aus dem sozialen Wohnungsbau Ostwestfalens könnte man ja als Beleg für eine solche »Gerechte-Welt-Theorie« nehmen –, so lässt sich daraus noch keine allgemeine Regel ableiten. Gesellschaftliche Strukturen, Zufälle und Schicksalsschläge, die jedem von uns widerfahren können, sind nicht zu unterschätzen. Jedes soziale Netz hat Löcher, und jedem Menschen können Dinge passieren, die nicht auszuhalten sind. Es ist eine Tatsache, dass man sich Alkoholismus etwa nicht aussucht: Alkoholismus ist eine Krankheit, die man ab einem bestimmten Stadium und ohne Unterstützung von außen einfach nicht in den Griff bekommt.[9] Ab einem gewissen Zeitpunkt ist der psychische Verfall vorprogrammiert und ein Leben auf der Straße ist häufig eine der wenigen verbleibenden Möglichkeiten. Jemand der die Idee von der gerechten Welt unter-

---

[9] Interessanterweise haben das einige Leute inzwischen wohl kapiert. Weniger hat sich bisher herumgesprochen, dass andere Drogenabhängigkeiten, wie Heroin- oder Kokainsucht, ebenfalls Krankheiten sind.

stützt, würde solche Zwänge nicht wahrnehmen. Er würde dem Obdachlosen vorwerfen, selbst an seiner Misere schuld zu sein, und dies führt schnell zu einer Legimitierung weiterer Ungerechtigkeiten. Woher kommt diese Idee der gerechten Welt?

Zunächst einmal scheinen wir alle Hedonisten zu sein: Wir streben nach Vergnügen und meiden miese Stimmung. Der Anblick eines Obdachlosen verursacht in uns ein schlechtes Gewissen, ein ungutes Gefühl, als wären wir als Mitglieder unserer Gesellschaft für sein Schicksal verantwortlich. Und wir werden dieses miese Gefühl nur dann los, wenn wir die Verantwortung kurzerhand von uns weisen.

Prinzipiell kann man Erfolg bzw. Misserfolg sich selbst zuschreiben oder der Situation. Wenn ich zum Beispiel stolpere, dann kann es sein, dass ich losbrülle: »Verdammte Treppe!«, oder fluche: »Wie blöd bin ich denn?« Die erste Erklärung des Stolperns (die Treppe) ist extern, die zweite intern (»ich bin ein Idiot«). Dasselbe funktioniert bei Erfolgen: Wenn ich von meinen Studenten am Ende des Semesters gute Noten bekomme, kann ich mir sagen: »Das lag an den Studenten, die waren einfach sehr, sehr nett!« Oder ich kann mir sagen: »Ich habe mich echt gesteigert, habe dieses Mal genau das Richtige gemacht!« Die erste Erklärung für den Erfolg ist extern (»die Studenten waren klasse), die zweite intern (»ich bin besser geworden«). Generell erklären wir unseren eigenen Erfolg gerne intern (»das habe ich gut gemacht!«) und unsere Misserfolge extern (»das waren die anderen!«). Das zeigen Hunderte von psychologischen Studien. In der Forschung spricht man von fundamentalen Urteilsfehlern und selbst(wert)dienlichen Urteilsverzerrungen diesbezüglich.

Dementsprechend würde ich bei schlechten Bewertungen meiner Lehre denken: »Na ja, das war ja auch ein mieser Jahrgang. Was will man von denen schon anderes erwarten?« Dies könnte eine Urteilsverzerrung sein. Sie führt aber schnell dazu, dass ich mit mir wieder im Reinen bin: Das Ziel eines jeden Hedonisten, sich gut zu fühlen, wäre damit erreicht. Interessanterweise zeigen depressive Menschen diese Verzerrung in der Erklärung von Erfolgen und Misserfolgen kaum – sie erklären Fehler intern wie extern. Urteilsfehler und die hedonistische Veranlagung nicht depressiver Menschen scheinen also zur Gesundheit beizutragen.

Die Misserfolge anderer erklärt man gerne intern, während man die eigenen extern interpretiert. Das können wir immer wieder bei Fußballfans beobachten: Verliert die eigene Mannschaft, hat das nichts mit der Mannschaft zu tun, sondern es war Pech, der Schiedsrichter, die Tatsache, dass es kein Heimspiel war oder ein anderer externer Grund. Wenn die andere Mannschaft verliert, dann liegt es an deren mangelnder Qualität, der fehlenden Motivation, Koordination und anderen internen Eigenschaften.[10]

Ein gruppenbezogener Urteilsfehler kann ebenfalls die Stimmung heben: Wenn ich mein Stolpern auf die blöde Treppe zurückführe und das Stolpern eines Faschisten auf sein tölpelhaftes Wesen, stehe ich weiterhin in einem guten Licht da, und der mir verhasste Faschist bekommt jetzt noch eine andere negative Eigenschaft: Er ist nicht nur mental, sondern auch motorisch schwach.

Jedoch ist die (Wieder-)Herstellung von guter Stimmung nicht der einzige Grund für diesen Fehler. Er kann auch ganz einfach auf unsere Wahrnehmungsrichtung zurückgeführt werden, die sich grundlegend unterscheidet, je nachdem, ob wir unsere eigenen Fehler beobachten oder die einer anderen Person. Wenn wir selbst stolpern, dann sehen wir die Treppe. Also wer ist schuld? Die Treppe. Und wenn wir jemand anderen stolpern sehen, dann konzentriert sich unsere Aufmerksamkeit auf den Stolpernden. In diesem Fall ziehen wir eher die Schlussfolgerung: »Der ist tollpatschig!« Viele Studien zeigen, dass allein aus diesem Unterschied in der Wahrnehmung Urteilsfehler geschehen können und dass man keine Motivation zur Stimmungsaufhellung braucht, um ihn zu begehen. Deshalb, und weil sie so weitreichend sind, bezeichnen

---

[10] Manchmal denke ich, wenn Menschen so erfinderisch im Erklären von Erfolgen und Misserfolgen sind, so ungemein kreativ im Finden von Entschuldigungen, dann sollte man sich fragen, ob man sie jemals glauben sollte. Wie wäre es, wenn wir dagegen unser Leben so gestalten, dass möglichst wenig Entschuldigungen nötig sind? Wie singt Madonna so schön: *I don't wanna hear, I don't wanna know, please don't say you're sorry. I've heard it all before...*

wir diese Fehler als fundamental. Mit anderen Worten: Sie sind menschlich.

Zurück zum Vorurteil: Die Tendenz, die jämmerliche Situation eines Obdachlosen fälschlicherweise als selbst verschuldet zu betrachten, führt dazu, dass ich weiterhin stolz auf die eigenen Erfolge sein kann und mich nicht schlecht fühlen muss, wenn ich einen Obdachlosen sehe. Zugleich betrachte ich diesen Menschen als von mir und meiner Eigengruppe verschieden: Ich gehöre zu denen, die was aus sich gemacht haben, er ist der Loser, der es offensichtlich nicht richtig versucht hat. Er gehört damit zu einer Fremdgruppe, was die Diskriminierung nur verstärkt und sie sogar noch gerechtfertigt erscheinen lässt. So einem Menschen kann man dann schon mal zum Gespött der Leute Sekt über den Kopf kippen; jemanden, der sich all das selbst zuzuschreiben hat, der nicht zu uns gehört und vielleicht ja noch nicht einmal zu uns gehören will, den können wir wie einen Hofnarren behandeln. Nach dem Motto »Die sind selbst daran schuld« kann man viele Dinge rechtfertigen, zum Beispiel das Elend von Sozialhilfeempfängern (»die sind faul und liegen uns absichtlich auf der Tasche!«), die wirtschaftliche Misere in Ostdeutschland (»die sind unmotiviert und wissen nicht, was sie wollen!«) oder die in Afrika (»nur zum Kriegführen sind sie nicht zu bequem!«). Um es noch einmal zu sagen: Generell ist natürlich nicht von der Hand zu weisen, dass Erfolg auf Leistung, Motivation und Initiative beruht. Aber durch die Überstrapazierung der Formel »Jedes Opfer ist mitschuldig« bleiben Faktoren wie Glück und Zufall, gesellschaftliche Strukturen und persönliche Schicksalsschläge unberücksichtigt.

Diese schlechte Behandlung aufgrund von Schuldzuweisungen betrifft aber nicht nur die Verlierer in Leistungsbereichen, sondern auch andere, die schuldlos zu Schaden gekommen sind, wie Opfer von häuslicher Gewalt (»Was hat sie den auch geheiratet!«), Vergewaltigungsopfer (»Was zieht die sich auch so sexy an!«), Übergewichtige (»Phlegmatiker! Was fressen die auch so viel!«), Opfer von Krankheiten, wie Aids (»Na, unmoralisch gelebt?«), Krebskranke (»Na, unvernünftig gegessen? Mal geraucht?«) und Menschen mit psychischen Problemen (»Nie an sich selbst gearbeitet, was?«). In vielen Bereichen des Lebens dient diese Erklärung zur Aufrechterhaltung und Rechtfertigung bestehender Verhältnisse und fördert die Wahrnehmung von Unterschieden zwischen Gruppen.

Kurz gefasst

Zusammenfassend können wir sagen, dass die großen sozialen Bewegungen des letzten Jahrhunderts große Fortschritte gezeitigt haben. Minderheitsmitglieder besetzen die Führungsetagen und junge (und inzwischen auch alte) Leute studieren Fächer, die klar dem gängigen Stereotyp widersprechen. Trotzdem gibt es aber in bestimmten Leistungsbereichen starke Diskriminierungen, die man unterschiedlich erklären kann. Die biologischen Erklärungsversuche sind einfach, aber unzureichend. Biologische Forschung wird häufig zur Rechtfertigung bestehender Unterschiede benutzt. Viele Religionen diskriminieren Frauen und andere Mitglieder, etwa indem sie ihnen das Priesteramt verwehren; und auch diese Erklärung von (Leistungs-)Unterschieden im spirituellen Bereich ist einfach: Wenn ein Gott oder eine Göttin solche Unterschiede geschaffen hat, dann kann man schlecht dagegen argumentieren. Interessanterweise beruft sich die katholische Kirche auf bestehende biologische Unterschiede. Falls sich diese in der Zukunft nicht weiter belegen lassen – wir sehen im Leistungsbereich, dass die Geschlechtsunterschiede in den letzten Jahren schwinden – wird es konsequenterweise bald eine Päpstin geben müssen.

Klinische Psychologen und Psychiater schaffen und erhärten ebenfalls Unterschiede zwischen Gruppen – sie haben eine schwierige Gratwanderung zu leisten, indem sie Leute mit Problemen definieren müssen, um ihnen zu helfen, gleichzeitig aber Gefahr laufen, dadurch bestimmte Gruppen zu stigmatisieren.

Sozialisierungseinflüsse auf Leistungen sind innerhalb der Sozialpsychologie untersucht worden. Sich selbst erfüllende Prophezeiungen treten in vielen Bereichen auf. Misserfolgserwartungen führen dazu, dass wir (zu) vorsichtig werden, und Erfolgserwartungen animieren uns zum Risiko. Die Erwartung, dass eine Person leistungsstark ist, führt zu einer größeren Aufmerksamkeit ihr gegenüber, zu einer anders begründeten Erklärung von Stärken und Schwächen und zu einer besseren Förderung. Letztendlich schaffen es nur wenige, in Bereichen auszuharren, für die sie angeblich nicht geschaffen sind. Viele steigen aus und suchen Erfolg in Bereichen, in denen sie bereits Erfolg hatten und in denen ihre Leistung Anerkennung findet. Es ist immer noch schwieriger für eine Frau, in die Führungsebene zu gelangen, als als Ehegattin die gemeinsamen Kinder zu erziehen. Ersteres benötigt neben der anstrengenden Tätigkeit viel mehr Kraft, eigenen Willen und Gegenwehr gegen Anfeindungen, Neid und Ungerechtigkeit. Allein die zu erwartetenden Schwierigkeiten mögen sie davon abhalten, diesen Weg zu gehen. Ich sage nicht, dass Hausfrau zu sein ein einfacher Job ist. Es ist nur einfacher für eine Frau, an diesen Job zu kommen.

Eine weitere Interpretation von Unterschieden beinhaltet die Idee einer gerechten Welt: Wenn wir an eine gerechte Welt glauben, dann neigen wir dazu, die Misere der Schwachen anhand von internen Ursachen der Betroffenen zu erklären. Wir interpretieren generell anderer Leute Misserfolg als intern verursacht und unseren eigenen Misserfolg als extern verursacht. Wie wir Unterschiede erklären, beeinflusst unser Miteinander. Die biologischen, religiösen und Gerechte-Welt-Erklärungen von Unterschieden festigen und rechtfertigen bestehende Vorurteile gegenüber Gruppen und behindern die kritische Hinterfragung von deren eigentlichen Merkmalen und Fähigkeiten.

KAPITEL 3

Die Welt im Kopf – Wie Vorurteile im Gedächtnis
abgespeichert sind und wie sie unsere Wahrnehmung
erleichtern und verzerren

*Wie Herr Berlusconi meine Medienkarriere begründet hat. Wie
Stereotypen im Kopf gespeichert sind. Was wir uns von Personen
besser merken können und warum das so ist. Warum wir die Häufigkeit von Flugzeugabstürzen überschätzen. Von unbewussten
Einflüssen bei der Beurteilung aggressiver und abenteuerlustiger
Donalds. Warum wir alle Ostwestfalen sind. Und von meiner
Oma, die vorgab, ich wäre ihr Enkel.*

Neben dem Psychologietest an der St. Andreas-Grundschule in Lübbecke/Ostwestfalen-Lippe habe ich Silvio Berlusconi dieses Buch zu verdanken. Bei seiner Antrittsrede als EU-Ratspräsident hatte sich der damalige italienische Ministerpräsident dem deutschen Sozialdemokraten Martin Schulz gegenüber so sehr im Ton vergriffen, dass seine Äußerung aus dem Protokoll gestrichen werden musste. Berlusconi hatte Schulz im Eifer des Gefechts vorgeschlagen, in einem Film über Konzentrationslager, der gerade in Italien gedreht wurde, doch den »Kapo zu spielen. In dieser Rolle wären Sie perfekt, Herr Schulz.« Vorher hatte Schulz Berlusconi wegen dessen Innenpolitik angegriffen und Anspielungen in Bezug auf dessen Justizskandale gemacht.

Der Fall füllte das Sommerloch 2003, und die Presse wollte wissen, was derartige Vorurteile über unser doch inzwischen so modernes und demokratisches Land immer wieder schürt und wie man dies erklären kann. *Die Zeit* veröffentlichte ein ganzes Dossier zum Thema Vorurteile und es erschien ein Interview mit mir. Schließlich unterschrieb ich den Vertrag zu diesem Buch.

Damals hatte ich gesagt – obwohl ich Berlusconi verabscheue wie kaum einen anderen Politiker unserer Zeit –, dass sein Verhalten zunächst einmal nicht verwunderlich ist. Berlusconi hatte die Assoziation Deutscher = Nazi in abgewandelter Form Deutscher = KZ-Wärter geäußert. Er war aufgebracht gewesen durch die Ansprache des deutschen Vorredners, der ihn schon seit Jahren scharf kritisierte. Er hatte sich dadurch nicht unter Kontrolle gehabt, und diese Äußerung war ihm spontan herausgerutscht. Dies ist nichts Ungewöhnliches. Erstens: Viele Menschen auf der ganzen Welt haben diese Assoziation Deutscher = Nazi, und für sehr viele ist es neben Sauerkraut, Dirndl und hoffentlich Bach, Kant und Goethe sicherlich eine sehr prominente. Auch uns ist diese Assoziation nicht fremd, denn wir alle wissen ja um die unrühmliche Geschichte. Und die Forschung zeigt, dass Situationen, in denen man aufgeregt ist, die Kontrolle über diese spontanen Assoziationen erschweren.

Der Fehltritt ist also menschlich; er reflektiert einen typischen Mangel an Selbstkontrolle über bestehende Assoziationen. Allerdings kann man meiner Meinung nach genau diese Selbstkontrolle von einem EU-Ratspräsidenten erwarten. Politiker sollten gesellschaftliche Normen verinnerlicht haben, und sie sollten andere Nationen nicht beleidigen. Politiker sollten sich im Griff haben. Sie sollten sich nicht durch eine Beleidigung oder durch ihre verletzte Eitelkeit aus der Fassung bringen lassen. Sicherlich trifft dies auf Berlusconi nicht zu, der zu glauben scheint, dass er aufgrund seiner Macht und seines Vermögens sich alles erlauben könne – und sich gar nicht erst kontrollieren müsse. Beispiele für eine derartige Mischung von fehlender Kontrolle, mangelnder Einsicht, Überheblichkeit und Machtmissbrauch finden wir in der Geschichte zur Genüge.

Für Berlusconis mangelnde Motivation, sich zu kontrollieren, spricht auch, dass er sich nach seiner Äußerung noch lustig und geistreich vorkam und sich bis heute nicht persönlich bei Martin Schulz entschuldigt hat. Ich nehme an und hoffe, dass es nach diesem Ereignis Situationen gab, in denen Berlusconi seine Sinne klar beisammen hatte, in denen er nicht unter Stress stand und somit seine Fehler kraft seiner Vernunft einsehen konnte. Die fehlende

Entschuldigung deklassiert ihn vollends, denn kompetente Führungspersönlichkeiten sehen ihre Fehler ein.

Zumindest habe ich es immer sehr geschätzt, wenn eine Führungspersönlichkeit mir einen Fehler eingestand. In einem Fall folgte sogar Bewunderung meinerseits. Mein Dekan an der International University Bremen, der auch ein großer Politikwissenschaftler ist, hatte ab und zu Probleme mit meinen ungewöhnlichen Entscheidungen. Ich war mit 36 Professor, und da liegt die Assoziation »hat wenig Erfahrung, muss man vor Fehlern bewahren« nun einmal nahe. So mimte er manchmal den Papa. Mehr als einmal versuchte er mich vor angeblich törichten Fehlern zu bewahren, und es kam auch schon mal vor, dass wir uns wegen solcher Konflikte stritten. Manchmal hatte er recht und manchmal ich, wie es eben so ist. Aber im Prinzip bekam ich alles, was ich wollte von ihm – nur, es musste eben erstritten werden. Als es nach fünf Jahren recht produktiven Vater-Sohn-Verhältnisses wenige Monate vor seiner Pensionierung zu einer Meinungsverschiedenheit kam, schnaubte er plötzlich kurz vor der Eskalation unserer beiden Temperamente: »Wissen Sie, Herr Förster, wenn Sie weiter so auf Ihrem Standpunkt beharren, dann werde ich irgendwann emotional und sage irgendwas, was ich hinterher bereue. Ich habe es hinterher immer bereut, wenn ich aus einer Emotion heraus etwas gesagt habe. Dann wache ich nachts auf und ärgere mich darüber, dass ich Sie nicht ernst genommen habe. Das will ich nicht, und deshalb kriegen Sie jetzt Ihren Willen, so wichtig ist die Sache nicht.« Warum werden solche Leute nicht EU-Ratspräsident?

Ich erwarte von Berlusconi ebenso wie von allen anderen Politikern, dass sie nicht nur die Contenance wahren, sondern auch um ihre eigenen Schwächen wissen. Diese Eigenschaften halte ich für weitaus wichtiger als Intelligenz. Letztere setzt sich in diesem Job sowieso selten durch und ist offensichtlich auch nicht nötig, um vernünftig Politik zu machen. Der Beruf des Politikers verlangt vor allem Disziplin, eine gute Gesundheit, Parkettfähigkeit und Charakter. Berlusconi dagegen benahm sich wie ein Privatmensch, der sich am Stammtisch gehen lässt. Die Konsequenzen eines solchen Fehlers sind aber weitreichender, wenn ein Politiker ihn begeht.

Das Entstehen von Ausrutschern, Vorurteilen und Stereotypen

Trotzdem halten wir fest, dass wir alle mal etwas Unüberlegtes sagen, manchmal sogar Gemeinheiten – und hinterher bereuen wir es. Und wenn wir zu jenen Menschen gehören, die sich immer stark unter Kontrolle haben, dann verquatschen wir uns vielleicht nicht so oft, aber ver*denken*, das tun wir alle uns schon häufiger.

Was fällt Ihnen denn zuerst zu übergewichtig ein? Karriere? Oder faul? Was fällt Ihnen zuerst zu Großmutter ein? Arabischkurs oder Strickzeug? Was zu Ostdeutscher? Manager oder arbeitslos? Islam: Bombe oder gute Tat? Jude: Geizig oder tolerant? Schwul: Designer oder Bäckereifachverkäufer? Österreicher: Dirndl oder Vegetarier?

Wenn Sie in einem deutschen Umfeld groß geworden sind (und nicht nur dort), dann liegen bestimmte Assoziationen recht nahe – in einer Gesellschaft werden solche Assoziationen immer von mehreren Menschen geteilt. Und auch wenn wir sie nicht als korrekt, sondern als unfair und falsch empfinden, es gibt sie. Spiegeln sie unsere Schlechtigkeit und Verderbtheit wider? Sind wir schlechter, als wir meinen? Ich denke nicht. Wir haben diese Assoziationen im Gedächtnis als Wissen über unsere Kultur oder Gesellschaft abgespeichert. Sie wurden erlernt und helfen uns als Abkürzungen, Interpretationshilfen, Verhaltenshilfen, Entscheidungshilfen. Vor allem helfen sie uns, schnell zu reagieren, wenn wir gestresst oder abgelenkt sind.

Ich gehe davon aus, dass wir bestimmte Assoziationen zu bestimmten sozialen Gruppen haben aufgrund des Wissens, das wir über diese Gruppen erworben haben. Dieses Wissen basiert auf Erfahrungen und ist weitgehend gesellschaftlich geprägt. Das heißt, wenn mir bei »alt« das Wort »vergesslich« und nicht »schlau« einfällt, dann hängt das vor allem damit zusammen, was mich unsere Gesellschaft über die Gruppe der älteren Menschen lehrt.

Wie oben bereits erwähnt fanden Becca Levy und Ellen Langer, dass die negativen Assoziationen, die wir mit Altsein verbinden, längst nicht in allen Kulturen zu finden sind. So haben Chinesen etwa einen großen Respekt vor dem hohen Alter und meinen, dass Alte aktiv (!), weise und wichtig seien. Interessanterweise, so zeigen Studien von Becca Levy, beeinflussen diese unterschiedlichen Stereotype auf dem Wege der sich selbst erfüllenden Prophezeiungen Gedächtnisleistungen: Alte Amerikaner schneiden in Gedächtnistests weitaus schlechter ab als junge Amerikaner. Alte Chinesen hingegen nicht. Die Gedächtnisleistungen von jungen und alten Chinesen unterscheiden sich in diesen Studien tatsächlich kaum! So verrückt dieses Ergebnis erscheint (auch ich habe den Eindruck, Sachen eher zu vergessen als früher, und ich habe alles versucht, um Schwächen in dieser Studie zu finden: Sie ist aber wasserdicht), so sehr sehe ich darin eine Chance. Die Kultur, in der wir leben, prägt unser Wissen und unsere Stereotype. Und dieses Wissen beeinflusst unsere Leistungen. Und diese Kultur können wir alle verändern. Gut, das erscheint wie eine gewaltige Aufgabe, denn zunächst sind wir den Einflüssen unserer Gesellschaft ausgeliefert und können wenig dagegen tun. Zwar können wir uns bis zu einem gewissen Grad aussuchen, von wem wir etwas lernen wollen – ich muss mich ja nicht mit Leuten abgeben, die denken, Alte seien vergesslich, blöde und sexuell inaktiv –, und dann wäre ich diesem Wissen auch nicht so stark ausgesetzt. Ich kann mir auch die Medien weitgehend aussuchen, die mich beeinflussen. Und dennoch sind wir vielfältigen Einflüssen ausgesetzt, denen wir nicht so schnell entfliehen können; vor allem die Zeitungen mit den großen Buchstaben sind oft nicht zu übersehen. Und wenn wir in Filmen, im Fernsehen und in der Werbung dauernd alte Menschen sehen, die inaktiv, geizig, vergesslich und asexuell sind, dann werden sich diese Informationen irgendwo in unserem Gedächtnis festsetzen. So wie eine Vokabel, die wir zwanzig Mal wiederholt haben. Wenn Sie zwanzig Mal hintereinander »el prejuicio bedeutet Vorurteil auf Spanisch« sagen, werden Sie sich vermutlich gut daran erinnern können. Menschen lernen jedoch nicht nur, indem sie bewusst Informationen aufnehmen oder wiederholen. Wir laufen durch die Welt, und unser Organismus speichert sehr vieles, ohne dass wir uns sagen müssen: Das wollen wir lernen und das nicht. Das ist sehr nützlich, denn es erspart uns viel Arbeit. Und es ermöglicht uns, dass wir als Kind überhaupt etwas lernen, denn ein Kind lernt nicht, indem es entscheidet: »Ich will nicht wissen, dass Zigeuner klauen, sondern dass sie gute Musik machen.« Es nimmt das auf, was ihm angeboten wird. Wenn es häufiger hört: »Zigeuner klauen«, so wird sein Gedächtnis dies abspeichern. Um das Beispiel aufs Vokabellernen anzuwenden: Wenn Sie zwanzig Mal an Postern vorbeilaufen, auf denen geschrieben steht »prejuicio = Vorurteil«, dann werden Sie diese Verbindung sogar dann lernen, wenn Sie es gar nicht unbedingt wollen.

Damit ich mich ganz klar ausdrücke: Natürlich sind wir keine Automaten, die alles fressen, was ihnen vor die Füße kommt. Dennoch ist es gesichert, dass wir selbst Dinge abspeichern, die wir nicht abspeichern wollen. Denn unser Organismus lernt auch passiv, in dem er Umweltinformationen förmlich aufsaugt. Wenn wir diesen Einfluss ändern wollen, dann müssen wir diese Gesellschaft und das Wissen, das sie vermittelt, ändern.

Wissen speichern wir in unserem Gedächtnis, und, so formulieren es viele Wissenschaftler in unserem Bereich, wir speichern es in Form von assoziativen Netzen ab. Wenn ich zum Beispiel lerne, dass Ostwestfalen Protestanten sind, so speichere ich diese Assoziation ab. Vielfach geht man davon aus, dass wir Informationen in Hierarchien abspeichern, so dass die allgemeineren Konzepte oben liegen und die spezifischeren darunter. Gruppenkonzepte (Frauen, Zigeuner, Alte, Schwule etc.) sind relativ allgemein, das heißt, sie liegen oben, während spezifischere Informationen darunter angeordnet sind. Nehmen wir also an, Sie haben Bayern oben abgespeichert; dann sind darunter die stereotypen charakterlichen Eigenschaften wie lebenslustig, katholisch, konservativ etc. angeordnet. Und darunter wiederum die spezifischeren Verhaltensweisen wie:

trägt Lederhosen, isst Wurst, trinkt Bier, wählt Stoiber und geht regelmäßig beichten. Nehmen wir jetzt an, Sie lernen Informationen über Ostwestfalen, eine Gruppe, über die Sie bisher nichts gewusst haben. Nehmen wir an, sie lernen darüber durch mich. So haben Sie jetzt sicherlich Eigenschaften wie bescheiden, protestantisch, angepasst, nicht gerade sinnenfroh und zurückhaltend abgespeichert und darunter möglicherweise lachen nicht, wollen nicht auffallen, tragen blaue Anoraks und fahren einen Nissan. Diese Assoziationen können natürlich auch wieder vergessen werden. Wenn Sie dieses Buch zur Seite legen und nie wieder mit Ostwestfalen zu tun haben, dann wird Ihnen dieses stereotype Wissen langsam entfallen.

Unser Gedächtnis aber vergisst nicht so leicht, wenn die Information häufig wiederholt wird. Wenn Ihnen nun dauernd Ostwestfalen mit blauen Anoraks begegnen oder Sie dauernd dieses Bild im Kopf haben, dann ist die Assoziation aufgefrischt, so als hätten Sie eine Vokabel das zweite oder x-te Mal gelernt. Und daher wissen Sie ja: Je öfter ich etwas lerne, umso langsamer vergesse ich es und umso spontaner kommt es mir in den Sinn. Halten wir also fest: Je häufiger ich etwas lerne, desto stärker ist die Gedächtnisspur. Man spricht dann auch von der Aktivierung einer Gedächtnisspur oder ihrem Potenzial – vergleichbar mit einem Akku, den wir aufladen. Je stärker er geladen ist, umso stärker sein Potenzial.

Bei Stereotypen handelt es sich vor allem um Verbindungen zwischen Konzepten, die gelernt werden. Wiederhole ich häufig die Information »Blondine = dumm«, ist diese Verbindung aktiv und stark. Sobald ich dann an eine Blondine denke oder eine sehe, ist die Assoziation »dumm« automatisch aktiv, selbst wenn ich keine Anhaltspunkte für Dummheit habe. Sie lernen gerade auch die Verbindung »Ostwestfale = angepasst«, unabhängig davon, ob Sie meinen Geschichten glauben oder nicht. Unser Organismus speichert bewusst, aber auch unbewusst Dinge ab, die ständig zusammen auftreten. Wenn wir jeden Tag einmal die Assoziation »Bombe« und »Islam« lesen oder hören, aktivieren wir diese

Verbindung, selbst wenn wir die Hetze gegen islamlische Mitbürger widerlich finden. Das heißt, zu einem gewissen Anteil liegt die Aktivität dieser Verbindung außerhalb unserer Kontrolle.

Neben der Häufigkeit spielt die zeitliche Nähe eine wichtige Rolle für die Aktivität von Gedächtnisspuren oder Verbindungen. Wenn ich Frauen generell für dümmer halte als Männer und zum Beispiel erst kürzlich einer Blondine begegnet bin, die entsetzlich dumm war, dann ist diese Verbindung frisch und die Assoziation stark. Wenn ich kürzlich einem (gewollt) dummen Modell einer Frau wie etwa Verona Pooth begegnet bin, dann habe ich »Frauen sind attraktiv, aber dumm« im Kopf und die Verbindung zu dem Konzept »schlau« ist schwach. Wenn ich dagegen mit Bundeskanzlerin Dr. Angela Merkel gesprochen habe und sie mir etwas über Quantenphysik erzählt hat, dann ist die Assoziation »Frauen sind dumm« abgeschwächt.

Häufigkeit und zeitliche Nähe addieren sich gegenseitig. Falls ich zwanzig Jahre lang gelernt habe, dass Frauen ein kleineres Hirn haben und an den Herd gehören, dann ist die Verbindung »Frauen = dumm« häufig, ja, sogar chronisch erhöht und eine weitere, kürzlich erfolgte Aktivierung lädt diese Assoziation noch mehr auf, produziert also noch mehr Potenzial. Diese Gedächtnisprinzipien haben Nira Liberman und ich kürzlich ausführlicher zusammengefasst.

Manchmal brennen sich aber gewisse Verbindungen auch schneller ein, ohne große Wiederholungen. Das passiert, wenn wir etwas sehr Negatives erleben. Haben wir einmal nach einem Weißwurstessen in einem bayerischen Lokal eine Lebensvermittelvergiftung bekommen, dann vergessen wir dies nicht und werden Weißwurst in Zukunft eher meiden. Wenn Sie von einem Schweden zusammengeschlagen werden, werden Sie vermutlich schnell zahlreiche negative Assoziationen mit Mitgliedern dieser Gruppe abspeichern und werden diese Verbindungen auch nicht so schnell verlernen können. Wenn ich Ihnen noch mehr von meiner tyrannischen Großmutter erzähle, wie sie ihre Töchter zwang, ihr Leben völlig für sie aufzugeben, ihren Lohn einstrich, ihnen verboten hatte, allein auszugehen, eigenen Hobbys nachzugehen, wie sie sie von sich abhängig machte und wie sehr sie meiner lieben Mutter, ihrer Schwiegertochter, zu schaffen machte, weil sie nur ein Flüchtling und keine »von« war, dann wird sich diese Geschichte mit großer Wahrscheinlichkeit in Ihrem Gedächtnis festsetzen. Tränen sind ein hervorragender Fitnessdrink für unser Gedächtnis. Negative Ereignisse fesseln uns, und wir können uns besser an sie erinnern. Das ist sicherlich wichtig für das Überleben, denn negativen, belastenden Ereignissen wollen wir aus dem Weg gehen. Deshalb ist es sinnvoll, wenn wir potenziell ähnliche Situationen schnell wiedererkennen und meiden.

Vor allem die Medien haben dieses Prinzip *Good news is bad news* verinnerlicht. So fragte mich eine Journalistin kürzlich, ob ich nicht mal wieder was »Schönes« anzubieten hätte. Sie hatte schon zweimal über meine Vorurteilsforschung berichtet, und ich verdanke ihr viel. Ich sagte ihr, dass ich tolle Studien zur Kreativität hätte und es nun genügend Belege dafür gebe, dass Kreativität veränderbar sei, dass wir tatsächlich Menschen durch einige wenige Veränderungen ihrer Umwelt kreativer machen könnten. Sie schien sich während des Telefongesprächs die Nägel zu feilen, jedenfalls hörte ich nur selten ein erstauntes »Oh ja, wirklich?« Und im Gegensatz zu den Telefongesprächen über Vorurteile kam fast nie ein: »Oh, das ist ja Wahnsinn.« Ich gab schließlich auf und sagte: »Das scheint Sie ja nicht sonderlich zu interessieren.« Und sie meinte: »Na ja, nicht böse sein, Försterchen, aber das ist mehr so was für's Sommerloch, denke ich, da können wir gerne noch mal was bringen. Aber es ist vielleicht – ich weiß nicht – haben Sie nicht noch was anderes?«

Ich erzählte ihr von einem Projekt über die Liebe, und da winkte sie sofort ab, nein, das wirklich nicht. Ich wollte schon auflegen, da meinte sie: »Hatten Sie nicht etwas von einem Projekt zur Aggression erzählt?« Ich sagte, das sei noch nicht fertig, da müssten wir noch ein paar Experimente nachlegen, bevor ich etwas Stichhaltiges dazu sagen könnte. Ich brauchte jetzt länger, ihr dieses halb gare Thema auszureden, als ich Gelegenheit gehabt hatte, ihr meine Liebes- und Kreativitätsprojekte aufzuschwatzen. Kurz bevor wir in gutem Einvernehmen auflegten (O-Ton: »Klasse, Försterchen, wir bleiben dann in Kontakt, das Aggressionsthema ist echt heiß, Videospiele, Erfurt, Emsdetten, häusliche Gewalt, das machen wir, ja?«), fragte ich sie, ob es sein kann, dass sie positive Themen nicht interessierten. Sie bestätigte meine Vermutung und sagte rundheraus: »Ja klar, wen interessiert denn schon eine Schlagzeile wie: ›Der Queen geht es gut‹? ›Die Queen hat seit drei Tagen Durchfall‹ macht zwar auch keine tolle Titelseite, aber diese Nachricht ist immer noch besser als die erste, wenn es sonst schon nichts zu berichten gibt. Sonst noch Fragen?« Recht hat sie: Negative Information interessiert uns mehr, und wir erinnern uns leichter daran.

Das mag sehr einleuchtend sein, aber es gibt auch weniger einleuchtende Faktoren, die dazu führen, dass wir uns schnell erinnern. Zum Beispiel merken wir uns sehr gut, wenn zwei *seltene* Ereignisse zusammen eintreten. Beispiele für seltene Ereignisse sind Raub, Vergewaltigung, Entführung und Mord. Negative Ereignisse sind für die meisten von uns selten. Und Kontakt zu Ausländern ist auch für die meisten Deutschen seltener als Kontakt zu Deutschen. Zahlreiche Experimente zeigen, dass eine Verbindung zwischen zwei seltenen Dingen wie »Ausländer (= selten) entführt (= selten) Mädchen« stärker im Gedächtnis haften bleiben als »Deutscher (= häufig) entführt (= selten) Mädchen«. Wenn eine Information sehr stark im Gedächtnis aktiviert ist und man sich leicht an sie erinnert, wird deren Auftretenshäufigkeit überschätzt. Generell gilt: Wenn man sich schnell an etwas erinnert, zieht man daraus gerne den Schluss, dass das Ereignis häufig auftritt. Wenn ich zum Beispiel gefragt werde, ob Ostwestfalen Maulwürfe mögen, und mir fällt ganz schnell ein, wie die Nachbarn Autogase in die ihre Monokultur gefährdenden Bauten der schönen Nager leiteten, wie die Salat-Oma Rattengift in die Krümelburgen stopfte, Herr Birkenkötter Terpentinlappen in die Löcher steckte und seine ganze Familie mithilfe von Blasebälgen die giftigen Gase in die Höhlen blies oder wie Herr Brinkschulte von nebenan, nachdem er stundenlang vor einem Haufen gestanden hatte, mit dem Spatenrücken auf die kleinen Tiere einschlug, dann könnte ich daraus den Schluss ziehen, dass alle Ostwestfalen etwas gegen die putzigen Racker haben. Erinnern wir uns leicht, ist das eine gute Basis für eine Einschätzung. Wenn ich mich mühelos an die zahlreichen Maulwurfstötungstechniken erinnere, dann ist der Schluss »Ostwestfalen hassen Maulwürfe« nicht wirklich abwegig. Nur wenn diese einfache Erinnerung damit zusammenhängt, dass man sich an eine Verbindung zweier jeweils seltener oder negativer Ereignisse besser erinnert und damit den Abruf erleichtert, dann kann die Faustregel »Was mir schnell einfällt, kommt häufig vor« falsch sein. Zum Beispiel dann, wenn ich denke, dass Schwule (= selten) eher zum Kindesmissbrauch (= selten) neigen, als Heterosexuelle (= häufig). Oder dass Muslime (= in Deutschland selten) eher als Christen (= häufig) Terroristen (= selten) sind.

Dieses Entstehen der sogenannten *illusorischen Korrelation* – ein Zusammenhang, der nicht vorhanden ist – ist ziemlich gut belegt und reicht über die Vorurteilsforschung weit hinaus. Zum Beispiel überschätzen Menschen aus demselben Grund die Häufigkeit von Flugzeugabstürzen im Vergleich zu Autounfällen. Flugzeuge sind seltener, man benutzt sie weniger oft. In Verbindung mit einem negativen und seltenen Ereignis, wie einem Absturz, wird die Auftretenshäufigkeit aber überschätzt.

Die illusorische Korrelation wirkt schon nach wenigen Wiederholungen, aber die durch sie entstandene Assoziation profitiert natürlich wie jeder Gedächtnisprozess auch von erneuter Wiederholung. Zum Beispiel durch die häufige Nennung dieser Zusammenhänge in den Medien. Haben Sie jemals so etwas gelesen wie: »Deutscher tötet Tochter«, »Christ entführt Politiker«? oder »Heterosexueller begeht Bankraub«? Wer würde eine Zeitung kaufen, in der so was steht? Interessanter ist vermutlich so etwas wie: »Albaner tötet Politiker«, »Türke begeht Selbstmord«, und »Lesbe verhöhnt Kassiererin«. Wie meine Journalistin (diejenige, die mich immer Försterchen nennt) schon richtig sagte: »Das Seltene ist interessant, und wenn es dann noch negativ ist: umso besser!« Zeitungen sind *News*papers und keine Beschreibungen des alltäglichen Trotts. Die Bezeichnung »Deutscher tötet« wird daher gar nicht erst als interessante Information angesehen, sie besagt für die Leser nichts. Gleichwohl ist es eine wissenswerte Information, wenn eine Person, die einer seltenen Gruppe angehört, einen Menschen getötet hat. Aufgrund dieses Mediengesetzes »Berichte das Besondere« werden bestimmte Verbindungen zwischen zwei seltenen Ereignissen (»Türke tötet Kind«) dann auch tatsächlich häufiger wiederholt als die eventuell häufiger auftretenden.

Wie oft haben wir in der letzten Zeit gehört, dass Muslime Gewalttaten geplant oder ausgeübt haben; im Gegensatz dazu haben wir vermutlich nie eine Schlagzeile gelesen wie »Christ zündet Bombe«. Ich vermute, dass genauso viele Christen Terrorakte begehen (schauen wir auf Nordirland, die ETA etc.) wie Muslime. Diese häufige Nennung der Verbindung »Islam – Verbrechen« und die Tatsache, dass beides eher selten ist, kann sich unser Gedächtnis gut merken, so dass es ihre Assoziation verstärkt, was letztendlich dazu führt, dass wir diesen Zusammenhang überschätzen. So entstehen Vorurteile.

Wie man die Wahrscheinlichkeit von Ausrutschern misst

Die Stärke einer Verbindung kann man im Labor messen. David Meyer und Roger Schvaneveldt führten 1971 ein wichtiges und viel zitiertes Experiment durch. Sie ließen Versuchspersonen am Computer entscheiden, ob am Bildschirm gebotene Buchstabenfolgen wie Krankenschwester (*nurse*), Butter (*butter*) und Marb (*marb*) ein Wort darstellen. Die Aufgabe heißt lexikalische Entscheidungsaufgabe: Dabei liegen die Finger der Versuchspersonen fest auf zwei Tasten; die eine Taste bezeichnet »Ja« (es ist ein Wort) und die andere »Nein« (es ist kein Wort). Versuchspersonen bekommen während des Experiments viele Buchstabenfolgen dargeboten; manche sind Wörter (z. B. Butter) und manche nicht (z. B. Marb). Die Aufgabe der Versuchsperson ist es, so schnell wie möglich zu entscheiden, ob es sich bei der erscheinenden Buchstabenfolge um ein Wort handelt oder nicht. Die Versuchsperson drückt also alle paar Millisekunden auf die Tasten. Die Aufgabe misst, wie schnell man ein Wort wahrnimmt oder liest: Sobald man es gelesen hat, lässt sich entscheiden, ob es ein Wort ist oder nicht. Weiterhin erschienen auf dem Bildschirm über einigen Wörtern Begriffe, die mit dem darunterstehenden Wort assoziiert waren, wie zum Beispiel »Arzt« bei »Krankenschwester«. Es zeigte sich Folgendes: Versuchspersonen konnten das Wort »Krankenschwester« schneller lesen, wenn darüber das Wort »Arzt« stand statt etwa »Brot«.

Offensichtlich wurde das Konzept »Krankenschwester« bei Personen, die an Arzt gedacht hatten, schon voraktiviert. Wenn wir an »Arzt« denken, aktivieren wir gleichzeitig Assoziationen, wie zum Beispiel »Krankenschwester«, so dass wir in der Lage sind, diese Information auch schneller zu erkennen. Oft machen nur Millisekunden den Unterschied aus, aber sie sind bedeutsam: Mithilfe statistischer Verfahren können wir entscheiden, dass sie nicht zufällig zustande gekommen sind, sondern systematisch, das heißt, sie treffen auf die meisten Versuchspersonen zu.

Die lexikalische Entscheidungsaufgabe ist eine anerkannte und viel verwendete Methode, um die Assoziationen von Menschen zu ergründen. Sie lässt erkennen, ob Menschen zum Beispiel das Wort »aggressiv« mit Schwarzen assoziieren. Man kann mit ihrer Hilfe feststellen, was Leute mit Konzepten wie »Brille« assoziieren (im Jahre 2000 fanden wir in Würzburg, dass Studenten damit vor allem »Professor«, »lesen«, »Streber«, »Klo«, »Sonne« und »Fielmann[11]« assoziieren – sie lesen diese Wörter weitaus schneller als Wörter wie »Tanne«, »schlafen« oder »Wetter«, wenn sie an »Brille« denken).

Und man kann mit ihr testen, ob es Verbindungen zwischen verschiedenen Inhaltsgebieten gibt. Thomas Mussweiler und ich

---

[11] Die Firma Fielmann hat offensichtlich Sozialpsychologen an Bord: Die einfache Werbung »Brille = Fielmann« hat eindeutig Wirkung gezeitigt.

nutzten die Methode, um herauszufinden, ob Menschen Sex mit Aggression assoziieren. Wir baten Versuchspersonen, in der lexikalischen Entscheidungsaufgabe Begriffe wie »Hass«, »brutal«, »Gewalt«, »Haus« oder »Tisch« zu lesen; vor manchen Wörtern wurde vorher ein Wort gezeigt, das mit Sex assoziiert ist (»feucht«, »steif« etc.). Wir fanden heraus, dass unsere Versuchspersonen, wenn sie an mit Sex assoziierte Wörter gedacht hatten, Wörter wie »Hass«, »Gewalt« und »brutal« schneller lesen konnten, als diejenigen, die vorher nicht an Sex gedacht hatten. Wir sehen dies als einen Beleg dafür an, dass Sex und Aggression miteinander assoziiert sind. Vermutlich lesen wir viel über Aggressionen, die ihren Ursprung in der Sexualität haben, haben sexuelle Aggression schon am eigenen Leibe erlebt, müssen häufig daran denken oder haben Angst davor. Deshalb denken wir, sobald wir an Sex denken, auch an Aggression. Dies muss uns nicht bewusst sein, die Verbindung ist aber trotzdem aktiviert und ermöglicht es, aggressionsbezogene Reize schneller zu erkennen.

Unbewusste Ausrutscher im Labor und in der Herzklinik

Sie denken jetzt vielleicht: Gut, wenn ich Leuten in einem Experiment sage, sie sollen an Sex denken, dann denken sie, dass sie gerade bei Psychologen im Labor sind, sich die tollsten Sachen ausdenken müssen und sich möglichst bekloppt verhalten sollen. Solche Einflüsse – nämlich dass die Versuchspersonen einfach das tun, was man von ihnen erwartet – versucht man in guten Experimenten möglichst auszuräumen.

Insofern ist die lexikalische Entscheidungsaufgabe sehr gut geeignet, denn die Versuchspersonen wissen hier nicht, was eigentlich gemessen wird, und sie sind normalerweise ehrgeizig genug, uns zeigen zu wollen, wie schnell sie die Aufgabe lösen können. Sind Sie immer noch nicht überzeugt, dass diese Prozesse unbewusst ablaufen? Dann ist das *subliminale Priming* eine nahezu »wasserdichte« Methode, um solche Bedenken auszuräumen.

Der Versuchsperson gegenüber wird diese Methode meist als computergestützte Reaktionsaufgabe deklariert. In vielen unserer Untersuchungen wird den Probanden beispielsweise gesagt, dass zu unvorhergesehenen Zeitpunkten Lichtblitze am Bildschirm auftauchen werden und sie per Tastendruck angeben sollen, ob der Lichtblitz links oder rechts erschienen ist. Was die Versuchspersonen allerdings nicht wissen, ist, dass diese Blitze in Wirklichkeit sehr schnell gezeigte Wörter sind. Wir nennen sie unbewusste Primes. Sie werden tatsächlich so schnell präsentiert, dass man sie gar nicht bewusst wahrnehmen kann (je nach Computer und Bildschirm 15 bis 70 Millisekunden lang). Die gezeigten Wörter werden zusätzlich noch maskiert, das heißt, man präsentiert an der gleichen Stelle, an der vorher das Wort erschienen ist, für 40 bis 70 Millisekunden eine irrelevante Buchstabenfolge wie zum Beispiel GVHJKUG.

Wir präsentierten Sexwörter wie »nass«, »steif«, »schwitzen« und »Bett« also für eine so kurze Zeit, dass die Versuchspersonen die Wörter nicht erkennen konnten. So konnten sie weder peinlich berührt sein noch ihre Antworten bewusst verdrehen. Sie sahen Blitze, nichts weiter. Wie oben beschrieben, fanden wir heraus, dass Leute, bei denen Sexwörter unterhalb der bewussten Wahrnehmungsschwelle dargeboten worden waren, Aggressionswörter in einer ebenfalls ziemlich gut getarnten lexikalischen Entscheidungsaufgabe besser lesen konnten. Zur Erinnerung: Aus der Perspektive der Versuchspersonen ist die lexikalische Entscheidungsaufgabe eine Aufgabe, in der sie zeigen sollen, wie schnell sie Wörter erkennen. Dass Leute, die vorher unbewusst mit Sex »geprimet« wurden, Aggressionswörter schneller erkennen als jene Versuchsteilnehmer, die mit neutralen Wörter geprimet wurden, ist somit ein ziemlich guter Beweis dafür, dass wir vorhandenes Wissen unbewusst aktivieren können und dieses mit bestimmten Inhalten verknüpft ist. Aktivieren wir dieses Wissen – bewusst oder unbewusst – können wir Assoziationen schneller wahrnehmen.

Zurück zu Stereotypen – kann man hier auch zeigen, dass subliminales Einblenden von Gruppeninformation die Wahrnehmung bestimmter Assoziationen erleichtert? Bernd Wittenbrink[12] und Kollegen haben das gezeigt, indem sie weiße amerikanische Versuchspersonen entscheiden ließen, ob es sich bei einer Buchstabenfolge am Computer um ein Wort handelt oder nicht. Vor diesem Wort wurden entweder die Gruppenkategorien *black* (dunkelhäutig) oder *white* (weißhäutig) oder ein neutrales Wort kurz dargeboten. Die Wörter, die den *black* oder *white primes* folgten, passten entweder zum Schwarzen- oder zum Weißenstereotyp. Die Sozialpsychologen verwendeten positive wie negative Wörter, etwa »religiös« und »musikalisch« als positive und »faul« und »gefährlich« als negative Assoziationen zum Schwarzenstereotyp. »Intelligent« und »fleißig« waren positive, »ausbeuterisch« und »stur« negative Assoziationen zum Weißenstereotyp. Die Befunde waren eindeutig: Es fiel Versuchspersonen leichter, zu entscheiden, dass »faul« ein Wort ist, wenn vorher für kurze Zeit »schwarz« eingeblendet wurde, als wenn »weiß« eingeblendet wurde. Und es fiel ihnen leichter, »intelligent« zu lesen, wenn vorher kurz »weiß« eingeblendet wurde. Leider gab es auch einen Unterschied bezüglich der positiven und der negativen Wörter: Es waren die positiven stereotypen Wörter, die schneller nach »weiß« gelesen wurden, und die negativen, die schneller nach »schwarz« gelesen wurden. Offensichtlich waren bei diesen weißen Versuchspersonen negative Assoziationen stärker mit der Gruppe der Schwarzen verbunden als mit der Gruppe der Weißen. Haben diese Assoziationen Auswirkungen auf die Leistungen und Wahrnehmung anderer?

Vermutlich überlegen Sie noch, wie es eigentlich kommt, dass Chinesen keine Gedächtnisdefizite im Alter haben. Sie suchen wahrscheinlich nach plausiblen Erklärungen, so etwa der, dass Chinesen mehr Tofu und grünen Tee zu sich nehmen, ihren Körper häufiger zu Blüten schüttenden Meerjungfrauen verrenken und

---

[12] Der kommt auch aus Ostwestfalen-Lippe und ist jetzt Professor an der Chicago Business School. Manchmal, wenn wir auf internationalen Kongressen Ostwestfalen erklären sollen, sagen wir: Da gibt es ein Sprichwort, Ostwestfalen ist, wo der Hund verfroren ist. Und dann übersetzt er es als: *Where the dogs are frozen.*

ihre Häuser sparsam mit wenigen rausgerupften Ästen dekorieren – und dass all dies vermutlich so gesund ist, dass es zu besseren Gedächtnisleistungen im Alter führt, ganz ohne Psychologie. Aber was hat das denn mit Vorurteilen zu tun?

Becca Levy hat dazu ein Subliminales-Priming-Experiment durchgeführt, und zwar mit alten Amerikanern. Können diese, die als inaktiv, vergesslich, verwirrt, eben mit den gesamten Folgen des rentenbedingten Freizeitnirwanas behaftet sind, ihre Gedächtnisdefizite reduzieren, indem sie an die guten Seiten des Alters erinnert werden? Wir haben ja auch positive Assoziationen mit alten Leuten, oder? Wie ist es mit weise, erfahren und wissend?

Levy primte solche weisheitsbezogenen Wörter bei einer Gruppe von Alten subliminal am Computer; bei einer anderen primte sie typisch negative Assoziationen wie »Alzheimer«, »senil«, »vergesslich«, »Demenz« und dergleichen. Keine der Versuchspersonen war in der Lage, diese Wörter bewusst zu sehen. Danach sollten die Versuchspersonen Gedächtnisaufgaben lösen. Tatsächlich zeigte sich eine deutliche Verbesserung der Gedächtnisleistung bei verschiedenen Gedächtnisaufgaben, wenn alte Amerikaner mit weisheitsbezogenen Begriffen und nicht mit demenzbezogenen Begriffen geprimet waren. Unbewusst aktiviertes Wissen beeinflusst also durchaus unsere Leistungen, in diesem Falle unser Gedächtnis. Und es hilft uns, bestimmte Dinge besser wahrzunehmen. Wenn man seine Sinne schärft, dann ist es sehr leicht, Beispiele für eine durch Vorurteile verzerrte Wahrnehmung im Alltag zu finden.

Heute zum Beispiel. Ich habe heute meinen Papa im Krankenhaus besucht. Er hatte einen Herzinfarkt und ist nun nach drei schweren Operationen in der Reha. Die ganze Familie hatte acht Wochen lang eine schwere Zeit. Schlaflose Nächte. Sehr viel Angst. Seit zwei Wochen und drei Operationen war dann klar: Er kommt durch, und die Prognose ist gut! Mein Papa und ich haben am selben Tag Geburtstag, aber der fiel dieses Jahr in seine härteste Phase – die Ärzte waren nicht sicher, ob er die dritte OP überstehen würde. Also wurde der Geburtstag vertagt. Auf gestern, denn Papa ist über den Berg, und mein bester Freund Frank aus Trier wollte seinen Koffer voller Geschenke bei mir abgeben. Wir beschenken uns immer wie die Kinder, es muss vor allem viele Sachen geben, viele verschiedene und alle extrem edel eingepackt. Dieses Mal waren es sogar noch mehr als sonst, denn auch Frank, der mich und meine Familie seit zwanzig Jahren gut kennt, war sehr froh, dass es uns wieder gut ging. Und ich habe für ihn gekocht; sein Lieblingsgericht: ein Maishähnchen.

Frank ist mit Abstand der kreativste Mensch, den ich kenne, aber seit zwanzig Jahren will er immer Maishähnchen haben, wenn ich für ihn koche. Ich kenne mittlerweile sicherlich Hunderte von Gerichten auswendig, denn mein Hobby ist essen (und dazu muss man kochen lernen), und er weiß das. Aber er will immer Maishähnchen. Und ich tue ihm widerwillig den Gefallen, obwohl ich ihm eigentlich gerne meine neuesten Kreationen präsentiere würde. Ich gebe so gerne damit an. Aber egal: Er will partout Maishähnchen.

Wir hatten einen tollen Abend, es gab wunderschöne Geschenke, und wir versackten ziemlich. Heute, am Tag danach, fahre ich in Schlips und Kragen[13] zum Krankenhaus, auf dem Schoß meinen Laptop und schreibe dieses Buch. In der Klinik angekommen, nehme ich den Fahrstuhl in den vierten Stock. Eine türkische Familie steigt ebenfalls zu. Sie sieht genau so aus, wie man sich eine türkische Familie vorstellt: zwei Frauen mit Kopftuch, abenteuerlich kombinierte Stoffe. Der Mann, der Patient, trägt einen Mundschutz über einem schwarzen Hufeisenschnurrbart, und in seinen stark behaarten Nasenlöchern steckt ein Schlauch. Und dann sind da fünf Kinder, oder sind es sechs? Neben mir, dicht an dicht, steht eine 50-jährige, elegant zurechtgemachte Deutsche, sogenannte freche Frisur, Haarton »schwarze Kirsche« mit einer Handtasche, die eine immer wiederkehrende Buchstabenfolge als Muster vermutlich sauteuer macht. Sie lächelt. Im zweiten Stock

---

[13] Ins Krankenhaus ziehe ich immer sehr gute Anzüge an. Man wird dann ernster genommen (so kann man Vorurteile für sich nutzen!).

schält sich die türkische Familie aus der Kabine. Die »Schwarze Kirsche« lächelt und wedelt vor sich hin. »Puh, was 'ne Knoblauchfahne, mein lieber Scholli!« und zwinkert mir zu, ein bisschen lasziv, bilde ich mir ein. Ich lächele blöde und schaue in eine andere Richtung. Sie steigt im dritten Stock aus. Und ich fahre mit rabenschwarzem Gewissen in den vierten Stock.

Das Maishähnchen geht so: Man ritzt vorsichtig die Haut des Hähnchens auf, möglichst ohne sie zu verletzen und schiebt vorsichtig bis zu zwanzig Knoblauchzehen darunter, die man zuvor mit einem Stößel etwas angeklopft hat, damit sich der Duft voll entfalten kann. Das Ganze lässt man zehn Stunden lang einziehen und brät es dann bei 200 Grad im Ofen, gewürzt mit Salz, Pfeffer und ein paar Spritzern Olivenöl obendrauf. Dann macht man eine Aioli dazu: Ein Eigelb, etwas Senf und tröpfchenweise Olivenöl hinzugeben. Sobald sich eine cremige Soße ergibt, drei bis fünf frische Knoblauchzehen hineinpressen. Kurz: Ich war's! – Ich muss gestunken haben wie ein provenzalischer Misthaufen!

Zurück zum Thema: Ist die »Schwarze Kirsche« eine fiese, ausländerfeindliche Deutsche? Schließlich hatte sie kurzerhand auf die Türken getippt! Vermutlich hat sie eine türkische Putzfrau und schaut hochnäsig auf Ausländer herab. Allein mit dem, was die Handtasche gekostet hat, kann man ja eine ganze türkische Familie einen Monat lang ernähren!

Ich kann letztlich nicht entscheiden, ob sie eine Rassistin war oder nicht, aber es besteht die Möglichkeit, dass sie sich selbst für eine tolerante Frau hält und ziemlich beleidigt wäre, wenn ich ihr Rassismus unterstellen würde. So wie Sie jetzt vielleicht: Ich glaube nämlich, dass viele von uns, auch Sie, in einer solchen Situation die Türken für den Geruch verantwortlich gemacht hätten. Eine infame Unterstellung? Schauen wir mal genau hin.

Im Aufzug waren Türken, die traditionell gekleidet waren und die vermutlich traditionell mehr Knoblauch essen als ich oder andere Deutsche. Zudem war die Quelle der Wahrnehmung (des Geruchs) absolut unklar; in einem so engen Aufzug kann man sehr schlecht entscheiden, von wem der Geruch ausgeht. Es stank vermutlich so, dass man sich nicht vorstellen konnte, ein kleiner blauäugiger Typ im feinen Zwirn hätte ihn erzeugen können. Die Frau hat außer einer bedauernswerten Entscheidung für eine grässliche Haarfarbe nichts Schlimmes getan. Sie hat einfach eine Schlussfolgerung auf der Basis von aktiviertem Vorwissen gezogen, mit der sie noch nicht einmal meinte: »Ich finde Türken blöd.« Geben wir ihr eine Chance.

Priming: Unbewusste Effekte auf die menschliche Wahrnehmung

Dass unser aktiviertes Wissen unsere soziale Wahrnehmung prägt, wurde in einem Experiment von Tory Higgins und seinen Kollegen gezeigt, das im Jahre 1977 veröffentlicht wurde und unser Forschungsfeld, die Social Cognition-Forschung, begründet hat. Wie so häufig lag die Idee in der Luft, und so fanden Bob Wyer und Thomas Srull zur selben Zeit ähnliche Phänomene. Die Wissenschaftler luden Versuchspersonen zu einem Experiment ein, das aus zwei unterschiedlichen Phasen bestand. In der ersten Phase sollten sie die Farben benennen, in denen Wörter gedruckt waren. Der einen Hälfte der Probanden präsentierte man negative Wörter wie »rücksichtslos«, »abgehoben«, »halsstarrig« und »eingebildet«, der anderen positive Wörter wie »abenteuerlustig«, »selbstbewusst«, »unabhängig«, »ausdauernd«. Danach sollten die Versuchspersonen eine zweite, angeblich völlig eigenständige Aufgabe durchführen: Sie sollten eine Person namens Donald[14] bewerten. Deren Beschreibung war weder eindeutig positiv noch eindeutig negativ, tatsächlich könnte man einige Details daraus als abenteuerlustig oder waghalsig bezeichnen. So wollte dieser Donald zum Beispiel den Atlantik mit einem Segelboot überqueren, hatte den Mount McKinley bereits bezwungen und wurde als jemand

---

[14] In den USA ist das ein normaler Name und wird nicht notwendigerweise mit einer Ente ohne Unterhose assoziiert.

beschrieben, der sich nur von wenigen Leuten etwas sagen lässt. Was würden Sie sagen, wenn Sie so etwas hören: Ist diese Person waghalsig oder abenteuerlustig? Unabhängig oder halsstarrig? Donald hatte auch noch andere Pläne oder hatte Dinge erlebt, die man entweder als positiv oder negativ interpretieren kann. Obwohl die Farbnennaufgabe in der ersten Phase des Experiments aus der Sicht der Versuchsteilnehmer nichts mit der Bewertung von Donald zu tun hatte, beurteilten diejenigen Donald positiver, die vorher die positiven Begriffe gelesen hatten. Zwar war die erste Phase, die sogenannte Primingphase nicht subliminal (wie oben beschrieben: unterhalb der bewussten Wahrnehmungsschwelle) – das war in den siebziger Jahren auch technisch noch sehr aufwendig –, und dennoch liefen einige Dinge in dem Experiment unbewusst ab. Erstens sahen die Versuchspersonen wirklich keine Verbindung zwischen den beiden Aufgaben, sondern gaben an, eine faire, unbeeinflusste Bewertung vorgenommen zu haben. Zweitens wissen wir inzwischen, dass wir, sobald wir uns der Zusammenhänge in einem solchen Experiment bewusst sind, alles tun, um die Person nicht so zu bewerten, wie es in der ersten Phase nahegelegt wird. In diesem Falle würden wir Donald für waghalsig halten, wenn wir denken, wir seien in Richtung abenteuerlustig beeinflusst worden.

Wenn sich aktiviertes Wissen unbewusst von einer Phase auf eine andere, damit nicht zusammenhängende Bewertung in einer zweiten Phase auswirkt, spricht man von einem *Primingeffekt*, und seine Erforschung hat die Sozialpsychologie mit zahlreichen Erkenntnissen über das Wesen menschlicher Urteile bereichert.

Im Bereich der Vorurteilsforschung belegte Patricia Devine als eine der Ersten Primingeffekte. Sie zeigte, dass stereotypes Wissen über Schwarze unbewusst die Wahrnehmung einer anderen Person beeinflusst. Sie lud amerikanische Studenten zu einem Experiment ein und präsentierte ihnen am Computer Wörter unterhalb der bewussten Wahrnehmungsschwelle. Bei einer Gruppe waren 80 Prozent dieser Wörter Begriffe, die negativ mit dem typischen Schwarzenstereotyp zusammenhängen (z.B. *negroe, black, lazy*), während in einer anderen Gruppe nur 20 Prozent der Wörter negative Schwarzenstereotype enthielten – die übrigen 80 Prozent hatten mit Schwarzen nichts zu tun. Nach dem Prinzip der Wiederholung (bzw. Häufigkeit der Aktivierung) sollte bei der ersten Gruppe das Schwarzenstereotyp stärker aktiviert sein. In der zweiten Phase des Experiments gab Devine den Versuchspersonen eine Personenbeschreibung eines Menschen, der Donald hieß und dessen Hautfarbe nicht genannt wurde. Wie wir bereits gesehen haben, ist das Schwarzenstereotyp in den USA mit dem assoziativen Netz der Aggression verknüpft. Die Beschreibung von Donald enthielt nun Ereignisse, die ihn als aggressiv oder durchsetzungsfähig beschrieben. Er verweigerte unter anderem seinem Vermieter die Miete, bevor dieser nicht die Wohnung gestrichen hatte, verlangte in einer Autowerkstatt, dass das Auto noch am selben Tag fertig sein müsse, sonst würde er sofort wieder fahren, und forderte in einem Geschäft sein Geld für ein kleineres Gerät zurück. Aufgrund dieser Beschreibungen kann man Donald entweder als durchsetzungsfähig oder als aggressiv bewerten, eine eindeutige Interpretation wird jedoch nicht nahegelegt. Befragte man die Versuchspersonen danach, wie aggressiv Donald sei, antworteten 50 Prozent, dass er aggressiv sei, während die anderen 50 Prozent ihn für durchsetzungsfähig hielten. Versuchspersonen, die mit 80 Prozent Schwarzenstereotyp geprimet wurden, bewerteten Donald als aggressiver als jene, die nur mit 20 Prozent dieser Wörter geprimet worden waren. Interessanterweise waren unter den Wörtern keine, die Aggression beinhalteten. Dies bedeutet, dass Aggression unmittelbar mit dem Schwarzenstereotyp verbunden ist, durch das übergeordnete Konzept »Schwarzer« und die damit verbundenen Assoziationen aktiviert wurde und schließlich diese voraktivierten Informationen beim Urteil über eine andere unbekannte Person verwendet wird. Das Experiment zeigt eine unbewusste Aktivierung eines stereotypen Begriffs und eine unbewusste Verwendung desselben bei der Beurteilung einer anderen Person.

Warum aber verwenden wir Informationen, die nichts mit der Person zu tun haben, wenn wir sie bewerten? Weil wir nicht wissen, dass die Information durch etwas anderes als durch die Person aktiviert ist. Normalerweise liefert uns eine Person, die wir sehen, zahlreiche Informationen. Wenn ich ein Bild von Berlusconi sehe, kommen mir unmittelbar (und unbewusst) Assoziationen wie »Korruption«, »Justizskandal«, »Machtmissbrauch«, »Äußerlichkeit« und »schlechter Politiker« in den Sinn. In diesem Falle aktiviert das Gegenüber bzw. ein Bild diese Informationen. Werde ich dann gefragt, was ich von Berlusconi als Politiker halte, so werde ich schnell und mühelos antworten können: Ich finde ihn unausstehlich.

Informationen wie Korruption und Machtmissbrauch können aber auch durch einen vorher gesehenen Film oder durch das Denken an eine ähnliche Situation mit einem anderen Menschen aktiviert worden sein. Sind wir uns nicht dessen bewusst, dass diese Assoziationen nichts mit dem Gegenüber zu tun haben, neigen wir dazu, unser Urteil auf sie zu gründen. Wir verwechseln die *Quelle* der Aktivierung.

Genau das passiert beim subliminalen Priming: Wir sind uns der Quelle der Aktivierung nicht bewusst, und es kommt uns vor, als sei die Information von unserem Gegenüber aktiviert worden. Ähnliches geschieht aber auch in vielen Alltagssituationen. Wie viele Reize erreichen uns täglich, ohne dass wir sie bewusst auf uns einwirken lassen? Und doch, so zeigt die Forschung, können sie uns beeinflussen: Wenn wir zum Beispiel an einem bedrohlich wirkenden Plakat oder Foto vorbeigehen, erachten wir die nächste Person, der wir begegnen, als bedrohlicher, als wenn wir dieses Bild nicht gesehen hätten. Oder wir laufen an einem lächelnden Gesicht vorbei, und die nächste Person, die wir treffen, erscheint uns freundlicher. Menschen wissen nicht immer, warum sie an etwas denken und warum eine bestimmte Wissensstruktur aktiviert ist.

Wenn uns bei der Begegnung mit einer fremden Person unangenehme Gedanken schneller in den Sinn kommen als bei anderen Menschen und wir nicht wissen, warum – haben wir dann etwa keinen Grund, diesen Menschen zunächst einmal mit Vorsicht zu betrachten oder ihn besser zu meiden? Mittlerweile zeigen umfangreiche Forschungsprojekte diese Prozesse: Man aktiviert eine Wissensstruktur in Phase eins und diese beeinflusst eine Bewertung oder Wahrnehmung in Phase zwei, die auf den ersten Blick nichts mit Phase eins zu tun hat. Das verfügbar gemachte Wissen wirkt sich unmittelbar aus. Und Stereotype sind Beispiele für solche verwendeten Wissensstrukturen, wie die Studie von Devine zeigt.

Die eigentliche Provokation ihrer Studie steckte aber in einem weiteren Befund: Devine testete den Rassismus der Versuchspersonen (wie, erzähle ich Ihnen im sechsten Kapitel), bevor sie die Aufgaben bewältigen sollten. Wie in jeder Gruppe zufällig zusammengewürfelter Leute gab es auch unter diesen Versuchspersonen solche, die stärker rassistisch waren als andere, also die Schwarze allein aufgrund ihrer Hautfarbe mehr oder weniger mochten oder ihnen gleiche oder weniger Rechte einräumen. Devine teilte die Personen danach ein, ob sie stark oder wenig rassistisch waren.

Welche Versuchspersonengruppe würde nun Donald nach Aktivierung des Schwarzenstereotyps als aggressiver erachten? Die Rassisten oder die weniger rassistischen Leute? Interessanterweise gab es zwischen diesen beiden Gruppen keine bedeutsamen Unterschiede. Mit anderen Worten, auch die wenig rassistischen Versuchspersonen hatten offensichtlich die Assoziation »schwarz = aggressiv« abgespeichert und durch die Gruppeninformation »schwarz« aktiviert. Und alle haben sie diese durch das Schwarzenstereotyp aktivierte Information auf den unschuldigen Donald angewandt! Diese Untersuchung zeigt, dass selbst Personen, die Schwarzen gegenüber positiv eingestellt sind, ungeliebte Assoziationen haben. Sie zeigt auch, dass man keine Vorurteile haben muss, damit stereotypes Wissen unheilvoll wirken kann. Die Assoziation »schwarz = aggressiv« beeinflusst Urteile auch dann, wenn sie unbewusst aktiviert ist und die Versuchsperson diese Assoziation gar nicht unterstützt.

Die Grenzen des Unbewussten

Dieses Phänomen wurde heftig diskutiert und einige Psychologen haben es stark kritisiert. Klar, wenn eine ganze Zunft, die sich aufgemacht hat, Vorurteile und Stereotype zu erklären und letztlich zu bekämpfen, mit solch brachialem Automatismus konfrontiert wird, dann versucht sie umso mehr, diese Befunde zu hinterfragen.

Lorella Lepore und Rupert Brown in England und Bernd Wittenbrink und Kollegen in Chicago machten zur gleichen Zeit eine ähnliche Entdeckung. Sie schauten sich die Begriffe an, die Devine subliminal geprimet hatte und argumentierten richtig, dass es sich dabei um vorwiegend negative Begriffe gehandelt hatte. Sie primeten also bei Rassisten und Nichtrassisten einfach die neutrale Kategorie – also das Wort »Schwarze«, ohne jegliche negative Assoziationen – und verglichen dies mit dem Priming, das Devine verwendet hatte. Und siehe da: Die Ergebnisse wiederholten exakt die Ergebnisse von Devine dann, wenn neben »schwarz« auch »faul« geprimet wurde. Rassisten und Nichtrassisten unterschieden sich jedoch, wenn sie lediglich mit der Kategorie »schwarz« geprimet wurden: Hier zeigten die hoch rassistischen Versuchspersonen negativere Assoziationen als die weniger rassistischen. Das ist ein wichtiger Befund, der vermuten lässt, dass die meisten von uns, wenn wir zum Beispiel im Fernsehen einen Schwarzen sehen, der stereotyp negativ geschildert wird, dieses Wissen und das gesamte assoziative Netzwerk mit aktivieren. Wenn wir aber als ein Mensch, der seinen Rassismus überwunden hat oder nie ein Rassist war, einen Schwarzen sehen, der keinen Anlass zu einer negativen Bewertung gibt, dann aktivieren wir dieses negative Wissen auch nicht. Das klingt irgendwie trivial, ist es aber nicht. Wenn wir bedenken, dass die Versuchspersonen in keinem der Experimente der Assoziation »aggressiv« ausgesetzt waren, dann sagt dieser Befund auch, dass Nichtrassisten diese Assoziation abgespeichert haben und dass sie unbewusst wirkt, wenn sie an andere schlechte Dinge denken, die in der europäischen oder amerikanischen Gesellschaft zum Schwarzenstereotyp gehören, wie zum Beispiel »faul«. Wenn uns also morgens beim Bäcker die Zeitung mit den großen Buchstaben mit der Schlagzeile »Araber heiratet zwei deutsche Frauen!« ins Auge fällt, dann sind auch bei den Nichtrassisten alle möglichen negativen Assoziationen, etwa »Terrorist«, aktiviert und werden bei ihren Urteilen verwendet. Aber wenn ein Nichtrassist an einem freundlichen Araber vorbeigeht, dann wird der Nichtrassist auch unbewusst keine negativen Gedanken aktivieren; das würden Rassisten in diesem Moment allerdings tun.

Eine weitere Grenze des Effektes zeigen Untersuchungen von Mahzarin Banaji und ihren Mitarbeitern. Sie zeigten, dass nicht jede Information die Wahrnehmung einer anderen Person beeinflusst. Wenn sie nämlich partout nicht passt, wendet man sie nicht an. Nehmen wir an, Sie waren in einem brutalen Film, der Kategorie »Ruckzuck ist die Fresse dick«, so etwas wie *Kill Bill*, in dem innerhalb von drei Minuten dreihundert Japaner von Schwertern zerschnitten werden, und gehen danach auf die Straße und sehen einen kleinen blauäugigen Professor auf sich zulaufen, der an einem Eis von Rubino schleckt. Haben Sie dann Angst vor ihm wegen der vorher aktivierten Schlachtszenen? Nein. Und wenn Ihnen ein finster dreinblickender Schwarzer, 1,98 Meter groß, begegnet, die Hände in die Taschen gesteckt? Dann könnte es sein, dass sich der Film und das dadurch aktivierte Wissen auswirkt. Denn das aktivierte Wissen muss zu dem Gegenüber passen, um eine verstärkte Wirkung zu haben.

In Banajis Experimenten wirkte sich eine Aktivierung von Begriffen, die »Abhängigkeit« betreffen, vor allem auf die Beurteilung einer fremden Person aus, wenn diese weiblich war, aber nicht, wenn sie männlich war. Die aktivierte Information »abhängig« passt nicht so recht zu einer männlichen Person und wird somit nicht bei der Beurteilung einer männlichen Person verwendet. Das Gegenteil geschah, wenn Versuchspersonen mit »aggressiv« geprimet waren: Das geprimte Wissen beeinflusste ausschließlich Beurteilungen von männlichen Personen. Das heißt, wenn Leute vorher an »aggressiv« gedacht hatten, hielten sie eine zu beurteilende männliche Person für aggressiver im Gegensatz zu Leuten, die vorher nicht geprimet worden waren. Aber wenn es sich bei der zu bewertenden Person um eine Frau handelte, dann bestand kein Unterschied zwischen der Gruppe, die vorher dem Konzept »Aggressivität« ausgesetzt war, und derjenigen, die nicht solchen Begriffen ausgesetzt war.

Der Organismus aktiviert also unbewusst Information und verwendet sie dann auch automatisch für ein *passendes* Urteilsobjekt. Aber passt das aktivierte Wissen überhaupt nicht, wird es auch nicht verwendet. Dennoch sehe ich das nicht als Beruhigung, denn dieser Effekt scheint Stereotype noch zu erhärten.

Und das geht so. Nehmen wir an, ich lese einen Artikel über Berlusconi und einen seiner Gerichtsprozesse und aktiviere damit Informationen wie »korrupt« und »hinterhältig«. Vielleicht hat das keine Auswirkungen darauf, wie ich einen Bewerber für mein Labor während eines Bewerbungsgesprächs einschätze. Die Information kann in einer solchen Situation wohl selten verwendet werden. Aber nehmen wir an, ich habe einen Termin mit einer Bank und ein Angestellter – der ausgerechnet Italiener ist – bietet mir eine Aktie an. Vermutlich würde die Voraktivierung von negativen Begriffen wie »hinterhältig« mich befürchten lassen, er wolle mich über den Tisch ziehen. Ich würde das Geschäft nicht abschließen und mir vermutlich sagen: »Gut, dass ich das nicht gemacht habe, der war sicher nicht koscher.« Und da ich das nicht überprüfen würde, hätte ich es abgespeichert und würde dadurch die Assoziation »Italiener = fadenscheinig = lieber meiden« verstärken.

Unbewusste Informationssuche

Unsere stereotypen Erwartungen leiten die Suche und Interpretation von Personeninformationen. Dabei sehen wir meist, was zu unserem Stereotyp passt und ignorieren das, was uns unpassend erscheint.[15] Einverstanden, die Sache mit nicht zur Erwartung passender Information ist etwas komplizierter, manchmal lenken wir gerade Aufmerksamkeit auf das, was nicht zur Person passt. Aber das betrifft meist stark unpassende Informationen, beispielsweise einen Priester (= moralisch), der Kindesmissbrauch begeht (= unmoralisch), oder einen Ostdeutschen (= erfolglos), der Direktor von BMW (= Zeichen für Erfolg) wird, oder gar eine Frau (Frau = technisch unbegabt und keine gute Führungspersönlichkeit) oder einen Schwulen (= unmoralisch), der Vorsitzender einer Ethikkommission (= moralisch) wäre. Solche Informationen sind besonders auffällig. Aber halt: Wenn es unmoralische Priester gibt, sollten wir dann nicht das Stereotyp vom keuschen Priester vollends begraben? Interessanterweise führen unseren Erwartungen stark widersprechende Informationen nicht dazu, dass wir unser Stereotyp aufgeben. Im Gegenteil, wir festigen es manchmal noch durch einen Mechanismus, den man *Subtyping* nennt. Typischerweise deklarieren Menschen den Widerspruch kurzerhand als Ausnahme. So kommt es, dass viele Amerikaner denken, Schwarze wären faul, selbst wenn die Goldmedaillen in der Leichtathletik meist von schwarzen Amerikanern eingefahren werden – die ja gar nicht faul sein können. Für viele ist das jedoch kein Widerspruch: Schwarze sind faul, mit einer Ausnahme: den Leichtathleten. Durch Subtyping wird also eine Ausnahme, eine Unterkategorie definiert, die es ermöglicht, weiterhin schlecht über die gesamte Kategorie Schwarzer zu denken. Genauso würde ein unmora-

---

[15] Oder hören, was zu dem geprimeten Wissen passt. Mir ging es kürzlich so, als ich in einen Hundehaufen getreten war. Während ich meine Schuhe putzte, hörte ich im Radio ständig was von Hundesteuerzahlern. Tatsächlich ging es um den Bund der Steuerzahler. Mein Fehltritt hatte das assoziative Netz »Hund« so stark aktiviert, dass ich Bund als Hund missverstand.

lischer Priester als Ausnahme deklariert, ohne dass das Stereotyp »Priester = moralisch« aufgegeben werden muss.

Mit dieser Einschränkung für Informationen, die unseren Erwartungen stark entgegengerichtet sind, lenken wir unsere Aufmerksamkeit auf solche Informationen, die unseren Erwartungen entsprechen. Wenn ich eine Person für einen technischen Job suche und die Bewerbung einer männlichen Person lese, so nehme ich die Zwei in Physik im Zeugnis und das Praktikum beim Technischen Hilfswerk leichter wahr als bei einer weiblichen Person, die dieselben Leistungen aufzeigt. Dagegen werde ich bei einer Bewerberin für eine soziale Stelle eher bemerken, dass sie ein aufmunterndes Lächeln hat und gute kommunikative Fähigkeiten (Die vielen unvollständigen Sätze? Aufregung!, oder: Gerade das hat uns gefallen, das zeigt Emotionalität!), als bei einem Bewerber, der dasselbe Verhalten zeigt (Der kann ja keinen Satz zu Ende sprechen! Und das Lächeln? Das ist doch reine Unsicherheit!).

Diese eingeschränkte Sichtweise durch stereotypes Wissen betrifft auch politische Ereignisse. Tom Gilovich fragte 1981 seine Versuchspersonen danach, wie sie die Entscheidung für eine amerikanische Intervention in einem hypothetischen internationalen Konflikt bewerten würden. Im Rahmen der Geschichte, die beschrieben wurde, fielen in einer Gruppe Begriffe wie »Blitzkrieg«, und es wurde eine Situation geschildert, in der Flüchtlinge in Güterwagen Hals über Kopf in ein neutrales Land flüchteten. Dies, so zeigten Voruntersuchungen, ist ein Szenario, das Amerikaner an den Zweiten Weltkrieg erinnert. Eine andere Gruppe bekam dasselbe Szenario präsentiert, nur dass hier nicht von Blitzkrieg, sondern von einem schnellen Eingriff die Rede war und die Menschen in kleinen Booten in ein neutrales Gebiet flohen. Dies erinnert die Amerikaner an den Vietnamkrieg. Während der Vietnamkrieg für viele Amerikaner ein traumatisches Ereignis ist, das sie mit Scham erfüllt, verbinden sie die Erinnerung an den Sieg im Zweiten Weltkrieg mit Stolz. Die amerikanischen Versuchspersonen beurteilten den beschriebenen Überfall auf das Land dann eher als gerechtfertigt, wenn er an den Zweiten Weltkrieg und nicht an den Vietnamkrieg erinnerte. Interessanterweise waren sich die Versuchspersonen dieses Einflusses aber nicht bewusst. Keine der Versuchspersonen gab an, in der Entscheidung von der Vorstellung »Zweiter Weltkrieg« oder »Vietnamkrieg« beeinflusst worden zu sein. Offensichtlich wurde bei der Beschreibung in der Fassung »Blitzkrieg« nach positiven Informationen gesucht und bei derselben Beschreibung in der Fassung »schneller Eingriff« nach negativen, die schließlich das Urteil beeinflussten. Hier sehen wir eine Möglichkeit der Manipulation durch stereotype Begriffe, die zumindest mich immer wieder erschrecken lässt. Jedenfalls legt sie nahe, dass man eine ungerechte Sache nur »richtig verkaufen« muss.

Szenenwechsel. Ich stehe auf der Bühne im Mainzer Unterhaus. Über mir schwebt zwei Stunden lang eine weiße Seerose, projiziert auf einen Gazeschleier, mein Mund ist rot geschminkt, richtig rot, plus Lipgloss, meine Augenlider glitzern, ich trage einen schwarzen Hosenrock im Marlene-Dietrich-Stil und singe ein obszönes Chanson. Der Kritiker kritzelt fleißig, und eine Frauenclique lacht sich kaputt. Danach singe ich meine Erlkönigparodie, bei der ich mich auf dem Boden wälze und mit Plastikseerosen um mich werfe und mir bei der Vergewaltigung des Knaben in den Schritt fasse. Professor?

Sind Sie verwirrt? Fragen Sie sich gerade, was um Himmels willen habe ich jetzt verpasst? Gut so, Sie sind völlig gesund! Ich habe Ihnen ja bis jetzt nicht erzählt, dass ich neben dem Psychologiestudium an der Hochschule des Saarlandes Operngesang studiert habe und seit Jahren als Chansonsänger auftrete.

Was aber hat das mit Wahrnehmung und Vorurteilen zu tun? Es gibt einen deutschen Sozialpsychologen, der meinen Namen kennt, manchen Artikel von mir gelesen hat und mit dem ich im Jahre 2001 bei einem Kongress zum Essen war. Dieser Kollege war 2002 an dem oben beschriebenen Abend im Mainzer Unterhaus. Er hatte CDs und Radiomitschnitte von mir und mochte meine Musik. Und er mochte meine Forschung. Er hatte mich als Künstler zwei Stunden lang auf der Bühne gesehen und immerhin circa zwei Stunden beim Essen als Professor der Psychologie. Zwei Jahre später sprach er mich auf einem anderen Kongress an: »Sag mal, sorry, Jens, ich habe erst jetzt gemerkt, dass der Sänger und der Psychologe Jens Förster dieselbe Person ist!« Ein Fall für den Psychiater? Psychologe = rilleralle?

Zugegeben, dieses Vorkommnis ist schon etwas außergewöhnlich, aber es zeigt mir doch, wie sehr unsere Wahrnehmung von unseren Erwartungen über die Welt bestimmt wird. Da sieht jemand dieselbe Person, die noch dazu denselben Namen hat und denkt: »Das müssen zwei Personen sein«, bzw. denkt sich nichts dabei, sondern nimmt es einfach an, weil ein auf der Bühne herumschreiender Professor mit rot geschminkten Lippen einfach sein Vorstellungsvermögen sprengt. Ein deutscher Professor, der Alphawolf des Bildungsbürgertums, hat seriös aufzutreten, gräbt sich in sein Spezialgebiet ein, trägt eine Strickjacke mit dicken Wollpopeln und hat ansonsten keine weiteren Interessen zu haben. Vielleicht geht er ab und an zu einem Schubert-Abend oder besucht ein Klavierkonzert und schläft dann neben seiner Gattin ein. Aber singen? Mit Lippenstift? Das kann offensichtlich nicht sein, und deshalb sieht man es auch nicht. Die Kraft der Einbildung verzerrt unsere Wahrnehmung von der Welt.

Andere Szene. Die Lübbecker Fußgängerzone. Meine tyrannische Großmutter, schwarz gekleidet wie eine Vogelscheuche, stützt sich auf mich, 14 Jahre alt. Wir gehen einkaufen, und weil sie zu stolz ist, einen Stock zu benutzen (sie war damals 85 Jahre alt), nimmt sie ihren Enkel zum Einkaufen mit, ihren Lieblingsenkel. Ich bekam dafür dann meist ein Eis, aber nur eine Kugel (alles mit Maß!), und sie gab dem Verkäufer mit vielen Beschimpfungen wegen des horrenden Preises nur fünf Pfennig. Es war ein Spiel: Wer mit Omi Eis essen ging, musste hinterher die Restsumme möglichst diskret nachbezahlen. Sie sah es nicht ein, dass die Preise nach dem Krieg gestiegen waren – unter Hitler wäre das nicht passiert –, und auch, weil sie sich für eine verkannte »von« hielt, bezahlte sie eben nicht mehr, als sie für richtig hielt. Für mich war es eine Herausforderung, zumal ich beides sein musste: Stockersatz und Restsummenzahler. Es galt den Moment abzupassen, in dem meine Oma sich kurz abwandte, die 15 Pfennig auf den Tresen zu legen und dabei höllisch aufzupassen, den Kontakt zu ihr zu halten. Wer will schon riskieren, dass eine Adelige in der Lübbecker Fußgängerzone auf die Nase fällt?

Schwierig war auch Rolltreppefahren. Zwar hatte nur das Kaufhaus Deerberg damals eine Rolltreppe, aber die mussten wir immer nehmen, weil ein Kaufhaus mit zwei Stockwerken eben die einzige Attraktion in der Innenstadt war neben dem Stadtcafé Rubino. Meine Oma hatte mir schon von klein auf beigebracht, diese Rolltreppe hochzufahren, ohne das Geländer anzufassen. Sie fand alle Treppengeländer eklig und fasste sie niemals an; sie hielt sie für bakterienverseuchte biologische Forschungsobjekte, die man um jeden Preis meiden musste. Ich hatte von klein auf gelernt, Rolltreppe zu fahren, mich nicht festzuhalten und trotzdem nicht herunterzufallen. Nun, da sie schlecht zu Fuß war, ergab sich eine verschärfte Variante, denn schließlich war es nicht so einfach, eine 85-Jährige auf einer Rolltreppe zu stützen, ohne dass sich einer von uns beiden am Geländer festhielt. Tat ich es doch, zwickte sie mich mit ihren langen Krallen in die Hand und sagte: »Junge, Finger weg! Im Harz ist mal ein Bauer gestorben, weil er sich in Berlin Tuberkulose geholt hat.« Das war natürlich ein schlagkräftiges Argument.

Bei schönem Wetter setzten wir uns manchmal an den Rand des Betonbrunnens, der den Mittelpunkt der Fußgängerzone bildet, und meine Oma hielt Hof. Sie kannte Gott und die Welt, und sie liebte die Aufmerksamkeit und winkte allen zu wie Königin Beatrix. Ich hatte damals dichte Locken, und meine Oma hatte einen dicken Dutt. Mehr als einmal passierte es, dass uns Leute auf unsere Ähnlichkeit ansprachen: »Die Locken, herrlich! Wie du damals, Elise! Und das ist doch eine richtige Försternase, unverkennbar!« Meine Oma sagte dann immer sehr bestimmt: »Ja, in unserer Familie kommen die Postboten eben durch den Haupteingang.«

Mir war dieser Spruch aus mindestens drei Gründen peinlich: Erstens hatte unsere Wohnung natürlich nur einen Eingang, und das wusste auch jeder,[16] zweitens mochte ich es nicht, dass meine Großmutter öffentlich, wenn auch gute, Schulnoten für die Keuschheit meiner Mutter verteilte. Und drittens war es sowieso eine faustdicke Lüge, denn mein Vater war ja ihr Adoptivsohn, den sie aus einem Waisenhaus in Halle geholt hatte, weil sie unbedingt einen Sohn in der Familie haben wollte! Damit war mein Genmaterial dem ihren so ähnlich wie dem von Silvio Berlusconi!

Die wiederkehrende, vollkommen verquere Wahrnehmung von Leuten, die eine Ähnlichkeit sahen, wo keine war, führte aber dazu, dass ich irgendwann der Urteilsfähigkeit sämtlicher Ostwestfalen misstraute. Ostwestfalenwitze haben deshalb auch in meinen Chansonprogrammen einen festen Platz. Heute jedoch, im Zusammenhang mit Vorurteilen muss ich Ihnen sagen: Auch Sie sind Ostwestfale! Jedenfalls weiß ich aus meinen Untersuchungen, dass Erwartungen nicht nur die Wahrnehmung von Ostwestfalen färben, sondern dass es sich dabei um ein generelles, psychologisches Prinzip handelt.

Kurz gefasst

Fassen wir zusammen. Stereotype speichern wir in Hierarchien im Gedächtnis ab. Teilweise geschieht dies ohne unseren Willen. Je häufiger wir eine Verbindung aktivieren und je kürzer es her ist, dass wir sie aktiviert haben, umso stärker ist sie. Hinzu kommt, dass negative Information besonders gut gelernt wird, ebenso wie die Verbindung von seltenen Informationen. Je müheloser man sich an etwas erinnern kann, desto schneller führt dies zu einer Überschätzung der Auftretenshäufigkeit. Daher überschätzen wir

---

[16] Es gibt in OWL auch gar keine Wohnungen mit zwei Eingängen, weil das Zweitschlimmste (neben den Maulwürfen) für einen Ostwestfalen der Verlust von Heizwärme ist. Deshalb wird meist lieber gar nicht geheizt. Ich habe nie so gefroren (nicht einmal Silvester 1997 in New York, wo die Spucke gefror, bevor sie auf dem Bürgersteig ankam) wie an den Kachelöfen der reichen Lübbecker, als ich deren schlotternden Kindern Nachhilfe für vier Mark die Stunde geben musste.

negative Ereignisse, wenn sie von Gruppen durchgeführt werden, die uns fremd sind. Wir können Verbindungen primen, das heißt aktivieren, und dies sogar subliminal. Diese Verbindungen wirken sich auf die Wahrnehmung aus: Wenn Information aktiv ist, dann nehmen wir erst mal an, dass sie vom Gegenüber aktiviert wurde. Wir verwenden dabei nicht alle Informationen, sondern nur diejenigen, die zu unseren Stereotypen passt. Das heißt, haben wir »aggressiv« aktiviert, interpretieren wir das milde Verhalten eines *Mannes* als aggressiv, weil dies stereotyp zusammenpasst (Mann = aggressiv). Menschen, die nicht rassistisch sind, aktivieren keine negativen Informationen, sobald sie einen Schwarzen sehen, aber wenn sie irgendetwas Negatives über ihn wahrnehmen, wird auch das gesamte negative Stereotyp aktiviert. Stereotype können zu verzerrten Wahrnehmungen führen. Sie führen zu Übertreibungen, zu Blindheit gegenüber unpassenden Informationen und zur Wahrnehmung von nicht vorhandenen Gemeinsamkeiten. Diese Prozesse zeigen oftmals die Wirkung von gesellschaftlich tradiertem Wissen, das wir abspeichern, um in dieser Welt zurechtzukommen. Verzerrte Wahrnehmung ist die eine Seite – aber beeinflussen Stereotype auch unser Verhalten?

KAPITEL 4

Das Unbewusste schlägt zurück: Von Stereotypen, die unbewusst unser Verhalten bestimmen, und von fast zwangsläufiger Diskriminierung

Warum ich gerne Germanist bin. Warum man keine verrückte Kuh ist, wenn man zwei Berufe hat. Wie die Worte »Florida« und »grau« amerikanische Studenten verlangsamen und Professoren unbewusst beim Trivial Pursuit helfen können. Wie wir automatisch Leute diskriminieren, ohne es zu merken. Wann Inuits den Wunsch haben, Ostwestfalen kleine Steinchen ins Spaghettieis zu rühren. Warum eine »minimale« Gruppe trotzdem diskriminieren kann. Und warum wir sowieso die Tollsten sind.

Manchmal ist bei uns Menschen das Vorhandensein einer einzigen Seele schon ein Problem. Wenn aber gleich zwei Seelen in der Brust eines Menschen schlagen, sollte er versuchen, die eine sorgsam zu verheimlichen. Wenn mich früher jemand in einer Bar ansprach und fragte, was ich denn so machte, sagte ich manchmal »Ich bin Sänger« und manchmal »Ich bin Psychologe«, so wie ich gerade Lust hatte. Ich verriet aber nie, dass ich beides war.

Jedoch lernte ich schnell, dass in einer Bar beide Berufe – auch einzeln genannt – ziemlich gefährlich sind. Wenn ich erzähle, dass ich Psychologe bin, holen die Leute ihre verrotteten Leichen aus dem Keller – noch letzte Woche in Köln sollte ich jemandem erklären, warum er eigentlich »immer so schlecht zu anderen« sei. Ich sagte: »Blöde Frage. Bessere dich doch einfach.« Oder ich werde so Sachen gefragt wie: »Ist meine Nachbarin mit den zwölf Hunden eigentlich normal oder krank?« Wenn ich dagegen erzähle, dass ich Sänger bin, halten sie mich für ein bisschen blöd, und alles endet normalerweise in einer langwierigen Suche nach der Musik, die wir beide mögen. Das läuft meist auf Madonna und Mozart als kleinsten gemeinsamen Nenner hinaus. Und ich weiß dann nicht, was schlimmer für mich ist: ein Gespräch über Inzestwünsche oder eines über Madonnas mögliche Liftings und Stützleggings. Die Wahl zwischen Sänger und Psychologe erscheint mir manchmal so schwierig wie die zwischen Volksmusik und Depression.

Manchmal sage ich einfach: »Ich studiere Germanistik«. Germanist ist ein toller Beruf, jedenfalls in einer Bar. Wenn ich sage, dass ich Germanist bin, ergeben sich die besten Gespräche. Dann bekomme ich tolle Buchvorschläge, die Leute haben keine Angst vor mir, spendieren mir einen Drink, weil ich ihrer Meinung nach kein Geld habe, und verlieben sich relativ rasch in mich. Manchmal habe ich wegen der Lüge ein schlechtes Gewissen, aber so verkehrt ist es ja auch wieder nicht, denn tatsächlich hatte ich auch einmal ein paar Semester Germanistik studiert – bis ich mich dann doch mehr der Psychologie und dem Gesang widmen wollte.

Was ich aber von Anfang an auf jeden Fall vermeiden wollte, war, dass man mich für den »singenden Professor« hält oder für den »Wissenschaftler, der eigentlich Sänger werden wollte«, oder dergleichen. Ich wollte immer schon beides sein. Und mit einer ausgeklügelten Zeitplanung, einem hervorragenden Manager und einem aufopferungsbereiten Freund und Freundeskreis konnte ich auch beides angehen.

Ich wusste damals schon aufgrund meiner Forschung, dass es mir nicht gut täte, wenn Leute von der Doppelkarriere erfahren würden. Zunächst einmal befürchtete ich Neid. Weniger trivial ist der Verwässerungseffekt: Wenn Sie einer Person erzählen, jemand sei ein guter Professor und gleichzeitig ein formidabler Koch, dann hält die Person den Mann für weniger kompetent, als wenn Sie lediglich erzählen, dass er ein guter Koch *oder* ein guter Professor sei. Dies belegen Experimente. Das Paradoxe an diesem Effekt ist, dass eine zusätzliche, irrelevante, aber *positive* Information die Bedeutung der anderen Leistung *schmälert*, statt sie zu verstärken, im Sinne von plus + plus = minus. Das beruht wohl auch auf dem gesellschaftlichen Konzept des Experten, das, wie ich finde, in Deutschland besonders ausgeprägt ist. Jeder in diesem Land ist ein

Spezialist auf *einem* Gebiet: *Entweder du kannst Rosen schneiden oder du kannst Hosen kreiden.*[17]

Das war anders, als ich in New York lebte. In einer Stadt, die so teuer ist, dass viele Leute schlichtweg mehr als einen Job brauchen, um überhaupt überleben zu können (meine 30 m² große Wohnung nahe Harlem kostete 1996 2100 $ im Monat), wurde es positiv aufgenommen, dass ich tagsüber an der Columbia University forschte und abends mit Leuten wie Allen Ginsbergh Musik machte.

Hatte ich in Deutschland jahrelang meine Doppelexistenz erfolgreich verheimlicht, machte dies das Internet unmöglich, als ich 1999 zurück nach Würzburg zog. Hier kamen mir Journalisten schnell auf die Schliche. Zunächst wurde ich vor allem in Freakshows eingeladen (»Wir haben eine Blinde eingeladen, die fünf Sprachen spricht, eine Hure, die jetzt Nonne ist – da würden Sie doch ganz gut reinpassen«), die ich jedoch nicht annahm. Als dann aber *Die Zeit* einen Artikel über mich und mein Doppelleben schreiben wollte, willigte ich ein, weil ich dachte, ich müsse das Ganze jetzt endlich offensiv angehen. Dies bescherte mir zwar einige Zuschauer mehr für meine Chansonprogramme, hatte jedoch auch die erwarteten – sowie einige unerwarteten – Nachteile. Ärgerlich war unter anderem, dass eine wichtige Kleinkunstbühne mich nicht mehr haben wollte: »Wir wussten ja gar nicht, dass Jens Professor ist, wir lassen nur wirkliche Künstler auftreten.« Da war ich sauer, weil sie meine Künstlerbiographie in Frage stellten! Ich will Sie nicht langweilen damit, wie viele Jahre ich an der Hochschule für Gesang in Saarbrücken bei Raimund Gilvan und in Trier bei Vera Illieva und Frank G. Hirschmann Gesang und Schauspiel studiert habe, damit, dass mich unter anderem Terry Truck und Stefan Scheib begleitet und Lieder für mich komponiert haben und dass ich mehrere Male vom Kultursommer Rheinland Pfalz für meine Projekte ausgezeichnet worden bin. Aber ich möchte festhalten, dass eine einzige Information (»der ist ja Professor!«) die Wahrnehmung meiner Person

---

[17] Das ist ein blödes, aber passendes ostwestfälisches Sprichwort (Hosen kreiden meint Hosen kürzen).

dergestalt verändert hat, dass ich an dieser Bühne nun nicht mehr auftreten darf.

Das Stereotyp des Künstlers beinhaltet wohl, dass dieser sein Leben allein der Kunst widmet, von der Hand in den Mund lebt, sich vielleicht die Ohren abschneidet, leidet, leidet, leidet, um dann irgendwann Erfolg zu haben. Oder auch nicht. Aber es vermasselt unser Bild von der Kunst, wenn er einen bürgerlichen Beruf ausübt. Künstler assoziieren wir mit: Exzentriker, Suff, Drogen; all das wollen wir auf der Bühne als verruchte Möglichkeit präsentiert sehen, die wir selbst verpasst haben. Schade nur, dass diesem Klischee zufolge Franz Kafka etwa kein Künstler gewesen wäre, und auch solche »Spießer« wie Thomas Mann, Theodor Fontane, ja selbst Goethe passten trotz ihrer Werke nicht in diese Kategorie.[18] Manchmal können Vorurteile sehr nervtötend sein: Sie sind ein Brett vorm Kopf und führen zu offener Diskriminierung.

Aber die Psychologen sind nicht viel besser. Irgendwann einmal lud mich eine Universität zum Bewerbungsgespräch ein. Ich war gut vorbereitet, trug einen grauen Businessanzug mit blauem Hemd und hellblauer Krawatte und hielt meinen Vortrag im üblichen Stil. Ich halte solche Vorträge nüchtern und ohne Firlefanz, dafür ist mir die Zeit zu knapp, und schließlich ist meine Forschung seriös.

An dieser Einladung war vieles sehr merkwürdig. Das fing mit dem Hotel an. Man hatte für mich das Hotel »Silly Cow« gebucht. Das ist ein Hotel, in dem alles vom Bettzeug über das Toilettenpapier bis hin zu den Möbeln mit schwarz-weißen Kuhflecken dekoriert ist. Als würde man im Albtraum auf einer ostwestfälischen Kuhwiese gefangen gehalten. Ich muss dazu sagen, dass ich Kühe nicht besonders mag, weil das Ostwestfalen meiner Kindheit davon bevölkert war und ich mehrere Male mit ansehen musste, wie diese Tiere Spaziergänger umrannten und in ihrer bodenlosen Einfalt Menschen in Gräben stießen.[19]

---

[18] Frank Wedekind war jahrelang Werbetexter für Maggi-Suppen. Kein Künstler?
[19] Vorurteile machen auch vor Tieren nicht Halt.

In diesem Zimmer fände ich keinen Schlaf, das wusste ich sofort – wie soll man auch einschlafen, wenn man im Halbschlaf Angst haben muss, in einen Kuhfladen zu treten? Ich irrte die ganze Nacht lang von einer Bar zur anderen, machte bis sechs Uhr morgens an einem schwarzen Fluss einen kilometerlangen Spaziergang, duschte lange, frühstückte (auf Kuhtellern, platziert auf Kuhsets, darunter eine Kuhtischdecke und die Hühnereier waren – man nennt das wohl »liebevoll« – mit Kuhflecken bemalt) und erschien, ohne geschlafen zu haben, zum Vortrag.

Dieser lief wider Erwarten ganz gut, und ich war sehr optimistisch, als es zum persönlichen Gespräch mit der Berufungskommission in einen anderen Raum ging. Das Gespräch werde ich nicht vergessen. Man hatte für jeden Teilnehmer meine Künstlerhomepage aus dem Internet ausgedruckt, in Farbe (viel Rot, mit einer erigierten Anthurie im Hintergrund), und diese, für meine fachliche Qualifikation völlig unerhebliche Information lag zuoberst auf all meinen Zeugnissen und wissenschaftlichen Artikeln.

Die Unterhaltug drehte sich vor allem um meinen Gesang. Ob ich denn bereit wäre, mich für einen universitätsnahen Chor zu engagieren? (Ich mag nicht gerne im Chor singen, sagte aber: »Ja, gerne!«) Was ich denn machen würde, wenn die Mutter einer Studentin mich auf der Bühne »so« sehen würde? (Die Mutter einer Studentin? Studentinnen sind erwachsene Wesen! Ich sagte aber diplomatischerweise: »Ich würde mit ihr reden.«) Was ich denn tun würde, wenn man mich für homosexuell halten würde? (Ich sagte, das sei überall in Europa erlaubt.) Wie mein bisher »verrücktestes« Experiment ausgesehen habe? (Ich wusste nicht, was ich sagen sollte, meine Experimente sind alle seriös.) Und als ich auf die Frage, wie ich eine Vorlesung anlegen würde, sagte, ich würde zunächst einen Überblick über die Geschichte der Sozialpsychologie geben, wurde ich verwundert unterbrochen: »So konservativ würden Sie das angehen, Herr Förster? Jetzt seien Sie doch mal ehrlich!« Ich bemerkte sehr schnell, dass ich den Erwartungen an den Exzentriker, den man in mir sah, nicht gerecht werden konnte. Klar, auf der Bühne mache ich wilde Sachen, und manche meiner Stücke standen in Trier kurz vor dem Aufführungsverbot – das gehörte sich ja so in den neunziger Jahren –, aber als Professor mache ich selbstverständlich das, was die Rolle erfordert. Natürlich definiere ich mich auch als Professor neu, ich kann ja nicht als 36-Jähriger in einer gammeligen Professorenstrickjacke mit durchgegeigten Ellenbogen herumlaufen! Natürlich trage ich moderne Anzüge und ziehe in meiner Freizeit das ganze infantile Zeug an, das Mitdreißiger heute eben so tragen. Und ich arbeite mit Videos und Gruppenspielen in der Lehre. Aber ich verlasse meine Rolle als Professor auch nicht vollkommen, und selbstverständlich lege ich meinen Studenten keine Schlachtreste auf den Tisch und lasse sie mit Innereien spielen, wie das in einem meiner Theaterstücke in Trier geschah. Ich bin doch nicht so blöd, Theater und Universität nicht voneinander trennen zu können. Es wäre doch langweilig, diese zwei Leben gegen ein einziges, verwischtes einzutauschen. Kurz, die Silly Cow, die erwartet worden war, verließ nach einer quälenden Stunde die Veranstaltung in dem Bewusstsein: Selbst wenn die dich wollen, hier gehst du nie, nie hin.[20]

Rückblickend betrachtet finde ich es teilweise amüsant und denke, dass mir viele Einfälle zu Forschungsfragen tatsächlich nicht gekommen wären, wenn mir solche Erlebnisse erspart geblieben wären. Es handelt sich hier um menschliche Reaktionen, und als Psychologe ist es ja mein Job, das Verhalten der Menschen zu verstehen. Dafür werde ich bezahlt. Und so ungewöhnlich ist das Ganze auch wieder nicht. Viele Leute bekommen einen Job nicht, weil sie den gängigen Erwartungen nicht entsprechen.

Zum Beispiel verhindert die Erwartung, dass eine Führungsposition immer von einem Mann besetzt sein sollte, dass viele Frauen attraktive Posten bekommen. Das ist das »Think Manager-Think Male«-Phänomen, das Virginia Schein erforscht hat und das ein

---

[20] Der aufmerksame Leser mag sich fragen: Wie kann er davon ausgehen, dass die Wahl des Hotels schon Diskriminierung beinhaltete? Was, wenn alle Bewerber in diesem Hotel nächtigen mussten? Das habe ich mich auch gefragt und herausgefunden, dass alle anderen Bewerber in schönen ungemusterten Betten schlafen durften.

sexistisches assoziatives Muster beschreibt. Schein hat in zahlreichen Experimenten gezeigt, dass wir »Führung« vor allem mit »Mann« assoziieren und dies letztendlich dazu führt, dass Bewerbungen von Frauen nicht beachtet werden. Wenn wir den Erwartungen einer Bewerbungskommission nicht entsprechen, müssen wir doppelt so gut sein wie diejenigen, die üblicherweise den Job machen. Ich betrachte dies, ebenso wie viele Frauen, als Herausforderung und kontere mit meinem Lieblingsvers von Brecht: »Was aus mir noch wird, das werden wir ja sehen!« Als Opfer von Diskriminierung habe ich wie viele andere niemals meinen naiven Glauben an eine gerechte Welt verloren – ohne ihn müsste man ja damit aufhören, das zu tun, was einem Spaß macht. Und die International University Bremen hat mir schließlich ja auch den ersehnten Ruf erteilt – als privatwirtschaftliches Unternehmen konnte sie sich offensichtlich Urteilsfehler weniger leisten als eine staatliche Universität.[21] Ist sie nicht gerecht, diese Welt?

Meine Beispiele handeln jetzt, wie Sie sicherlich gemerkt haben, nicht mehr nur von Wahrnehmungsverzerrungen aufgrund von Stereotypen, sondern beschreiben Verhaltensweisen, die durch stereotype Vorstellungen geleitet werden. Wenn Stereotype aktiviert sind, nehmen Menschen andere nicht nur anders wahr, sondern sie verhalten sich auch anders, wenn sie an eine bestimmte Gruppe denken. Kann aber auch Priming unbewusste Verhaltensweisen auslösen? Ja, es kann.

Out of your mind

Und jetzt wird es gruselig. Folgendes passierte. Tatort: New York University, im Jahre 1995. In John Barghs Labors stand ein Tisch, und darauf lag ein Hefter mit Anweisungen und verschiedenen Worträtseln, die zu lösen waren. Einige der Worträtsel enthielten

---

[21] Es ist übrigens noch nie eine Mutter einer Studentin bei mir aufgelaufen und hat mich nach der tollen Lipgloss-Marke gefragt, die ich bei Konzerten trage.

Wörter, die zum amerikanischen Altenstereotyp gehören, wie »besorgt«, »Florida«, »alt«, »einsam«, »grau«, »eigensinnig«, »weise«, »hilflos« etc. Eine andere Version beinhaltete ähnliche Worträtsel, die jedoch Wörter enthielten, die nicht mit alten Menschen zusammenhängen, wie »durstig«, »sauber«, »privat« etc. Am Experiment nahmen Psychologiestudenten teil, die gerade eine Einführung in Psychologie gehört hatten, abgesehen davon solche Experimente aber nicht kannten. Die Versuchsteilnehmer wurden nach dem Zufallsprinzip den beiden Versuchsbedingungen zugeordnet. Nachdem sie die Rätsel gelöst hatten, dankte ihnen der Versuchsleiter für ihre Mitarbeit, erklärte noch einmal freundlich, wo der Fahrstuhl ist, und entließ sie. Vor der Tür saß ein weiterer, als Student getarnter Versuchsleiter auf einem Stuhl; er sah aus wie ein Student, der auf einen Termin bei einem Dozenten wartet. Er hatte eine Stoppuhr in der Tasche und wusste nicht, ob die Versuchsperson vorher altersbezogene oder neutrale Wörter bearbeitet hatte. Für die Versuchspersonen unmerklich stoppte er die Zeit, die sie jeweils brauchten, um von der Tür des Labors zum Fahrstuhl zu gelangen. Für die insgesamt 9,75 Meter brauchten die Versuchspersonen durchschnittlich 7,30 Sekunden. Dies galt allerdings nur dann, wenn sie neutrale Wörter bearbeitet hatten. Hatten sie Wörter bearbeitet, die mit dem Altenstereotyp zu tun hatten, benötigten sie fast eine Sekunde länger. Das Altenstereotyp hatte offensichtlich spontan zu langsamerem Gehen geführt. Ich brauche wohl kaum zu erwähnen, dass die Versuchspersonen nichts von diesem Priming gemerkt und auch nicht den Eindruck hatten, davon beeinflusst worden zu sein. Und vergleichbar mit dem Experiment von Patricia Devine, tauchte das Wort »langsam« selbst in den Rätseln nicht auf. Allein das Netzwerk, das wir zu der Gruppe der Alten mit seinen vielen Assoziationen abgespeichert haben, hat offensichtlich die Gehgeschwindigkeit der Versuchspersonen verlangsamt. Langsam zu gehen ist natürlich keine Diskriminierung, jedoch finden wir hier durch eine einfache Stereotypenaktivierung eine eingeschränkte Verhaltensweise vor: Wenn wir an alte Menschen denken, gehen wir langsamer, und dieser Prozess ist unbewusst.

Ähnliches passiert auch bei anderen Stereotypen. Erinnern wir uns: Weiße Amerikaner halten schwarze Amerikaner für aggressiv. Wie ändert sich nun das Verhalten weißer amerikanischer Versuchsteilnehmer, wenn ich diese an schwarze Amerikaner erinnere, oder, besser noch, subliminal das Schwarzenstereotyp aktiviere? Sie ahnen es sicher und – ja, ein Experiment belegt diesen sehr unschönen Effekt –, sie werden aggressiver im Vergleich zu weißen Amerikanern, die mit Weißen geprimet wurden. Genauer gesagt präsentierten John Bargh und seine Kollegen weißen Amerikanern subliminal Fotos von schwarzen oder von weißen Amerikanern. Die Fotos werden so kurz gezeigt, dass man sie nicht bewusst erkennen kann, diese aber dennoch unseren Wahrnehmungsapparat erreichen. Die Versuchspersonen sollten dann eine schrecklich langweilige Aufgabe am Computer bearbeiten. Man präsentierte ihnen immer wieder unterschiedliche Mengen von Kugeln am Bildschirm, und sie mussten entscheiden, ob es sich dabei um eine ungerade oder gerade Anzahl handelte. Ich sage Ihnen, die Aufgabe ist absolut ätzend, vor allem, wenn Sie sie zum hundertsten Mal gemacht haben. Nach dem 130sten Mal flimmerte dann eine Fehlermeldung über den Bildschirm; er wurde schwarz, und es erschien das Zeichen: ****Daten nicht gesichert****. Versuchen Sie sich in die Situation der Versuchperson zu versetzen: Sie haben hart an dieser blöden Aufgabe gearbeitet und dann so etwas. Der Versuchsleiter kommt Ihnen zu Hilfe, drückt eine Taste und auf dem Bildschirm erscheint die unausweichliche Hiobsbotschaft: »Sie müssen das Ganze wiederholen!« Der Versuchsleiter schaut etwas bedröppelt drein und sagt dann: »Sie müssen das Experiment bitte von vorne machen!« Wie würden Sie reagieren? Noch einmal von vorne beginnen?

Die amerikanischen Studenten waren sichtlich genervt. Was sie nicht wussten: Ihr Gesichtsausdruck beim Erhalt der Nachricht wurde gefilmt, und die Versuchsleiter sollten angeben, wie aggressiv die Versuchsteilnehmer gewirkt hatten, ohne dass sie wussten, welche Fotos den Versuchspersonen gezeigt worden waren. Die

Ergebnisse waren eindeutig. Versuchspersonen, auf deren Computer während der Bearbeitung der Aufgabe Gesichter von Schwarzen subliminal eingeblendet waren, reagierten aggressiver als Versuchspersonen, denen man Gesichter von Weißen gezeigt hatte. Das Stereotyp »Schwarze sind aggressiv« hatte sich offensichtlich direkt in das Verhalten der Versuchspersonen übersetzt.

Bargh argumentiert, dass wir denken, um zu handeln. Und sobald wir etwas denken, steigt die Wahrscheinlichkeit, dass wir uns dementsprechend verhalten. Unser Gedächtnis dient auch der Vorbereitung von Verhaltensweisen. Und damit wir nicht immer bewusst entscheiden müssen, wie wir handeln, helfen uns unsere (teilweise unbewussten) Gedanken und unsere Wahrnehmung in Bezug auf bestimmte Dinge, uns direkt entsprechend zu verhalten. Wolfgang Prinz nimmt sogar einen gemeinsamen Gedächtniscode für Vorstellungen und Motorik an; sie seien direkt miteinander verschmolzen. Dies ermöglicht eine automatische Übersetzung vom Denken ins Handeln.

Mir erschien dies immer sinnvoll. Dasselbe Prinzip trifft ja auch dann zu, wenn es mal nicht um Stereotype geht. Meine verschrobene Oma zum Beispiel musste sicher nicht mehr darüber nachdenken, Rolltreppengeländer zu meiden, sie hatte das so eingeübt, dass sie es automatisch machte, sobald sie sich auf einer solchen »Virenschleuder« befand.

Ein weiteres Beispiel: Ich selbst denke nicht bewusst darüber nach, leise zu sein, wenn ich in eine Bücherei gehe – ich bin es einfach. Dies ist freilich nicht bei allen so. Es fällt mir auf, dass Kinder sich heutzutage häufig sehr laut in Büchereien benehmen, vermutlich weil es die Eltern als pädagogischen Befreiungsschlag ansehen, wenn ihre Kinder die Stimmbänder überall trainieren dürfen. Dies verweist darauf, dass solche Automatismen nicht angeboren sind, sondern großenteils erlernt werden. Dem Kind, das nicht lernt, andere nicht zu stören, fehlt die Assoziation »Bücherei = leise«, und es wird sich anstrengen müssen, sich sozial zu verhalten, wenn man es irgendwann einmal darauf hinweist. Kurz gesagt, es hat viele Vorteile, sich automatisch so zu verhalten, wie es die Situation vorschreibt, denn man erspart sich das Nachdenken über das richtige Verhalten.

Diese Auswirkungen der automatischen Aktivierung von Stereotypen scheinen zuerst einmal nützlich zu sein. Sie ersparen uns Zeit, sie erhöhen unsere Sensibilität für passende Informationen und erleichtern damit effektives Verhalten. Sie können, wie jüngere Forschung zeigt, sogar unsere Leistung verbessern.

Mal was Positives:
Wie der unbewusste andere uns beflügelt

Ap Dijksterhuis macht häufig Experimente, die so witzig sind, dass man darüber schmunzeln muss, auch wenn er der Sozialpsychologie in Bezug auf die Erklärung solcher Effekte einige Rätsel aufgibt.

In einem Experiment, das er zusammen mit Ad van Knippenberg durchführte, bat er seine niederländischen Versuchspersonen, sich für fünf Minuten in die Rolle eines Professors hineinzuversetzen. Andere Versuchspersonen sollten sich in die Rolle einer Sekretärin versetzen. Außerdem gab es eine Kontrollgruppe, die sich gar nichts vorstellen sollte. Darauf folgte eine zweite Aufgabe – Sie sehen auch hier wieder dieselbe Logik: Es gibt eine erste Phase, die Primingphase, und dann eine zweite so genannte Testphase, in der irgendetwas (Schnelligkeit, Aggression, Beurteilungen etc.) gemessen wird. In diesem Experiment wurde gemessen, wie gut die Versuchspersonen Trivial-Pursuit-Fragen lösen konnten. Sie kennen sicherlich dieses Spiel: Man stellt Ihnen Fragen wie »Wer schrieb das Tagebuch der Anne Frank?« Und Sie hoffen ständig, dass Ihnen gelegentlich so eine Frage unterkommt und nicht etwa: »Wer richtete die Fußball-Weltmeisterschaft im Jahre 1990 aus?«

In dem oben beschriebenen Experiment wurden recht schwierige Fragen verwendet. Mit dem Ergebnis: Wenn die Leute vorher an einen Professor gedacht hatten, lösten sie dieselben Aufgaben besser als diejenigen, die vorher an nichts oder an eine

Sekretärin gedacht hatten. Die Sekretärinnengruppe unterschied sich im Übrigen nicht von der Kontrollgruppe, die an gar nichts Bestimmtes gedacht hatte. In einem weiteren Experiment konnte gezeigt werden, dass Personen, die an einen Hooligan gedacht hatten, weniger Fragen richtig lösten.

Wie lassen sich diese Ergebnisse erklären? Auch uns Sozialpsychologen fällt das nicht leicht – ehrlich gesagt, wir streiten uns viel darüber. Sicherlich ist es nicht so, dass das Denken an einen Professor dazu führt, dass man plötzlich mehr Wissen im Kopf hat. Woher sollte das denn kommen? Es tut sich ja nicht plötzlich der Himmel auf und regnet Antworten! Und genauso wenig sterben in Sekundenschnelle Hirnzellen ab, sobald wir an Hooligans oder dumme Menschen denken. Wahrscheinlicher ist, dass das Netzwerk »Professor« mit hoher Motivation in intellektuellen Aufgabenbereichen assoziiert ist und die Leute stärker und konzentrierter versuchen, die richtige Lösung zu finden. »Sekretärin« ist vermutlich mit einer mittleren Motivation und »Hooligan« vor allem mit Rumhängen, »null Bock« und dergleichen assoziiert, was automatisch zu einer geringeren Motivation führen könnte, die Aufgabe richtig zu lösen. Wir strengen uns also weniger an, wenn wir »null Bock« im Kopf haben, und geben uns mehr Mühe, wenn wir an Anstrengung und Leistung denken.[22]

Ähnliche Untersuchungen habe ich in Würzburg mit einer Gruppe von Kollegen durchgeführt. Bei mir sollten Versuchspersonen für eine gewisse Zeit an einen Ingenieur oder an einen Punk denken, und ich war daran interessiert, wie sich dies auf ihre Kreativität auswirken würde. Denken Sie an diese beiden Gruppen von Menschen, Punks und Ingenieure – welche ist Ihrer Meinung nach kreativer? In einem Vortest befragten wir unsere Versuchspersonen danach, und sie bewerteten beide Personengruppen als gleicher-

---

[22] Dies spräche dafür, den Begriff der Elite in Deutschland wieder vorurteilsfrei einzuführen, damit er sich positiv auf das intellektuelle Klima auswirken kann. Leider ist Elite in Deutschland immer noch mit Arroganz, Snobismus und Reichtum assoziiert. Wenn aber aus der »Elite des Geldes« eine »Elite des Könnens« würde, dann müsste sich dies positiv auswirken.

maßen kreativ. Bei der Frage: Wer zeigt abweichendes Verhalten?, wurde dies jedoch eher dem Punk zugeschrieben. Kreativität benötigt abweichende Lösungswege, dies zeigt Forschung. In einem anderen Experiment sollten sich Versuchspersonen in unseren Labors beispielsweise möglichst kreative Verwendungsmöglichkeiten für einen Ziegelstein überlegen. Manche waren dabei sehr kreativ und kamen auf Ideen wie: »Ich zermahle den Stein und benutze ihn als Make-up für Karneval.« Ein Proband, der eine solche Antwort gibt, hat dabei offensichtlich viele abwegige Assoziationen einbezogen, bis er bei der Lösung angekommen ist. Von »Stein« über »zermahlen« und »mit Wasser vermengen« bis hin zum »Karneval« hat er viele assoziative Netzwerke durchschritten, die zunächst einmal nicht miteinander zusammenhängen.

Dachten die Versuchspersonen dagegen an »Ingenieur«, verbanden sie damit einen Beruf, der ein relativ geregeltes Leben bedeutet, und wendeten bei oben genannter Fragestellung eine konventionelle Lösungsstrategie an: Sie suchten in ihrem Gedächtnis nach den Wegen der Problemlösung, die schon immer funktioniert haben. Denkt eine Person aber an »Punk« und damit an unkonventionelleres Verhalten, so wird sie vermutlich eher gedankliche Wege einschlagen, die vom Herkömmlichen abweichen, und gerade dies sollte kreatives Denken beflügeln. Wie erwartet, fanden wir heraus, dass Leute, die mit »Punk« geprimet waren, fast doppelt so gut in der Kreativitätsaufgabe abschnitten wie diejenigen, die mit »Ingenieur« geprimet waren.

Dies sind nur wenige Beispiele aus Dutzenden von Primingexperimenten, die mittlerweile unsere Disziplin bevölkern. Eine Frage, die sich hier unweigerlich stellt, ist die nach dem Wesen des Menschen. Wo sind die Grenzen für so viel Unbewusstes? Gibt es sie überhaupt? Sind wir Roboter, die tun, was wir gerade aktiviert haben? Oder schlimmer noch, tun wir, was jemand bei uns gerade eben aktiviert hat? Fangen wir automatisch an, zu sabbern oder zu bellen, wenn wir etwas über Hunde lesen? Oder fangen an, nach Herzenslust zu jodeln, wenn wir an einem Volksmusikplakat vorbeigehen?

Grenzen der Robotik

So einfach ist es dann doch nicht. In den sechziger Jahren behauptete James Vicary, der Leiter einer Werbefirma, in einem Kino einmal quasi subliminal Werbung eingeblendet zu haben, so etwas wie »Esst Popcorn« und »Trinkt Cola«. Und er behauptete, die Leute wären aufgestanden und hätten automatisch diese Produkte gekauft. Die Idee an sich war ja nicht schlecht, aber leider hatte Vicary diese Untersuchung nie so durchgeführt. Und als das dann aufflog, rührte jahrelang kaum jemand das Thema an. Es gab einige Berichte über Experimente, die behaupteten, dass diese Art der Beeinflussung schlichtweg nicht klappt. So wie ich diesen Berichten glaube, weiß ich aber auch, dass die Effekte, die ich oben beschrieben habe, funktionieren; viele von ihnen habe ich in meinen Labors tatsächlich nachstellen können.

Warum also fallen die Ergebnisse der Untersuchungen so unterschiedlich aus? Wir nehmen an, dass Primingeffekte einen generellen psychologischen Prozess widerspiegeln, der in vielen Situationen funktioniert, aber nicht in allen und nicht unter jeder Bedingung. Priming funktioniert nur dann, wenn wir kein wichtigeres Ziel im Kopf haben. Wenn Sie einen Film sehen wollen, dann stehen Sie nicht einfach auf und kommen laut raschelnd und damit alle anderen störend mit einer braunen Limonade und einer Tüte voll von fettigem Popcorn zurück. Selbst *wenn* das subliminal präsentierte Getränk bei Ihnen Durst auslöst, würden Sie vermutlich sitzen bleiben.

Neuere Studien zeigen dementsprechend, dass eine subliminale Einblendung von Getränken im Film tatsächlich einen Einfluss auf den Durst hat. Joel und Grant Cooper ließen Studenten eine Zeichentrickserie (*Die Simpsons*) anschauen, in der zwischendrin nicht sichtbare Bilder von Coladosen eingeblendet wurden. Die Autoren fragten die Versuchspersonen, wie durstig sie vor und nach der Sendung waren. Und tatsächlich hatten die Versuchspersonen nach dem Film stärkeren Durst als vor der Sendung. Bei einer Kontrollgruppe, die die Sendung ohne die eingeblendeten

Limonadendosen sahen, veränderte sich das Durstgefühl nicht. Sprich: Man kann Durst bekommen, wenn man mit Getränken konfrontiert wird, aber man muss nicht sofort aufspringen, um sich das Getränk zu besorgen.

Wir sitzen ja oft im Kino und unterdrücken unsere Bedürfnisse. Mein Papa ermahnte mich vor jedem Film; er wollte weder, dass ich jemanden durch das Holen einer Cola störte noch dass ich etwas von dem teuren Film verpasste. Ostwestfalenkinder gingen damals wenig ins Kino und tranken auch wenig braune Limonade, weil beides zu teuer war und im Verdacht stand, den Charakter eines jungen Menschen zu verderben. Während meiner Kindheit war ich exakt zweimal im Kino, und beide Male war es eine Kinoversion von *Schweinchen Dick*, die ich mir erquengelte. Ich schwärmte damals so sehr für diese Zeichentrickserie, dass man mir diesen Wunsch einfach nicht abschlagen konnte – ich *musste* die Leinwandfilme sehen, unbedingt. Weil *Schweinchen Dick* so unendlich wichtig für mich war, war es mir ein Leichtes, meine Bedürfnisse zu unterdrücken – und so geht es sicherlich auch vielen anderen Schweinchen-Dick-Fans in aller Welt. Man kann noch so viel Durst haben, aber man kann dieses Bedürfnis bis zum Letzten ignorieren, wenn man eben unbedingt *Schweinchen Dick* sehen will. Aber auch etwas anderes hat mich davon abgehalten, mir eine Cola zu kaufen: soziale Normen. Im Kino steht man nicht während des Films auf und belästigt dadurch die anderen Zuschauer. Lieber verschrumpelt man. Die Studien der Coopers sind also ein wichtiger Baustein für die Forschung, denn sie machen klar, dass Priming unsere Bedürfnislage (hier Durst) beeinflussen kann, ohne dass es unmittelbar ein entsprechendes Verhalten auslöst, wenn wir ein anderes, wichtigeres Ziel verfolgen.[23]

---

[23] Mein Papa ist übrigens Weltmeister im Unterdrücken von Bedürfnissen. Als er mal nach New York flog, um mich zu besuchen, trank er acht Stunden lang keinen Tropfen, weil er am Fenster saß und die Leute neben ihm nicht nötigen wollte aufzustehen. Leuten nicht auf die Nerven zu gehen, ist ihm so wichtig, dass er lieber verdurstet. Vermutlich hat er dieses Bedürfnis in Ostwestfalen so gelernt. Die Fluggesellschaften sollten fairerweise Rabatte für Reisende aus diesem Landstrich in Erwägung ziehen.

Kürzlich zeigte ein Experiment von Joe Cesario und seinen Kollegen, welche wichtige Rolle soziale Ziele für diese unbewussten Einflüsse spielen. Die Autoren behaupten, dass wir uns automatisch verhalten, um soziale Interaktionen vorzubereiten. Weil wir soziale Tiere sind, sind wir besonders darauf bedacht, das zu tun, was das Gespräch oder die Interaktion mit Leuten erleichtert. Zu anderen dazuzugehören und sich mit ihnen auszutauschen sind wichtige menschliche Ziele; manche Forscher sprechen gar von einem Grundbedürfnis, zu jemandem dazuzugehören, das genauso wichtig ist wie essen, trinken, Sex, schlafen und zur Toilette gehen.

Cesario wiederholte Barghs Experiment zum Altenstereotyp. Er stellte das Experiment im Jahre 2004 haargenau in den Labors der Columbia University in New York nach, primete in einer Versuchsgruppe das Altenstereotyp mit Begriffen wie »Florida« und »grau« (ohne dabei wie John Bargh »Langsamkeit« zu erwähnen) und primete in einer anderen Versuchsgruppe Wörter, die nichts mit Alten zu tun hatten. Dann wurde gemessen, wie lange die Versuchpersonen für eine gewisse Strecke brauchten. Der einzige Unterschied zu der Vorgängerstudie bestand darin, dass sie zusätzlich testeten, wie sehr die Versuchspersonen alte Menschen mochten. Wenn wir ein Bedürfnis haben, mit Menschen zu kommunizieren, so wäre es unsinnig zu behaupten, wir wollten dies mit allen tun. Wir reden mit den Menschen, die wir mögen. Und wenn das Bedürfnis nach Zugehörigkeit und Kommunikation so wichtig für uns ist, könnte es sein, dass wir uns bewusst wie unbewusst vor allem von denen beeinflussen lassen, die wir mögen.

Das lässt sich Tag für Tag aufs Neue beobachten. Wenn mich eine freundliche Werbedame in einem Kaufhaus fragt, ob ich ihren Käse probieren will, dann verlangsame ich die Geschwindigkeit meiner Einkaufskarre und frage sie nach Einzelheiten über das Produkt. Wenn ich Mitleid mit einem Bettler auf der Straße habe, werde ich langsamer und höre ihm zu. Beim Priming könnte Ähnliches passieren. Man stellt sich eine alte Person vor und verlangsamt dabei unbewusst den Schritt; das langsame Gehen ist die unbewusste Vorbereitung auf ein mögliches Gespräch. Und was passiert, wenn Sie den Bettler als lästig empfinden? Sie beschleunigen Ihren Schritt. Und wenn Käse für Sie nichts weiter ist als verschimmelte Milch? Dann legen Sie mit ihrem Einkaufswagen einen Zahn zu. Bloß weg von den vergammelten Stinkern!

Für das Experiment bedeutete das, dass Versuchspersonen, die Alte mochten, langsamer gingen. Diejenigen jedoch, die Alte nicht mochten, sollten, sobald sie an Alte erinnert werden, schneller gehen. Und tatsächlich: Im Experiment trat die Verlangsamung nach Altenpriming vor allem bei denen ein, die Alte mochten; diejenigen, die Alte nicht mochten, beschleunigten ihren Schritt im Vergleich zu der Kontrollgruppe, die nicht mit Alten geprimet war! In welcher Beziehung wir zu einer Gruppe stehen, entscheidet also, ob wir ihr folgen oder sie meiden. Beide Prozesse laufen jedoch unbewusst ab.

Man kann auch sagen: Wir imitieren anderer Leute Verhalten teilweise unbewusst, um ihnen näher zu sein. Kai Epstude und ich kamen kürzlich auf die Idee, dass wir demzufolge eher Verhalten von Leuten imitieren, denen wir nahe sind, die zu unserer eigenen Gruppe gehören. Wir saßen müde in einem Frühstückslokal in Bremen und beobachteten die Leute: Hier zog ein Ehemann seine Frau hinter sich her, da saß ein beleidigter Schwuler vor einem fettreduzierten Milchkaffee. Kai nörgelte wieder am Westfrühstück rum, weil hier angeblich die Petersilie immer an derselben Stelle liegt. Er findet so etwas lieblos. Im Osten hätten sie generell bessere Frühstückseinfälle und wären nicht so teuer, und überhaupt wäre dort alles, na, liebvoller eben. Und überhaupt: Krause Petersilie! So'n Westfraß.

Irgendwann mussten wir schmunzeln. Eine ältere Dame, der ganz offenbar die Einsamkeit ins Gesicht geschrieben stand, betrat das Café, das eher stylish ist, und war sichtlich verunsichert. Sie schaute auf die Karte, rückte ihren Hut zurecht, sah sich um, sah vor allem junge Leute, rückte wieder ihren Hut zurecht, die Bluse, bürstete mit der Innenkante ihrer Hand ein paar Haare vom Revers. Leicht hektische Blicke. Sie wollte schon gehen, als die mäßig freundliche Kellnerin kam: »Was soll's denn sein?« Die Dame nahm sich zusammen – was soll denn schon dabei sein, hier etwas zu trinken! –, erblickte aus dem Augenwinkel eine andere ältere Dame, die einen Fotobildband durchblätterte und einen Capuccino trank: »Einen Capuccino!« Und als die Kellnerin sich umdrehte, rief sie noch nach: »Und auch so drei kleine Kekse, bitte.«

Während mich das zunächst sehr anrührte – ich kann die Vorstellung von Einsamkeit im Alter nicht gut ertragen –, sah Kai die Angelegenheit schon mit den Augen des Psychologen. Er machte mich darauf aufmerksam, dass die Frau offensichtlich das Verhalten der Person imitierte, die zu ihrer Gruppe gehörte. Das ist nichts Ungewöhnliches, wenn es bewusst passiert, aber tun wir es auch unbewusst? Imitieren wir unbewusst das Verhalten derjenigen Gruppe, der wir zugehören?[24] Das Rührei wurde kalt, der Sahnemeerrettich lief den mit Antibiotika aufgeschwemmten Lachs runter, und wir entwickelten noch in der nächsten Stunde ein Experiment, das wir mittlerweile auch durchgeführt haben.

Wir baten Versuchspersonen, Karten so zu sortieren, wie sie Lust hätten. Im Prinzip waren diese Karten jedoch nur nach zwei Krite-

---

[24] Guten Tag, ich bin die alte Frau, von der da oben die Rede ist. Ich bin weder einsam noch ängstlich. So ein Blödsinn. Ich bin eine Geschäftsfrau, habe ein Handelskontor und habe heute morgen meinen 40 Jahre jüngeren Lover zum Teufel geschickt. Der hat mir eine Szene gemacht und das gesamte Geschirr samt Espressomaschine zerschlagen. Ich muss einen Kaffee trinken, bevor ich ins Geschäft gehe, sonst wird mir übel. Ich gehe selten in Cafés, ich finde das so omahaft und absurd. Ich kann überhaupt nicht verstehen, warum diese jungen Leute hier rumsitzen. Haben die denn nichts anderes zu tun? Mich ekeln diese Stressfreien an. Vermutlich ist der Kaffee hier, wie überall in Deutschland, lauwarm und verfurzt. Aber weil mir sonst schlecht wird, bin ich in dieses Café, zwei Häuser weiter. Ist ja wirklich furchtbar hier. Alle haben schlechte Laune und glotzen in die Luft. Und die Musik ist so laut, damit man das blöde Gewäsch von dem noch blöderen Gegenüber bloß nicht versteht. Cool. Als ich vor einer Woche nach New York gedüst bin, saß ich im St Regis, um eine Expansion meiner Teebranche nach USA klarzumachen. Ich kann Ihnen sagen, DAS war ein Frühstück. Frische Eier, ein wunderbarer Kaffee mit Crema und Blinis mit Kaviar. Ein Xylofonist spielte leise Ska-Musik. Das ist alles so lieblos hier. Das erinnert mich irgendwie an die DDR, mit der Petersilie auf den Tellern und so. Ich trinke hier nur einen Capuccino. Und die blöde Kuh soll bloß nicht die Kekse vergessen, die brauche ich dann schon, um in die Gänge zu kommen. Ist ja furchtbar.

rien sinnvoll zu sortieren – nach Farbe oder nach Form. Auf jeweils vier Karten war nämlich ein Stern, auf vier anderen ein Karo, auf vier weiteren ein Kreis und auf vieren ein Quadrat zu sehen. Diese Formen waren entweder gelb, rot, blau oder grün. Die Karten lagen vor den Versuchspersonen auf dem Tisch, und wir baten sie, sich vorher am Computer kurz anzuschauen, wie andere Versuchspersonen diese Aufgabe gelöst hatten. Sie bekamen drei Fotos am Bildschirm gezeigt, auf denen Versuchspersonen die Fotos angeblich nach Farben, und drei Fotos, auf denen sie sie angeblich nach Formen sortiert hatten. Die Bilder gaben also keine bestimmte Richtung vor, nach denen man die Karten sortieren sollte.

Wir hatten uns folgenden Trick ausgedacht: Kurz vor der Präsentation der Beispielfotos blendeten wir subliminal verschiedene Gruppennamen ein: entweder das Wort »konkav« oder das Wort »konvex«. Wir hatten die Begriffe im Experiment zu Gruppennamen gemacht, indem wir die Versuchspersonen zuvor einen psychologischen Test hatten ausfüllen lassen, dessen Ergebnis ihnen sofort präsentiert wurde: Der einen Hälfte teilten wir mit, sie hätte eine konvexe, der anderen Hälfte, sie hätte eine konkave Persönlichkeitsstruktur. Diese Persönlichkeitseigenschaften gibt es eigentlich nicht, wir verwendeten sie aber, um auf der Stelle zwei Gruppen zu bilden. Diejenigen, die ein konkaves Testergebnis hatten, gehörten somit zu der Gruppe der Konkaven, und diejenigen, die ein konvexes Ergebnis hatten, zu der Gruppe der Konvexen. Wir blendeten die Gruppenzugehörigkeiten bei der Hälfte der Versuchspersonen so ein, dass die Eigengruppe jedes Mal vor den Farbsortierungen und die Fremdgruppe jedes Mal vor den Formsortierungen blinkte. Bei der anderen Hälfte machten wir es umgekehrt: Hier war die Fremdgruppe vor den nach Farbe sortierten Beispielfotos eingeblendet und die Eigengruppe vor den Beispielfotos, die nach Formen sortiert worden waren. Mit anderen Worten: Entweder war die Eigengruppe mit dem Vorschlag assoziiert, nach Farben zu sortieren oder die Fremdgruppe.

Wir registrierten dann, wie häufig die Versuchspersonen nach Farben oder Formen sortierten, und fanden heraus, dass sich die

Versuchspersonen nach den Beispielen der Eigengruppe richteten. Zum Beispiel sortierten Versuchspersonen mit konkavem Testergebnis nach Farbe, wenn vor den nach Farbe sortierten Beispielfotos »konkav« eingeblendet wurde und wenn vor den Formensortierungen »konvex« eingeblendet worden war. Wohlgemerkt, wir sagten nicht: »Schau, liebe Versuchsperson, die Leute deiner Gruppe sortieren nach Farben, also wie wär's denn?« Sondern wir blendeten die Wörter »konkav« und »konvex« für die Dauer weniger Millisekunden ein, so dass sie nicht gesehen werden konnten.

Offensichtlich imitieren wir Menschen automatisch Verhalten, jedoch vor allem das von Menschen, die wir mögen oder zu deren Gruppe wir uns zählen. Das ist ein unheimlich intelligenter Automatismus, wenn man mal darüber nachdenkt: Ich lerne etwas ohne große Anstrengung, aber ich lerne nicht alles, was mir vor die Füße fällt. Beispielsweise erhebe ich nicht die Hand zum Hitlergruß, wenn mir ein Nazi auf der Straße begegnet, sondern ich imitiere das, was meine Gruppe tut, was meine Gruppe offensichtlich mag. Dies führt wiederum unmittelbar dazu, dass die Gruppe mich mag, denn wie andere Experimente zum Beispiel von Tanya Chartrand zeigen, gefallen wir Leuten besser, wenn wir sie imitieren. Das mag Ihnen vielleicht etwas bizarr vorkommen, vor allem weil wir ja eigentlich etwas Besonderes sein wollen und es gar nicht so lustig finden, dass wir sozusagen mit dem Strom schwimmen und dies dann auch noch gut ankommt. Aber das, was uns vertraut ist, was wir kennen und was alle aus unserer Gruppe oder Kultur tun, gefällt uns erst einmal unmittelbar. Macht uns dieses Priming also zu Mitläufern, wenn wir, wie unsere Experimente zeigen, tatsächlich das Verhalten der Gruppenmitglieder unbewusst nachahmen, nachdem wir uns einer Gruppe angeschlossen haben?

Unser Forschungsergebnis besagt nicht, dass wir überhaupt keine Wahlfreiheit hätten, im Gegenteil, es verlagert den Zeitpunkt der Wahl. Wir haben die freie Wahl, welcher Gruppe wir angehören wollen. Hier sollten wir gut aufpassen und nicht einfach auf jeden Zug aufspringen – denn wenn wir uns erst mal zugehörig fühlen, dann werden wir imitieren, werden dadurch mehr gemocht, mögen dadurch die Gruppe lieber – und es entsteht eine Spirale der gegenseitigen Zuneigung. Das ist gut, wenn man die richtige Gruppe gefunden hat, aber schlecht, wenn man eine falsche Wahl getroffen hat.

Ich verstehe durch diese Forschungsergebnisse besser, warum sich manche Gruppen bis zur Selbstaufgabe treu sind. Ein Mädchen mag sich in eine total überschminkte Boygroup verlieben und alles nachahmen, was die Boygroup-Mitglieder tun, bis hin zur Schminke. Ein geschiedener Mann mag sich in einer Sekte aufgehoben fühlen und dann schnell und teilweise automatisch lernen, was die Leute dort tun: bewusstseinserweiternde Drogen nehmen, kleine schwarze Hunde kreuzigen, an Ufos oder das Ende der Welt am 12. 12. glauben. Und sich schließlich zusammen mit allen anderen Gruppenmitgliedern am 12.12. das Leben nehmen. Solche Fälle von Massenselbstmorden und -hysterien hat es gegeben, und es gibt sie immer wieder. Ein Schwabe mag nach Ostwestfalen ziehen, sich in seine Nachbarin verlieben und plötzlich seine Samstage damit verbringen, die Rasenkanten mit der Nagelschere zu schneiden (das ist sauberer als Rasenkantenschneider, sagt man[25]). Oder unschuldige Maulwürfe töten. Wenn man sich das bewusst macht, bekommt man wirklich das Gruseln. Man muss sich die Leute, zu denen man gehören will, gut aussuchen!

Insgesamt zeigen unsere Befunde, dass unbewusstes Verhaltenspriming nicht funktioniert, wenn wir nicht Teil der Gruppe sind, die dieses Verhalten ausführt oder mag. Gruppenzugehörigkeit ist neben wichtigen Zielen, die wir verfolgen (etwa *Schweinchen Dick* gucken), eine weitere wichtige Bedingung dafür, wann Priming wirkt und wann nicht. Dies qualifiziert die ursprünglichen Befunde von John Bargh und Kollegen entscheidend: Ob wir uns automatisch verhalten, hängt stark davon ab, welche Ziele wir ver-

---

[25] Berichtigung: Seit Sommer 2006 werden in Ostwestfalen exzessiv die Rasenkantenschneider mit Verbrennungsdüse erprobt. Herr Kampschneider aus meinem Elternhaus hat damit allerdings die an das Unkraut grenzenden Buschrosen verbrannt. Das ideale Gerät für eine saubere Rasenkante wurde immer noch nicht erfunden. Hier bedarf es noch einiger Forschung.

folgen; Stereotype erleichtern uns das Verhalten, aber sie machen uns nicht zu Robotern.

Beim Priming liegt eine Quellenverwechslung vor: Eine Aktivierung, die nichts mit der Person zu tun hat, beeinflusst Urteil und Verhalten. Jedoch aktiviert auch jeder Mensch bei sich Gruppeninformation, die unmittelbar zu Wahrnehmungsverzerrungen – vorteilhaften und unvorteilhaften – führt.

Wahrnehmungsverzerrungen als Basis für Diskriminierung

Nehmen wir zum Beispiel Orchestermusikerinnen. Ist Ihnen schon einmal aufgefallen, dass es gar nicht so viele davon gibt? Oder denken Sie doch mal an Dirigentinnen. Wie viele kennen Sie? Kennen Sie Simone Young? Als ich in New York lebte, ging ich mit meinem Freund häufig in die Met. Ich liebte damals Opern, und die Metropolitan Opera hatte die günstigen Family Seat Tickets, die wir uns gerne leisteten. Ich hatte mir ein kleines Opernglas gekauft, mit dem ich mir die größten Stars ranzoomen konnte. Bei *Cavalleria Rusticana* passierte es das erste Mal: Das Orchester erhob sich, und der Dirigent kam herein. Dirigent? Weit gefehlt, es war Simone Young. Mein Herz schlug höher. Ich war vollkommen aus dem Häuschen! Meine erste Dirigentin! Mein Herz tanzte Walzer. Ich konnte der Handlung kaum folgen, schaute immer nur durch mein kleines Fernglas auf dieses Energiebündel mit dem kräftigen Schlag.

Aber im Ernst, es war bombastisch. Das war die beste *Cavalleria*, die ich je gehört hatte, kraftvoll, teilweise martialisch, Youngs Interpretation fand dumpfe Anklänge an Strawinskys *Sacre du Printemps*, dem martialischen Stück über das Frauenopfer. Schließlich geht es in der *Cavalleria* um Sex, Gewalt und Duelle. Freunde von mir, die ebenfalls dabei waren, teilten meine Begeisterung. Wir alle fanden, so gefühlvoll hätte noch nie jemand eine Oper dirigiert. Das ergab auch mein Hobby: die Pausenspionage. Bei

Opernbesuchen schleiche ich mich gerne an Leute heran und lausche, was sie sagen. Ich habe an diesem Abend noch nie so häufig den Begriff »emotional« in so vielen Bedeutungen gehört. Manche fanden es »wunderbar sensibel«, manche »zu romantisch« oder »überladen« und andere »emotional wuchtig«. Ich habe Young später in Berlin, Sydney und Hamburg gesehen und war jedes Mal hingerissen, war jedes Mal bis in den hintersten Winkel meiner Seele gerührt. Habe geweint, bewundert, Rosen geschmissen, bewundert, mein Leben geliebt und bewundert. Und immer wieder bei meiner Pausenspionage: »emotional«. Young ist emotional. Wer könnte auch entscheiden, dass sie es nicht ist? Sie könnte einschlafen beim Dirigieren oder sie könnte eine halbe Stunde lang einen einzigen Ton spielen lassen – man würde noch sagen: »Das war kitschig.« Oder eben toll: emotional. Auf jeden Fall bedeutet »Frau« hier »Gefühl«, und allein die Tatsache, dass Young eine Frau ist, aktiviert diese Assoziation und führt zu Wahrnehmungsverzerrungen.

Das Orchester ist eine traditionell männliche Domäne, es gibt immer noch kaum Dirigentinnen, und im Orchester selbst gibt es weitaus weniger Frauen als Männer. Warum? Glaubt man dem Mainstream der Orchestermusiker, so werden Frauen eine schlechtere Technik und ein ungeeignetes Temperament unterstellt. Ist dem so? Es gibt ja Orchester, die Stellenbewerber hinter einem Paravent vorspielen lassen, ohne dass die Prüfer, meist Männer, wissen, wer sich dahinter verbirgt. Sollte so etwas nicht dazu führen, dass Vorurteile unwirksam werden?

Claudia Goldin und Cecilia Rouse untersuchten im Jahre 2000 elf große Orchester danach, ob sie ein »blindes« oder ein offenes Verfahren anwendeten, also ein solches, in dem die Prüfer die Prüflinge sahen. Und siehe da: Wenn das Vorspielen hinter einem Paravent verdeckt stattfand, verdoppelte sich die Chance der Frauen, die Stelle zu bekommen. Vermutlich nahmen die Prüfer etwaige Unebenheiten im Vorspielen eher wahr, wenn sie die Frauen sahen und voraussetzten, Frauen könnten das nicht. Dieses Beispiel verdeutlicht, wie real Diskriminierung ist und welche Kosten Wahrnehmungsverzerrungen verursachen können: Wer kann es sich schon leisten, einen schlechteren Musiker einzukaufen?

Keinen Job zu bekommen, kann eine persönliche Katastrophe bedeuten, aber die gruppenbasierten Wahrnehmungsverzerrungen haben noch schlimmere Folgen: Tony Greenwald[26] und sein Team luden Versuchspersonen zu einem Ballerspiel ein – sie sollten einen Polizeioffizier spielen und richtig reagieren, wenn eine Person am Computerbildschirm hinter einem Müllcontainer erschien. Sie hatten eine Sekunde Zeit, um zu reagieren: schießen (drücken Sie die Computermaus), ein Sicherheitssignal auslösen (drücken Sie die Leertaste) oder nichts tun (drücken Sie nichts). Wenn am Computerbildschirm ein Polizist erschien, sollte das Sicherheitssignal ausgelöst werden, wenn eine normal gekleidete Person erschien, sollte keine Taste gedrückt werden, und wenn ein bewaffneter Mann erschien, sollte geschossen werden. Wie im richtigen Leben, denn mehr als eine Sekunde bleibt Polizisten für die richtige Reaktion in solchen Situationen häufig nicht. Die am Computer gezeigten Personen hatten entweder eine weiße oder eine schwarze Hautfarbe. Das Ergebnis ist niederschmetternd: Die Versuchspersonen schossen öfter auf Schwarze, und dies auch, wenn diese gar keine Waffe in den Händen hielten. Die Studie wurde mittlerweile in anderen Labors mit leichten Veränderungen nachgestellt, und einige von ihnen zeigen, dass dieses diskriminierende Verhalten auch bei Nichtrassisten zu finden ist, wenn sie unter Zeitdruck sind. Der Effekt tritt sogar dann auf, wenn die Versuchspersonen aktiv dagegen angehen wollen. Allein das Wissen »Schwarze = kriminell« führt in diesen Studien dazu, dass Versuchspersonen am Computer Schwarze eher »erschießen«. Überträgt man solche Wahrnehmungsverzerrungen auf das wahre Leben, so wird einem schnell die Relevanz dieser unbewussten Effekte klar.

---

[26] Die Versuchsanordnung wurde von Joshua Correll und Kollegen entwickelt.

Das Gruppentier Mensch

Bisher war vor allem die Rede von Einzelpersonen und davon, wie Gruppeninformation auf sie wirkt. Ich habe dazu Forschung zusammengefasst, die sich damit beschäftigt, wie eine Person die Welt wahrnimmt, welches Wissen bei ihr aktiviert wird und welche Konsequenzen dies für Urteile und Verhalten hat. Personen sind aber auch, und das zeigen die letzten Studien, als Mitglieder von Gruppen aufzufassen und allein diese Gruppenzugehörigkeit verändert ihre Sichtweisen und ihr Verhalten, welches dann nicht selten als diskriminierend bezeichnet werden muss.

Personen identifizieren sich mit bestimmten Gruppen, was häufig unmittelbar zu einer Diskriminierung der Fremdgruppe führt. Wir sind die Guten, die anderen sind die Schlechten, und deshalb soll es uns besser gehen als den anderen. Schauen wir in die Welt: Die Katholiken haben es mit den Protestanten, die Israelis mit den Palästinensern, die Kommunisten mit den Kapitalisten, die Wessis denken, die Ossis sind Loser und zocken nur ab, und die Ossis denken, den Wessis fehlen menschliche Werte. Türken mögen die Deutschen teilweise genauso wenig wie umgekehrt. Heterosexuelle Männer denken, alle Schwulen wollen ihnen an die Wäsche, und reißen diskriminierende Witze über sie, während mein schwuler Freund Tim alle Heterosexuellen abfällig »Klappspaten« nennt: »Am Besten zusammenklappen und in die Abstellkammer stellen, dann verschandeln die hässlichen Dinger nicht die Gegend.«

Der positive und der negative Inuit – zwei Seiten von Diskriminierung

Auch wenn es nicht gerade um Mord und Totschlag geht, die *Bevorzugung der Eigengruppe* und *die Benachteiligung der Fremdgruppe* sind alltägliche Phänomene. Das ist häufig nicht dasselbe. Stellen wir uns einen freundlichen Inuit vor, der vor dem Stadtcafé Rubino einen Außendienstjob bekommt. Er steht vor dem

Betonbrunnen in der Lübbecker Fußgängerzone mit einem Eiswagen und verkauft Spaghettieis. Den Lübbecker Bürgern, die ständig vorbeikommen, gibt er immer eine gleich große Portion. Er gießt Erdbeerketchup über das nudelförmige Vanilleeis und streut Mandel-Parmesan drüber. Und dann passiert es: Nach vielen Jahren verirrt sich eine Inuitfamilie an seinen Stand. Da freut sich der Mann – würden wir es ihm verdenken, wenn er mit besonderem Schwung eine extra große Portion Eisnudeln pressen würde? Mit extra viel Mandeln und Sauce? Das wäre positive Diskriminierung. Der Verkäufer hat nichts gegen Ostwestfalen, aber er bevorzugt seine Landsleute, seine Eigengruppe.

Nun kann es aber passieren, dass die Ostwestfalen ihm eines Tages verbieten, sein Robbenfell zu tragen. Sie finden, dass es übel riecht und irgendwie nicht in die Fußgängerzone passt. Er soll es nach innen tragen, als Futter, so wie jede gute Ostwestfälin ihren Pelz nach innen trägt. Und sie sagen ihm, dass seine Frau aufhören soll, sich zu schminken. Das sei zu lasziv, sie solle sich anpassen und sich wie alle anderen nur noch mit Fettcreme einreiben (Das Make-up der Ostwestfälin bestehe seit Hunderten von Jahren aus Creme 21. Mehr tut nicht not.) Das macht den Inuit sauer. Er trocknet die kajalschwarzen Tränen seiner Gattin und sinnt auf Rache. Seit diesem Vorfall, so heißt es, finden die Lübbecker kleine Steinchen und Sand im Mandel-Parmesan der immer kleiner werdenden, lustlos geformten Portionen, bei denen die wenige Sauce nur auf einer Seite ist bzw. durch eine lieblose Geste meist auf dem roten Klinker statt in der essbaren Eisschale landet. Hihi, denkt der Inuit.

Das wäre negative Diskriminierung. Beide Formen der Diskriminierung schaffen einen Unterschied in der Behandlung von Eigen- und Fremdgruppe. Während die positive Diskriminierung eine Bevorzugung der Eigengruppe meint, ist die negative Diskriminierung eine Bestrafung der Fremdgruppe. Diese feine Unterscheidung zwischen positiver und negativer Diskriminierung ist von Amélie Mummendey aus Jena untersucht worden.[27] Sie beschäftigt sich

---

[27] Ja, im Osten Deutschlands gibt es neben angeblich liebevollerem Frühstücksdesign einige hervorragende Universitäten und internationale Größen!

schon seit einigen Jahren damit, wie Diskriminierung entsteht und was man dagegen tun kann. Aber bevor wir uns näher mit ihrer Forschung auseinandersetzen: Welche Facetten hat Diskriminierung?

Die sind alle gleich!

Zunächst einmal produziert Gruppenmitgliedschaft typische Wahrnehmungsverzerrungen. Haben Sie (falls Sie ein weißhäutiger Leser sind) nicht den Eindruck, dass alle Asiaten gleich aussehen? Oder dass sich alle Schwarzen ähnlich sehen, während wir Deutschen uns deutlich voneinander unterscheiden? Interessanterweise geht es Chinesen und Afrikanern ähnlich. Sie denken, wir sehen uns alle ähnlich. Dieser Effekt »alle anderen sind gleich« wird auch »Fremdgruppen-Homogenitätseffekt« genannt und wirkt sich auf viele Bereiche aus. Uns kommen die anderen nicht nur alle gleich vor, sondern wir denken auch, dass sie sich gleich verhalten würden und dass sie ähnliche Eigenschaften und Charakterzüge hätten. Hingegen erkennen wir in unserer Gruppe viele Unterschiedlichkeiten und Eigenheiten. Bei uns Deutschen weisen die Leute die unterschiedlichsten Intelligenz-, Leistungs-, Aggressionsgrade und Interessen auf. Aber bei Türken? Sind doch alle gleich oder zumindest ähnlich in ihren Interessen (Musik? Jallamucke/Essen? Döner, Knoblauch, Scharfes/Hobbys? Kinder, im Park rumsitzen/Eigenschaften? Kinderlieb, Machos, religiös/und Leistungen? Sozial gut, aber intellektuell nicht gerade erfolgreich).

Diese verallgemeinernde Sichtweise auf die Fremdgruppe bestätigt das bestehende Vorurteil und bekräftigt uns darin, es für bare Münze zu nehmen. Wenn ich tatsächlich keine Unterschiede zwischen den Individuen der Fremdgruppen wahrnehme, wenn ich tatsächlich alle Priester als altmodisch und weltfremd wahrnehme, egal, was sie sagen, und alle Lesben als abgebrüht und schlampig, egal, was sie tragen, dann muss sich ja mein Bild über diese Gruppen notwendigerweise verfestigen, und ich werde alle weiteren Mitglieder dieser Gruppen über einen Kamm scheren. Dann sind ja letztendlich *alle* Schwulen kreativ, und *allen* Fitnesstrainern sitzt das Hirn im Bizeps.

Dieser Effekt hat eine weitere beunruhigende Konsequenz. Nehmen Sie an, Sie werden Zeuge eines Banküberfalls, den ein Chinese begangen hat. Sie können sich ganz genau daran erinnern, dass es ein Asiate war. Dann kommt es zur Gegenüberstellung, und Sie müssen unter zehn Chinesen denjenigen auswählen, der die Bank überfallen hat. Der Homogenitätseffekt würde Ihnen das Erkennen schwierig machen. Schlimmer noch wäre folgende Situation: Das Polizeipräsidium kann gerade neben dem Verdächtigen keine neun weiteren Chinesen auftreiben und nimmt deshalb neun Deutsche. Die Gefahr einer Fehlidentifizierung ist hier extrem hoch: Wenn für Sie alle Chinesen gleich aussehen, dann kann es ja genau dieser sein, den Sie sehen: »Ja, klar, das wird er sein. Das *muss* er sein! So sah er aus!«

Solche Phänomene können in Experimenten leicht nachgestellt werden, und die Ergebnisse belegen die Hypothesen. Zum Beispiel testeten Stephanie Platz und Harmon Hosch das Gedächtnis von schwarzen, weißen und mexikanischen Kassierern in Texas. Sie schickten schwarze, weiße und mexikanisch aussehende Experimentalhelfer als Kunden getarnt in die Geschäfte und ließen sie Kleinigkeiten einkaufen. Wenn die Kassierer die Kunden später identifizieren sollten, waren alle drei Gruppen immer dann treffsicher, wenn sie ein Mitglied der eigenen Hautfarbe erkennen sollten. Die Identifikationsrate für Mitglieder anderer Hautfarben war dagegen relativ mies.

Diskriminierung beginnt also wieder einmal bereits im Stadium der Wahrnehmung. Und diese verzerrte Wahrnehmung wirkt sich auf unsere Urteile und unser Gedächtnis aus. Das Gedächtnisexperiment zeigt zudem, dass Verzerrungen entstehen, ohne dass wir es wollen. Wer will schon in einer Gedächtnisaufgabe schlecht abschneiden? Wer will schon als derjenige dastehen, der für bestimmte Leute ein besseres oder schlechteres Gedächtnis hat? Die meisten Versuchspersonen wollen uns Sozialpsychologen zeigen, wie exzellent ihr Gedächtnis ist. Doch es gelingt ihnen nicht, sie machen systematische Gedächtnisfehler. Und, mal ehrlich, diese sind sogar nachvollziehbar, oder?

Sobald Menschen einer Gruppe angehören, diskriminieren sie, bevorteilen die Eigengruppe oder benachteiligen die Fremdgruppe oder beides. Ist das so? Kann man in letzter Konsequenz sagen, dass eine Zuweisung zu einer Gruppe direkt zur Diskriminierung führt? Mir erscheint es zumindest so, denn die Tatsache, dass Gernot mich damals nicht kannte und Hochhauskinder in die Kategorie »Schmuddelkinder« packte, zeigte mir, dass eine kleine Andersartigkeit schon große Folgen haben kann. Aber Gernot hatte ja schon ein Stereotyp von seiner ostwestfälischen Familie eingehämmert bekommen, er lief ja schon mit negativen Erwartungen herum; er sagte ja selbst in seinem altklugen Deutsch: »Wir haben bei uns zu Hause eben Vorurteile gegen Hochhäuser.« Dieses Vorurteil hatte bei ihm schon eine lange Geschichte. Was aber passiert, wenn man einfach so vollkommen zufällige Gruppen schafft? Führt dies auch zu Konflikten?

Wettbewerb schafft Feinde!

In einem berühmten Experiment wiesen Muzafer Sherif und seine Kollegen Kinder eines Feriencamps zwei Gruppen zu: den Eagles oder den Rattlers. Das Experiment fand in einem Jugendcamp, dem Robbers Cave State Park in Oklahoma, statt und heißt deshalb auch »Robbers Cave«-Studie. Die Kinder wurden aus derselben Gegend zusammengesucht, und die Kinder kannten einander nicht. Sie waren sich ähnlich, was Religion (protestantisch), Intelligenz (überdurchschnittlich), Schulnoten (überdurchschnittlich), Elternhaus (zwei Eltern im Haus) und Einkommensstatus (Mittelklasse) betrifft und gingen alle in die fünfte Klasse. Man wollte auf jeden Fall ausschließen, dass in irgendeiner Weise gestörte Kinder unter den Teilnehmern waren, und mit Hilfe psychologischer Tests wurden deshalb diejenigen ausgesucht, die auf fast allen Dimensionen »normal« waren.

Die Rattlers und die Eagles wurden nun in zwei unterschiedlichen Ecken des Parks sich selbst überlassen und hatten während der ersten Tage keinen Kontakt untereinander. So konnten sich zwei Gruppen entwickeln – mit eigenen Normen, Ritualen, Führern und Rollenverteilungen. Nach einigen Tagen traten beide Gruppen in typischen Jugendwettkämpfen gegeneinander an: Baseball, Schnitzeljagd, Fußball, all das, was man in diesem Alter eben macht. Die Gewinner sollten einen Pokal erhalten und andere tolle Sachen, wie kleine Medaillen und coole Campingmesser. Schon nach dem ersten Spiel war eine anwachsende Animosität zu beobachten. Die Eagles verbrannten die Flagge der Rattlers. Die Rattlers brachen in die Blockhütten der Eagles ein und verstreuten ihre Sachen auf dem Boden. Die Gruppen beleidigten sich gegenseitig und erfanden Schimpfwörter. Und man begann, die Fäuste zu ballen. Als die Eagles den Wettbewerb gewannen, ging es erst richtig los: Die Rattlers brachen erneut in die Hütte ein und klauten die Campingmesser. Die Eagles stellten die Rattlers zur Rede. Und die Emotionen kochten so hoch, dass die Forscher die Gruppen trennen mussten, um eine Schlägerei zu verhindern. Zwei Tage später gaben sie den Kindern Fragebögen zur Bewertung der jeweils anderen Gruppe. Erwartungsgemäß beschrieben die Gruppenmitglieder ihre Eigengruppe als tapfer, tough und freundlich, während die anderen als minderwertige, primitive Klugscheißer – um es milde auszudrücken – abgestempelt wurden. Erstaunlich ist das Ergebnis aber allemal, denn schließlich waren die Kinder ja danach ausgesucht worden, dass sie sich möglichst ähnlich waren! Obwohl ihr Verhältnis unvorbelastet war – anders als etwa zwischen Israelis und Palästinensern –, begannen die spontan zusammengestellten Gruppen schon nach wenigen Tagen, sich anzufeinden und sich als gänzlich unähnlich zu empfinden! Aus normalen, anständigen Kindern waren im Nu aggressive Bengel geworden!

Psychologisch gesehen fallen hier zwei Einflussfaktoren auf: Erstens wurden zwei Gruppen geschaffen, und zweitens wurde ein starker Wettbewerb erzeugt. Wenn uns jemand die Butter vom Brot nimmt, dann reagieren wir eben aggressiv; dann wollen wir sie wiederhaben! Es gibt viele Befunde, die belegen, dass Diskriminierung steigt, sobald zwei Parteien im Wettbewerb zueinander stehen oder es in einer Situation als notwendig angesehen wird, die eigenen Bedürfnisse zu verteidigen.

Diese Angst vor »Ressourcenkonflikten« kann so weit gehen, dass, wie meine Mutter es nach dem Krieg erlebt hat, Minderheiten als Sündeböcke für wirtschaftlich knappe Zeiten herhalten müssen. Selbst für die Kartoffelkäferplage wurden die Flüchtlinge verantwortlich gemacht! Es ist die Vernunft, die in mageren Zeiten zuerst an Gewicht verliert.

Ich habe solche Ressourcenkämpfe schon in früher Jugend sehr bewusst wahrgenommen. Beim Lübbecker Bierbrunnenfest gab die ansässige Brauerei Freibier aus. Das Bierbrunnenfest war ein kulturelles Ereignis, über das wochenlang gesprochen wurde. Der frisch geputzte Kupferbrunnen (der Bierbrunnen) spritzte an diesem Jubeltag braun gefärbtes Wasser aus seiner Fontäne, dass man aus dem Staunen nicht mehr herauskam, und nebendran zapften zahlreiche Helfer gut temperiertes Freibier ab! Das Fest zog Hunderte von Durstigen aus ganz Ostwestfalen-Lippe an und wenn man einmal in diesem Schlaraffenland war, dann möchte man immer wieder hin. Das Bierbrunnenfest findet jedes Jahr am ersten Sonntag nach dem 12. August statt, dem Geburtstag des Brauereigründers, der so viel Gutes nach Lübbecke gebracht hat: das Bier. Schon morgens um elf Uhr füllten sich Trinklustige in Milchkannen und Eimern so viel Freibier ab, wie sie tragen konnten. Eimer waren sehr beliebt, auch seitens der Stadtverwaltung, weil sie beim nachfolgenden Magenentleeren die Verschmutzung der wertvollen benachbarten Rasenflächen verhinderten. Man trifft sie eben besser als die engen Milchkannen. Als Kind habe ich mir oft gewünscht, der Brunnen wäre voll von brauner Limonade, aber na ja, manche Träume erfüllen sich eben nie. Für Kinder war das Fest sowieso nicht besonders unterhaltsam, meist gab es nur ein kleines Karussell mit dusselig glotzenden Pferden. Es gab also nur zwei Möglichkeiten: sich zu Tode langweilen oder Leute beobachten. Je länger man zuschaute, umso mehr schien der Bierbrunnen einem

Hexenkessel zu gleichen. Denn jedes Jahr wieder kam im Laufe des Tages das Gerücht auf, die Menge des Bieres sei begrenzt. Und sobald dieses ins Bewusstsein der Trinkenden kam, konnte man förmlich beobachten, wie aufgrund der Angst, das Bier könnte versiegen, die Aggression stieg. Schnell taten sich Leute zu Gruppen zusammen, die das ganze Jahr über irrelevant waren. Da schrien die Blasheimer die Stockhausener an, die Nettelstedter schlugen den Isenstedtern die Plastikkannen auf den Kopf, und die Harley-Davidson-Fahrer schmähten brave Lübbecker Honoratioren, die mit ihren blank geputzen Biermaßen aus dem letzten Bayernurlaub in Ruhe feiern wollten. Allein der Wettbewerb ums Bier, das tatsächlich niemals versiegte, führte zu unappetitlichen Ausschreitungen und Prügeleien; ja, sogar von Messerstechereien wurde berichtet! In manchen Jahren waren die Ausschreitungen so heftig, dass im darauffolgenden Jahr das Fest zur Strafe nicht stattfand. Aber natürlich lebte es immer wieder auf: Wer wollte allen Ernstes auf eine so schöne Tradition verzichten! Selbstverständlich gibt es das Bierbrunnenfest auch heute noch – in etwas veränderter Form –, und ich bin froh, dem Ereignis auf diese Weise ein würdiges Denkmal setzen zu können.

Wettbewerb fördert Konflikte. Dabei spielen Statusunterschiede eine nicht unerhebliche Rolle. Besonders *die da oben* haben in Zeiten knapper Ressourcen Angst, ihren Status zu verlieren, und verteidigen ihn um jeden Preis. Und *die da unten* versuchen, sich zu wehren. Dies tun sie mit unterschiedlichen Mitteln, wie Naomi Ellemers und ihr Team zeigen konnten. *Die da oben* denken, dass sie sich ihren Status durch Fleiß, Intelligenz und Motivation erworben haben, und greifen deshalb zu Schimpfwörtern. Sie diskriminieren in Dimensionen, die in enger Beziehung zu ihrem Status stehen – sie halten *die da unten* für dumm, faul und unmotiviert, alles das, was sie nicht sind. *Die da unten*, die tatsächlich selten gegen *die da oben* in Sachen Bildung und Beruf mithalten können, wehren sich in Dimensionen, die mit diesem Status nichts zu tun haben. *Die da oben* werden als kalt, arrogant, unmoralisch, unsozial und egoistisch beschimpft. Wir beobachten diese Art der Auseinandersetzung im Moment zwischen den statushöheren Wessis und den statusniedrigeren Ossis. Beide Gruppen, *die da oben* und *die da unten,* suchen sich ihre Dimensionen zur Bewertung von Eigen- und Fremdgruppe, die sie in gutem Licht dastehen lassen. Man spricht hier von *sozialer Kreativität*, die dazu dient, der eigenen Gruppe mehr Ansehen zu verleihen, in dem man eine Dimension kreiert, auf der man besser abschneidet.

Es kommt beim Wettbewerb nicht nur auf reale Unterschiede an, also, darauf, ob tatsächlich eine Ungerechtigkeit in der Behandlung zwischen Gruppen besteht, sondern um die wahrgenommene, relative Ungerechtigkeit. Wenn ein Staat eine allgemeine prozentuale Steuerermäßigung beschließt und denkt, dass damit die Armen des Landes erst einmal zufrieden seien, weil sie ja absolut mehr Geld in der Tasche haben, dann ist dies ein gewaltiger Irrtum. Denn die Armen werden sich weiterhin – und das zu Recht – im Hintertreffen fühlen, weil sie *relativ* zu den Reichen benachteiligt werden. Diese wahrgenommene Ungleichheit kann zur Revolte von unten führen. Der Wettbewerb wird von *denen da oben* wiederum dann als besonders stark empfunden, wenn ihre Privilegien und Statussymbole bedroht sind.

Dieser Kampf um Privilegien findet auf unterschiedlichen Ebenen statt. Bis vor Kurzem stritten sich die deutschen Parteien um die Gesundheitsreform. Die Krankenkassen bestanden bis jetzt aus einem ungerechten Zweiklassensystem, und das ist auch allen klar. Die Reichen zahlen weniger in die privaten Krankenkassen und erhalten bessere Leistungen als die weniger Betuchten, die sich in einer gesetzlichen Krankenkasse versichern müssen. Trotzdem ist die Abschaffung dieser Ungerechtigkeit unheimlich schwierig, und dies vor allem, weil die Privilegierten ihre Rechte auf bevorzugte Behandlung nicht abgeben wollen. Zu denen gehöre auch ich, also Zeit, einmal die Hosen runterzulassen:

Letztes Jahr hatte ich mich in Amsterdam, im Hotel de L'Europe, ungünstig bewegt und einen Hexenschuss bekommen. Livriertes Personal stützte mich und hob mich ins Taxi, die Fluggesellschaft schenkte mir viel Freundlichkeit, Schokolade und einen Sitz in der ersten Klasse. Und in Deutschland angekommen, ließ ich mich sofort zum Arzt fahren. Wegen meiner privaten Krankenversicherung und meines Professorentitels musste ich selbstverständlich nicht eine Minute auf einen Termin warten. Noch bevor die Sprechstundenhilfe mich von meinem Mantel befreit hatte, rief eine Samtstimme: »Herr Professor, bitte.« Der Orthopäde murmelte, »Krebs ausschließen«, und es müsse eine Aufnahme gemacht werden. Ich fragte, »Wann?«, er sagte, »Frühestens in zwei Wochen«, das wären die Wartezeiten. Ich sagte, »Heute, bitte«, und ließ mich direkt zum Kernspin chauffieren. Ich kam vor allen anderen Wartenden dran – es war ein Freitag, und ich hatte am Samstag ein Konzert, »Phoenixfedern«, ein Abend über die Liebe, und bildete mir ein, ich könnte keine erotischen Lieder singen, wenn ich dabei Angst vor Krebs habe. Das Krankenhaus schickte einen Kurier zu meinem Orthopäden mit den Bildern, und die waren da, bevor ich ankam. Wieder kam ich vor allen anderen dran: »Kein Krebs, wir können mit der Mikrobehandlung anfangen.« Es wurde eine schmerzstillende und entzündungshemmende Spritze in die Bandscheibe gesetzt; einen Tag noch zwickte es, und am darauffolgenden Tag schien alles nur ein böser Traum gewesen zu sein. Das Konzert stand ich ohne Probleme durch.

Als die Gesundheitsministerin diese offensichtlich ungerechten Vorzüge von Privatpatienten abschaffen wollte (wie viele Omis mit ausgerenkten Becken und Ähnlichem hatten wegen meiner Show warten müssen!), hasste ich sie wie kaum eine andere. Es ist tatsächlich nicht leicht für einen *von da oben*, seine Privilegien aufzugeben!

In meinem Chansonprogramm »Paarhufer sind niemals allein« verarbeitete ich umgehend mein schlechtes Gewissen. In diesem Stück sitze ich als Biologieprofessor in einem Hotelzimmer in New York und warte auf den Tsunami, der uns alle umbringen wird. Da erkennen die Regierungschefs der Welt, dass es Verschwendung wäre, die arbeitende Bevölkerung von New York ersaufen zu lassen, und schicken die Millionen von Arbeitslosen ihrer Länder als Wellenbrecher an die Ostküste. Diese können sich endlich einmal nützlich machen und kommen dazu zum ersten Mal in ihrem Leben in den Genuss von unverstrahlten Pfifferlingen aus der Bordküche der Armee. Das Stück geht gut aus. Die Arbeitslosen springen, die Welle bricht, ich überlebe. Ich, die Krone der Schöpfung! Was passt besser zum Thema als Brechts »Und wenn einer tritt, dann bin ich es, und wird einer getreten, dann bist's du«. Die befürchtete Aufgabe von Privilegien führt zu Diskriminierung, von *denen da oben* gegen *die da unten*.

Was ich dabei an mir selbst erlebe, ist, dass mir selbst mein schlechtes Gewissen nicht hilft, mit ganzem Herzen einer Reform des Gesundheitssystems zuzustimmen. Geht es um Privilegien wie diese, ist sich jeder schnell selbst der Nächste.

Ist es im sogenannten Geschlechterkampf ähnlich? Haben die Männer Angst, wenn Frauen in ihre Domänen eindringen und umgekehrt? In einem cleveren Experiment haben Laurie Rudman und Kimberly Fairchild Versuchspersonen gegen das eigene oder gegen das andere Geschlecht verlieren lassen, und zwar entweder in typischen Männerdomänen (Fragen über American Football) oder in typischen Frauendomänen (Fragen über Kindererziehung). Die Gewinner waren Schauspieler, die alle Versuchspersonen verlieren ließen. Alle Verlierer sollten nach ihrer Niederlage ein weiteres Spiel vorbereiten, in dem der Gewinner oder die Gewinnerin gegen eine andere Person antreten sollte. Die Loser konnten Beispielfragen wählen, die den Gewinnern oder Gewinnerinnen entweder nützlich oder weniger nützlich waren. Was passierte? Sobald ein Mann in einer typischen Männerdomäne bzw. eine Frau in einer typischen Frauendomäne verloren hatte, sabotierten die Versuchspersonen die Chancen für die Gewinner. Sie suchten die am wenigsten hilfreichen Beispielfragen für diese aus. Dies war aber nicht unterschiedlich für Männer oder Frauen. Das heißt, Männer sabotierten nicht stärker, wenn eine Frau in die typische Männerdomäne eindrang, als Frauen, wenn ein Mann ihnen ihre Domäne streitig machte. Diese Diskriminierung erklärte sich also nicht durch einen Statuskampf, sondern sie beginnt schon dann, wenn jemand unsere Stereotypen von Geschlechtsrollen auch nur in Frage stellt. Wahrlich keine schönen Aussichten für Regelbrecher(innen).

Die Diskriminierung von Sport liebenden Frauen und kinderliebenden Männern, Personen also, die sich erlauben, neue Bereiche zu erschließen, beruht darauf, dass diese unsere stereotypen Vorstellungen von Frauen und Männern verletzen. Die Geschlechtsidentität, also die Frage, wie sehr wir uns als Mann oder Frau fühlen, und der feste Glaube daran, dass sich Männer und Frauen fundamental voneinander unterscheiden, führen sogar ohne den Faktor Wettbewerb zur Diskriminierung. Das ist wie in einem Kastensystem, in dem jeder Versuch des gottgewollt Unterlegenen, seiner Gruppe zu entkommen, hart bestraft wird.

Ich habe schon früher in einigen wissenschaftlichen Veröffentlichungen darauf hingewiesen, dass eine Person, die unserem Geschlechtsstereotyp stark widerspricht, regelrecht als Bedrohung wahrgenommen wird. Genauer gesagt, als Bedrohung für eine wichtige Theorie über die Welt: Frauen tun X und Männer tun Y. Das Geschlechtstereotyp schreibt uns in besonderem Maße vor, wie wir uns richtig zu verhalten haben, und was wir von anderen zu erwarten haben. Wenn diese Theorie, die uns so gut durchs Leben hilft, die unsere Manieren, unsere Kleidung, unsere Berufswahl, unsere Interessen und Fernsehprogramme diktiert, nun durch einen Menschen, der sich anders oder gar normenwidrig verhält, widerlegt wird, dann empfinden wir dies als eine Bedrohung, die wir ungeschehen machen wollen. Das ist vergleichbar mit einem Biologen, der sein Leben lang an einer Theorie gearbeitet hat, die besagt, dass Dinosaurier Reptilien sind. Bis er eines Tages von einem Kollegen herausgefordert wird: »Falsch, Herr Kollege, Dinosaurier sind Vögel!« Er wird dies natürlich zunächst als Bedrohung erleben! Jahrzehntelang hat er mithilfe seiner Theorie die Entstehung der Arten besser verstanden. Und jetzt – alles Quatsch? Dieser Biologe wird natürlich alles tun, um die neue Theorie zu widerlegen.

Wenn wir nun einem Menschen begegnen, der unsere Theorie der Geschlechtsunterschiede widerlegt, dann müssen wir nicht gegen eine abstrakte Idee oder sonstige Windmühlen kämpfen, sondern wir können ihn konkret und leibhaftig mobben, diskriminieren oder sogar Schlimmeres mit ihm tun. Die Versuchspersonen in Rudmans und Fairchilds Experiment haben es ja gezeigt: In der ihnen bevorstehenden Aufgabe werden die Abweichler schon sehen, wo sie landen, mit den »netten« Tipps, die sie von den Losern erhalten haben! Nämlich *nicht* auf dem Siegertreppchen! Durch die Sabotage wird die Gefahr gebannt, und unsere Theorie stimmt wieder – die Gewinner haben sich zu früh gefreut und verlieren –, wie schnell das geht! Alles nur ein böser Traum![28]

Die Tatsache, dass Wettbewerb nicht notwendigerweise eine Bedingung für den Geschlechterkampf sein muss, heißt natürlich nicht, dass er hier keine Rolle spielt. In dem Experiment ging es ja »nur« um eine Verletzung bestehender Vorstellungen; im alltäglichen Zusammenleben von Mann und Frau jedoch spielen Wettbewerb und Angst vor Statusverlust selbstverständlich eine Rolle. Es gibt mehr Frauen, die in Männerdomänen eindringen wollen – weil diese hart umkämpft und hoch bezahlt sind –, als Männer, die in schlecht bezahlten Frauendomänen reüssieren wollen. Dies führt zu Neid und Diskriminierung, vor allem auf Seiten der Männer, denn sie haben mehr zu verlieren und zu befürchten. Die Rolle der »Quotierung«, die diesen Wettbewerb und Neid zu schüren scheint, werden wir später noch differenzierter betrachten.

---

[28] Das mal am Rande. Ich denke, die Angst vor Zombies und Wiedergängern liegt darin begründet, dass die Idee der Wiederauferstehung unsere Theorie vom Leben noch stärker widerlegt als eine Rugby spielende Frau oder ein Erbsen pulender Mann. Natürlich grusselt es uns, wenn verrottete Zombies daherkommen. Auf der Backe hängende Augäpfel, wurmige Narben und schlechte Zähne sind Gründe, warum wir ihretwegen schlecht schlafen. Aber wenn uns ein guter Schriftsteller oder ein Steven Spielberg weismachen können, dass es diese Geister wirklich gibt, dann gruselt es uns bis ins Mark. Das sind massive Attacken auf unsere Theorien darüber, wie die Welt funktioniert. Als Kind habe ich zu Ostern bei den Wiederauferstehungsszenen der Jesusfilme immer am meisten geschrien. Dagegen waren die Kindermorde des Herodes nichts, die konnte ich mir damals wenigstens noch erklären! Die Wiederauferstehung, das Unfassbarste und damit der größte Angriff auf unsere Theorien der Welt macht uns unwahrscheinlich Angst. Am besten ist es wohl, wenn wir einfach daran glauben, dass dies nur wenigen Auserwählten vergönnt ist.

Lassen wir den Wettbewerb jedoch einmal außer Acht – führt allein die Zuweisung zu einer Gruppe zu einer Diskriminierung? Fühlen wir uns sofort einer Gruppe zugehörig, sobald wir einer zugewiesen werden, und fangen wir dann sofort an – ohne Not – zu diskriminieren?

Minimale Gruppen

Ja. Das zeigt die Forschung zur sozialen Identität. Henri Tajfel kreierte die Idee der »minimalen Gruppe« und zog aus seinen Studien den Schluss, dass allein eine Einteilung in zwei Gruppen – sei sie auch künstlich und aufgrund eines unwichtigen Merkmals zustande gekommen – zu Diskriminierung führt.

Experimente zu minimalen Gruppen gehen beispielsweise folgendermaßen vor sich: Die Versuchspersonen sitzen zunächst in einem Raum, in dem sie Dias präsentiert bekommen, auf denen viele Punkte zu sehen sind. In der gegebenen Zeit können sie unmöglich die Punkte zählen, und so müssen sie schätzen. Aufgrund ihrer Schätzungen wird den Versuchsteilnehmern dann in einer Kabine einzeln mitgeteilt, wie sie geschätzt haben. Der einen Hälfte sagt man, dass sie chronische Überschätzer seien, der anderen Hälfte, dass es sich bei ihnen um chronische Unterschätzer handele. Diese Gruppenzuschreibungen leuchten den Versuchspersonen selbst unmittelbar ein, weil sie kein Gefühl dafür haben, wie sie geschätzt haben. Tatsächlich werden die Gruppen jedoch rein zufällig gebildet, das heißt, egal, wie die Versuchsperson schätzt, sie wird in diesem Moment zum Über- oder Unterschätzer; der Versuchsleiter entscheidet über die Gruppenzuordnung per Münzwurf. Danach sollen sich die Versuchspersonen einen Eindruck von anderen Über- und Unterschätzern machen und Belohnungen verteilen. Die Personen werden lediglich durch zwei Dinge gekennzeichnet: durch einen Code und einen Gruppennamen, der Auskunft darüber gibt, ob es sich um einen Über- oder um einen Unterschätzer handelt. Den Versuchspersonen wird zugesichert, dass ihre Zuteilung völlig anonym bleibt und sie nie Kontakt mit denjenigen haben werden, denen sie die Belohnungen zuteilen.

Die Ergebnisse wurden in zahlreichen Experimenten in aller Welt bestätigt: Überschätzer geben Überschätzern höhere Belohnungen, und Unterschätzer bevorzugen die Unterschätzer. Das heißt, die Versuchspersonen belohnen die Eigengruppe systematisch mehr als die Fremdgruppe.

Die Zuweisung zu Gruppen bewirkt also Diskriminierung, ohne dass die einzelnen Gruppen eine Vorgeschichte haben und ohne dass Stereotype (im Sinne von abgespeicherten Wissensstrukturen à la Überschätzer sind X oder Y) vorliegen, ja ohne dass sie sich überhaupt kennen oder kennenlernen und ohne dass sie selbst einen Nutzen davon haben, denn sie selbst erhalten die Belohnungen ja nicht. Die Zuweisung bewirkt Diskriminierung, ohne dass Eigen- oder Fremdgruppe eine hohe persönliche Relevanz haben muss und ohne dass die Versuchspersonen den Eindruck haben, dass ihnen etwas weggenommen würde.

Uns soll es besser gehen als *euch* – egal, aus welchen idiotischen Beweggründen diese Einteilung erfolgt. Systematisch zusammengefasst besteht Tajfels Behauptung darin, dass Menschen nicht nur eine persönliche Identität haben (»ich bin ich«), sondern auch eine Identität als Gruppenmitglied (»ich gehöre zu euch«). Aus dieser Identität beziehen wir einen Großteil unseres Selbstwerts, und sie führt zu einer Bevorzugung sowie einer übertrieben positiven Bewertung der eigenen Gruppe. Wenn es unserer Gruppe gut geht, dann geht es auch uns selbst gut, und darum versuchen wir, unsere Gruppe aufzuwerten. »Wir sind Papst«, titelte die *Bild*-Zeitung nach der Papstwahl 2005[29] und »Schwarz-Rot-Geil« zur WM 2006 und zeigte damit wieder einmal, wie selbst-

---

[29] Es sei hier angemerkt, dass der Titel der *taz* genialer war – sie hatte ein eingeschwärztes Titelblatt, und in weißen Lettern stand da: »Oh mein Gott!« Zum Thema Vorurteile passt aber die *Bild*-Zeitung besser. Das ist oft so. Ich habe sie schon des Öfteren für meine Vorlesungen verwendet. Ihr sei hiermit herzlich gedankt.

wertsteigernd (und verkaufsfördernd) die Aufwertung der eigenen Gruppe, hier der Nation, ist – ohne dass die Leser dafür etwas getan haben müssen[30].

Tajfel vermutete, dass wir erstens Menschen immer in Eigengruppen und Fremdgruppen einteilen, zweitens aus der Identifikation mit der Eigengruppe unseren Selbstwert beziehen und drittens dieser Selbstwert zum Teil aus dem Vergleich zwischen der (doofen) Außengruppe und der (tollen) Eigengruppe bezogen wird. Also, wenn wir Deutscher sind, dann beziehen wir aus der Tatsache, dass der höchste Repräsentant der katholischen Christen einer von uns ist, einen hohen Selbstwert. Und wir halten, so Tajfel, dann alle anderen Nationen für weniger spirituell begabt.

Diese Bevorzugung der Eigengruppe kann höchst merkwürdige Blüten treiben. So scheint es Gruppenmitgliedern wichtiger zu sein, dass ihre Eigengruppe gut dasteht, als dass sie *absolut* mehr Gewinn einfährt. Tajfel ließ Versuchspersonen in einigen Experimenten die Wahl zwischen zwei Punkteverteilungen: Sie konnten entweder elf Gewinnpunkte der eigenen und sieben Gewinnpunkte der anderen Gruppe zuteilen oder an beide Gruppen 17 Gewinnpunkte vergeben. Es ist offensichtlich, dass die eigene Gruppe von der letzten Möglichkeit, 17 Punkte zu bekommen, profitieren würde. Die meisten Versuchspersonen wählten jedoch die erste Verteilung, elf zu sieben. Daraus folgt: Es scheint vielen wichtiger zu sein, dass sich die eigene Gruppe positiv von der Fremdgruppe unterscheidet – Tajfel spricht von *positiver Distinktheit* –, selbst wenn dies auf Kosten der Eigengruppe geht. Haben wir uns nicht manchmal gefragt, warum sich Nationen blutig bekämpfen, obwohl klar ist, dass ein Waffenstillstand oder Frieden beiden Parteien nicht nur mehr Ruhe, sondern auch mehr wirtschaftlichen

---

[30] Das Verdienst der Bürger bei der WM, das immer wieder herausgekehrt wurde, war, dass wir friedlich feiern können, dass die geschwenkten Deutschlandfahnen nicht böse gemeint sind und wir unsere Gäste nicht zusammengeschlagen haben, selbst als sie uns besiegt haben. Alle Achtung! Wer hätte gedacht, dass Deutschland zu solchen Tugenden fähig wäre! Mal ehrlich, sind aggressionsfreies Saufen und eine anständige Behandlung von gut zahlenden Kunden aus aller Welt nicht schon in barbarischen Gesellschaften zu finden?

Nutzen brächte? Menschen folgen manchmal eher den Gesetzen der Psychologie als denen der Wirtschaftlichkeit.

Minimale Gruppenbildung kann ungeahnte Folgen haben; das zeigen auch Beobachtungen in Organisationen, wo Trennwände, die Chefs manchmal sehr unbedacht in Büros einsetzen, sehr schnell genau zu den Effekten führten, die wir aus der Forschung zur sozialen Identität kennen. Sehr schnell schleicht sich etwa bei denen *vor der Wand* das Gefühl ein, dass *die hinter der Wand* immer den Kaffee wegtrinken, und wenn dem so ist: Dann gnade ihnen Gott!

So schlecht sind wir gar nicht

Tajfel hatte mit seiner Theorie sowohl recht als auch unrecht. Kategorisierungen erfolgen automatisch und führen direkt zu Diskriminierung. Ich habe es im ersten Kapitel bereits erwähnt: Es gibt eine Reihe von Gruppen (Faschisten, Kinderschänder, Vergewaltiger etc.), gegen die wir uns abgrenzen und denen gegenüber Diskriminierung sogar adäquat ist. Die Identifikation mit einer Gruppe und die Abgrenzung von einer anderen sind ohne Zweifel allzu menschliche Prozesse, denen keiner entfliehen kann.

Experimente zur minimalen Gruppe zeigen, wie schnell eine Gruppenzugehörigkeit entstehen kann und wie minimal die Bedingungen dafür sein können. Jedoch gab es schnell Einwände gegen diesen plumpen Automatismus. Michael Hogg argumentierte, dass die Aufteilung in zwei minimale Gruppen bei den Versuchspersonen eine leichte Unsicherheit bewirke. Sie wüssten nicht so richtig, was das solle und wie die Aufgabe weitergehe. Nimmt man den Versuchspersonen diese Unsicherheit im Experiment, so zeigte er, identifizieren sie sich nicht sofort mit ihrer minimalen Gruppe und bevorzugen auch nicht sofort die Eigengruppe. Das ergibt Sinn, denn Gruppen sind sicherlich vor allem dann nützlich für uns, wenn wir verunsichert sind. Die Tatsache, dass aber schon eine so kleine Verunsicherung wie diejenige, mit einer Aufgabe in einem Experiment nicht klarzukommen, für Diskriminierungen ausreicht, zeigt jedoch, dass diese auf der Basis von minimaler Gruppenbildung ein sehr häufiges Phänomen sein dürfte.

Problematischer an Tajfels Theorie ist die Rolle des Selbstwerts, denn die ist bei Weitem nicht so klar, wie man denken könnte. Zwar ist es so, dass sich unser Selbstwert erhöht, wenn wir zu einer Gewinnergruppe gehören, etwa wenn wir Papst werden.[31] Allerdings ist die umgekehrte Annahme, dass wir stärker diskriminieren, wenn wir wenig von uns halten, wenig belegt.

Eine Studie, die einen Zusammenhang zwischen negativem Feedback und Diskriminierung zeigt, ist die von Steven Fein und Steven Spencer. Hier sollten Versuchspersonen eine Person bewerten, die in New York Karriere machen wollte. Die eine Hälfte der Versuchspersonen bekam die Information, dass die Person schwul sei, während die andere Hälfte dachte, die Person sei heterosexuell. Ansonsten waren die Personenbeschreibungen gleich. Ehe die Versuchspersonen die Bewertung vornehmen sollten, stellte man ihnen eine Leistungsaufgabe, die die eine Hälfte angeblich gut, die andere schlecht gelöst hatte. Das Ergebnis war, dass die Versuchspersonen die angeblich schwule Person weniger gern mochten und sie stärker diskriminierten, wenn ihr Selbstwert durch das negative Feedback gesenkt worden war. Dies spricht dafür, dass geringer Selbstwert zu stärkerer Diskriminierung gegenüber irgendeiner gerade vorhandenen Außengruppe führt – auch dann, wenn diese in keiner Beziehung zum Anlass der miesen Stimmung steht.

In einem anderen Experiment wurde derselbe Effekt mit einer Angehörigen einer anderen Minderheit, einer wohlhabenden Jüdin, als Protagonistin wiederholt. Ein gesenkter Selbstwert, bewirkt durch negatives Leistungsfeedback, scheint für Diskrimi-

---

[31] Man nennt diesen Effekt auch BIRG (*Bask In Reflected Glory*). Man badet quasi im Ruhm eines Gruppenmitglieds. Übrigens gibt es auch den umgekehrten Fall – wenn ein prominentes Mitglied unserer Gruppe versagt, z. B. unser Fußballverein, dann verstecken wir gerne alles, was mit dieser Mitgliedschaft zu tun hat: nehmen die Fahnen vom Balkon und lassen unser geliebtes Fan-T-Shirt im Wäschekorb verschwinden.

nierung empfänglich zu machen, und zwar gegenüber jeder Minderheit.

Jedoch spricht auch einiges gegen die alleinige Bedeutung des Selbstwerts. Viele Experimente belegen keinen Einfluss des Selbstwerts, und manche zeigen sogar das Gegenteil: Diskriminierung bei hohem Selbstwert. Auf diese auf den ersten Blick sehr merkwürdige Beziehung gehe ich später, in Kapitel 6 noch ein.

Jetzt kommt erst einmal die Forschung der Arbeitsgruppe um Amélie Mummendey ins Spiel. Zunächst einmal überprüften Mummendey und ihr Team, ob Diskriminierung in minimalen Gruppen auch für Bestrafungen gilt: Bestrafen die Leute die Außengruppe stärker als die Eigengruppe? Die Antwort ist ein klares Nein. In zahlreichen Studien zeigte das Forscherteam, dass, wie auch in den Studien zuvor, Versuchspersonen tatsächlich geneigt sind, die Eigengruppe stärker mit Belohnungen zu bedenken und die positiven Eigenschaften der Gruppenmitglieder überzubewerten. Jedoch fanden sich für die Bewertungen negativer Eigenschaften keine solchen Unterschiede zwischen Eigen- und Fremdgruppe. Auch wenn es etwa darum ging, die Eigen- und die Fremdgruppe zu bestrafen, indem ihr Geld abgezogen oder sie mit Lärm belästigt wurde, fanden sich keine Unterschiede. Sobald es also um Bestrafungen geht, handeln wir erstaunlicherweise fairer. Was heißt das? Es heißt, dass die Erhöhung des Selbstwerts durch den Vergleich von Eigen- und Fremdgruppe offensichtlich keine so wichtige Rolle spielt. Schließlich könnten wir Selbstwert doch auch (und wahrscheinlich vor allem) daraus beziehen, dass wir »die anderen« abwerten oder schlechter behandeln.

Mummendey argumentiert, positive Identität könne allein daraus geschöpft werden, dass man sich in seiner Gruppe wohlfühle und diese besonders gut behandele. Eine positive Diskriminierung erspart uns auch den Konflikt mit gesellschaftlichen Normen, die uns verbieten, andere schlecht zu behandeln. Wer würde dem Inuit schon ernsthaft einen Vorwurf daraus machen, dass er seinen Landsleuten ein wenig mehr Spaghettieis ausgibt? Würde er die Fremdgruppe dagegen bestrafen, müsste er Sanktionen befürchten. Und wenn er den Ostwestfalen Steinchen in die Mandeln gerührt hätte, könnte der Inuit nicht einmal mehr in den Spiegel schauen – die Verletzung von Normen schafft ein schlechtes Gewissen. Und die Truppe in der Firma, die denkt, die Leute *hinter* der Trennwand trinken den Kaffee weg, wird vermutlich eher den nächsten Erdbeerkuchen nur an diejenigen *vor* der Wand verteilen, als sofort damit anzufangen, das Pulver in der Kaffeedose durch Pinguinmist zu ersetzen.

Damit aus der Zugehörigkeit zu einer Gruppe Diskriminierung gegenüber einer Außengruppe wird, reicht die alleinige Zugehörigkeit zur Eigengruppe nicht aus. Es müssen *erschwerende Faktoren* hinzukommen. Sie sind es, die die Bedeutung der Gruppe und damit das Zugehörigkeitsgefühl erhöhen. *Mitglieder kleiner Gruppen* etwa haben ein stärkeres Zugehörigkeitsgefühl und beziehen mehr Selbstwert aus ihrer Gruppe als Mitglieder großer Gruppen. Kinder zum Beispiel definieren sich häufig über das Geschlecht und halten es für wichtig, wenn sie zu Hause vor allem Geschwister des *anderen* Geschlechts haben. Auch *unterlegene Gruppen*, also diejenigen, die Misserfolg haben, identifizieren sich stärker mit ihrer Gruppe; sie sind besonders daran interessiert, ihren Selbstwert zu heben und können dabei schon mal vergessen, dass man andere nicht schlecht behandelt. Der Stärkere dagegen kann sich den Luxus erlauben, moralisch zu sein. Wie sagte schon Büchner? »Moral, das ist, wenn man moralisch ist.« Und Brecht: »Erst kommt das Fressen, dann kommt die Moral.« Kurz, während *die da unten* negativ diskriminieren, können es sich *die da oben* erlauben, ihre eigene Gruppe besonders lieb zu haben und dabei als moralisch einwandfrei dazustehen. Beides ist aber Ungleichbehandlung. Auch *Wettbewerb* und *Ressourcenkonflikte* sind erschwerende Faktoren, denn sie verstärken, wie oben beschrieben, die Motivation, sich von der Fremdgruppe positiv abzusetzen. Fazit ist, dass damit aufgrund der reinen Gruppenbildung *negative* Diskriminierung auftritt, die Eigengruppe als wichtig erlebt oder die positive Identität in irgendeiner Form durch eine andere Gruppe bedroht werden muss. Dann, wenn die

Truppe hinter der Trennwand besser ist als die vor der Trennwand und Letztere Angst vor Kündigungen oder Gehaltskürzungen hat, kommt der Pinguinmist[32] ins Spiel – oder die miesen Angeber und Kaffeediebe werden systematisch rausgemobbt. Interessanterweise verstärken diese Faktoren auch den Effekt, dass wir uns den Mitgliedern der Eigengruppe ähnlicher fühlen.

Die deutsche Sozialpsychologin Sabine Otten, die mittlerweile in Groningen lehrt, hat eine ganz eigene Theorie. Sie stellte fest, dass jeder Mensch die Eigengruppe automatisch in positivem Licht sieht und dass dies sozusagen eine Voreinstellung ist, die nicht unbedingt zu negativer Diskriminierung oder Aggression gegenüber der Fremdgruppe führt. Warum ist das so? Nun, die Eigengruppe ist ein Teil unseres Selbst, und wir wissen, dass gesunde Menschen eine positive Einstellung sich selbst gegenüber haben. Das führt manchmal zu merkwürdigen Effekten: So erinnern sich die meisten Menschen insofern falsch an ihre Leistungen im Abschlusszeugnis, als sie sich überschätzen, halten sich in vielen Dingen für besser, moralischer und kreativer als alle anderen Menschen und sind mit sich im Großen und Ganzen zufrieden. Das geht sogar so weit, dass Leute, aufgrund dieser egozentrischen Selbstliebe unbewusst die Buchstaben ihres Namens oder die Ziffern ihres Geburtstages für schöner halten als alle anderen. Wieder einmal sind es vor allem die Depressiven, die eine realistischere Einstellung (siehe Kapitel 2) an den Tag legen, nicht aber die gesunden Probanden, was wiederum darauf hinweist, dass eine gewisse rosige Sicht auf das Selbst oder Selbstwerterhöhung gesünder ist als eine realistische Einschätzung der eigenen Fehler und Schwächen.

Otten argumentiert, dass die Eigengruppe Teil des Selbst ist und damit zwangsläufig dieser positiven Verzerrung anheimfällt.

---

[32] Die Sache mit dem Pinguinmist fand ich erst lustig, als mir dies ein Teilnehmer eines Mitarbeitermotivationsseminars von seiner Firma berichtete. Der Mist ist allerdings nicht gut verdaulich, wenn man keine Geranie ist, und führte zu massiven Gesundheitsschäden bei denen, die auf der falschen Seite der Trennwand gesessen hatten. Und das doch nur, weil der Chef diese schicken neuen Trennwände in den USA gesehen hatte und sein Büro modisch aufpeppen wollte!

Zusammen mit Dirk Wentura teilte sie Versuchspersonen in minimale Gruppen ein, die Konkaven und die Konvexen.[33] Dann bat sie sie, am Computer eindeutig positive oder negative Wörter danach zu beurteilen, ob sie positiv oder negativ sind. Diese Entscheidungen werden erleichtert, das wissen wir aus zahlreichen Experimenten, wenn subliminal ein positives vor einem positiven Wort bzw. ein negatives vor einem negativen Wort eingeblendet wird. Also, wenn wir vor dem Wort »Liebe« das Wort »gut« präsentiert bekommen, dann erkennen wir eher, dass »Liebe« ein positives Wort ist, als wenn wir kurz davor unbewusst »schlecht« eingeblendet bekommen. In der Studie von Otten und Wentura wurden nun kurz vor den zu bewertenden Wörtern entweder die Wörter »konkav« oder »konvex« eingeblendet oder aber Wörter, die an sich schon positiv oder negativ waren. Das Resultat des Experiments bestand darin, dass die Beurteilung eines positiven Wortes dann leichter war, wenn vorher der Begriff der Eigengruppe eingeblendet wurde. Das bedeutet, die vormals relativ neutralen Begriffe »konkav« und »konvex« gewannen allein dadurch an Bedeutung, dass die Versuchspersonen erfuhren, zu welcher Gruppe sie gehörten. Jedoch konnten Otten und Wentura keine Beschleunigung beim Beurteilen negativer Wörter feststellen, wenn ein Fremdgruppenname vorher eingeblendet wurde. Dies bedeutet: Es scheint eine Voreinstellung dahingehend zu geben, dass unsere Gruppe wunderbar ist, auch wenn wir ihr erst seit wenigen Minuten angehören. Die Fremdgruppe jedoch erhält spontan erst einmal keine negative Bedeutung. Dazu müssen offensichtlich erschwerende Faktoren hinzukommen. In letzter Konsequenz könnte diese Theorie das Bild vom schlechten Menschen geraderücken. Von Natur aus wollen wir demnach erst einmal Gutes für uns und unsere Gruppe. Wir benötigen noch nicht einmal eine Norm, die uns im Zaum hält, andere nicht zu benachteiligen. Damit aus dem guten Menschen eine Bestie wird, muss er

---

[33] Sie sehen, Kai Epstude und ich haben von diesen beiden Wissenschaftlern die Idee für unsere Kartensortieraufgaben ausgeborgt.

das Gefühl haben, provoziert zu werden; und er muss sich stark mit seiner Gruppe identifizieren.

Aber Vorsicht: Die automatische Gruppenselbstliebe à la »Wir sind toll« kann, wenn sie auf einer so automatischen Ebene der Bewertung stattfindet wie auf der von Otten beschriebenen, schnell zum Nährboden für Wahrnehmungsverzerrungen mit den bekannten Folgen werden.

Joachim Krueger, ein ausgewanderter Deutscher, beschreibt die positive Voreinstellung »Wir sind gut« als *egozentrische Projektion*. Sie führt dazu, dass man sich unmittelbar den Mitgliedern der Eigengruppe ähnlicher fühlt als den Mitgliedern der Fremdgruppe: Wenn ich gut bin, dann sind es die anderen der Gruppe auch, und wenn ein anderes Mitglied meiner Gruppe gut ist, dann muss ich es auch sein. Dies kann bedenkliche Konsequenzen haben: Selbst dann, wenn eigentlich Eigengruppe und Fremdgruppen relativ ähnlich und in welchen Dimensionen auch immer gleich gut sind, schafft die egozentrische Projektion einen Unterschied, der tatsächlich überhaupt nicht besteht, sich aber verfestigen und letztendlich im Streit enden kann. Zusammengefasst sehen wir an Sabine Ottens und Joachim Kruegers Studien, dass wir unsere Gruppe durch eine rosarote Brille wahrnehmen. Und dies hilft uns, uns wohlzufühlen. Eine negative Diskriminierung der Fremdgruppe kann später daraus erfolgen, sie ist jedoch nicht so spontan und unmittelbar wie die Bevorzugung der Eigengruppe.

Pflicht oder Kür?

Die Art und Weise, *wie* man diskriminiert, wird nun weiterhin durch Persönlichkeitsunterschiede bestimmt. Eine wichtige Unterscheidung betrifft den sogenannten *regulatorischen Fokus* einer Person. Diese von Tory Higgins entwickelte Theorie untersucht die Grundbedürfnisse von Menschen und leitet daraus ab, wie sie sich in bestimmten Situationen verhalten würden. Higgins Theorie zufolge beschäftigen sich Menschen entweder vorrangig mit *Idealen*, die sie verwirklichen wollen, oder mit *Sicherheitszielen*. Sicherheit und Wachstum sind zwei lebenswichtige Bedürfnisse des Menschen; wir alle streben danach, ein sicheres, sorgloses Leben zu haben, ohne Krieg, Probleme und Katastrophen. Ist dies alles gewährleistet, dann wollen wir mehr: Wir wollen unsere Ideale verwirklichen, ein guter aufmerksamer Vater sein, eine kollegiale und starke Chefin, ein frei denkender Mensch, der sich nicht von anderen beeinflussen lässt, ein sanfter Tourist, ein durch das Leben Lernender und dergleichen mehr.

Aus der Orientierung an der Sicherheit resultiert im Laufe des Erwachsenwerdens, Verpflichtungen einzugehen, Verantwortung zu übernehmen und eine Sensibilisierung für soziale Normen. Normen geben uns vor allem Sicherheit, uns in einem gesellschaftlichen Rahmen gut und angemessen zu verhalten. Aus der Orientierung an Idealen folgen dagegen Ziele, bei denen Sicherheit keine Rolle mehr spielt, sondern vielmehr kreatives Denken und Ausprobieren von Neuem, auch wenn es einmal außerhalb der Norm liegt; man ist auf Gewinnmaximierung aus – nicht »weniger ist mehr«, sondern »mehr ist mehr«. Die Konzentration auf Pflichten und Sicherheitsaspekte würde ich auf Deutsch Sicherheitsfokus (*prevention focus*), den Fokus auf Ideale, Hoffnungen und Wünsche als Wachstumsfokus (*promotion focus*) nennen. Jeder Mensch verfolgt beide Ziele in seinem Leben, jedoch ist es individuell unterschiedlich, welches Ziel häufiger und stärker verfolgt wird. Die einen haben ein großes Bedürfnis nach Sicherheit, die anderen wollen sich selbst verwirklichen. Die einen heiraten, um sich sicher und geborgen zu fühlen, die anderen, um ihre Gedanken mit einer anderen Person zu teilen und mehren zu können; die einen setzen Kinder in die Welt, weil »man das so macht«, und die anderen, weil sie Lust haben, sich an der Entwicklung eines neuen Menschen zu beteiligen; die einen werden Arzt, weil es von ihnen erwartet wird, andere ergreifen diesen Beruf, um Menschen zu helfen. Diese unterschiedlichen Orientierungen resultieren zum Teil aus unterschiedlichen Erziehungsstilen. Während ein Kind, das vor allem unter Androhung von Strafe erzogen wurde, auf Schutz aus ist und einen Sicherheitsfokus entwickelt, wird ein Kind, das vor allem belohnt wurde, wenn es Gutes getan hatte, eher seine Ideale verwirklichen und einen Wachstumsfokus entwickeln.[34]

Aus diesen unterschiedlichen Orientierungen wiederum resultieren verschiedene Verhaltensweisen: Menschen mit einem chronischen Sicherheitsfokus sind vorsichtig, ihr Blick ist auf das Negative gerichtet, sie versuchen vor allem, Fehler zu vermeiden, sind sehr genau und ordentlich und haben Angst, sich auf Neues einzulassen. Sie sind daran interessiert, das zu schützen, was sie haben, und geben dies ungern für eine neue, eventuell bessere, aber unsicherere Lösung auf. Menschen dagegen, die einen chronischen Wachstumsfokus haben, neigen zu riskanten Entscheidungen, versuchen erst einmal Gewinne einzufahren, statt Fehler zu vermeiden, sind sehr schnell und enthusiastisch bei der Arbeit und mögen Neues. Sie haben ihren Blick auf das Positive gerichtet, denn wer riskante oder kreative Ziele verwirklichen will, darf dabei nicht nach möglichen Fehler schielen.

Interessanterweise können auch Situationen, in denen Sicherheit oder Ideale wichtig sind, solche Orientierungen auslösen, und zwar bei allen Menschen. Da jeder Mensch natürlich beide Ziele verfolgt, solche im Wachstumsfokus und solche im Sicherheits-

---

[34] Diese Theorie wird manchmal missverstanden, weil sich das so anhört, als ob ein Wachstumsfokus vor allem durch einen Laisser-faire-Erziehungsstil erreicht werden kann. Die Entwicklungspsychologie lehrt uns jedoch, dass Kinder lernen müssen, was gut ist und was schlecht. Rumschreien in Zugabteilen, Insekten die Beine ausreißen und fremde Leute anfassen hat nichts mit Selbstverwirklichung zu tun, sondern mit der Tatsache, dass ein Kind überhaupt nicht mehr erzogen und schlimmstenfalls vernachlässigt wird. Solchermaßen »unerzogene« Kinder sind selten erfolgreich im Leben und weisen schnell antisoziale Verhaltensweisen auf. Ein Fokus auf Idealziele wird erlernt, indem Kinder für gute Dinge belohnt werden und für schlechte nicht. Wohlgemerkt, das Kind lernt dabei, was gut ist und was nicht. Es bekommt zum Beispiel einen Kuss, wenn es toll war, und keinen, wenn es sich falsch verhält. Bei einer solchen Erziehung steht dennoch die Liebe im Vordergrund und nicht die Strafe. Und das Kind wird sich am Positiven orientieren. Wer dagegen die Kinder »einfach machen lässt«, bewirkt eine geringe Motivation, irgendetwas zu tun – alles ist egal, nichts wichtig und nichts unwichtig.

fokus, kann eine kurzfristige Bedrohung bei jedem Menschen eine Sicherheitsorientierung auslösen, ebenso wie eine sichere und liebevolle Situation bei jedem die Lust wecken kann, sich selbst zu verwirklichen.

Jim Shah und sein Team wandten die Theorie auf Diskriminierung an. Sie argumentierten, dass Leute mit einem Wachstumsfokus vor allem daran interessiert sein dürften, ihre eigene Gruppe im positiven Licht erscheinen zu lassen. Ihr Blick auf das Positive sollte deshalb vor allem zu positiver Diskriminierung führen. Menschen mit einem Sicherheitsfokus hingegen, würden ihr Augenmerk eher auf die Fremdgruppe richten, also die, vor der es die Eigengruppe unter Umständen zu beschützen gilt. Um eine Unterscheidung zur Fremdgruppe herzustellen, würden Leute mit einem Sicherheitsfokus vor allem negativ diskriminieren. Beide Gruppen erreichen also auf unterschiedlichem Wege die angestrebte positive Distinktheit.

In einer Reihe von Experimenten konnten diese Überlegungen bestätigt werden. Mithilfe eines Fragebogens stellten die Forscher zunächst fest, welche Versuchspersonen den chronischen Wachstumsfokus und welche eher den Sicherheitsfokus im Blick hatten. Dann gaben sie den Versuchspersonen, die allesamt Studenten der University of Wisconsin waren, eine Situation vor, die sie bewerten sollten. Sie sollten sich vorstellen, sie bekämen einen Job und würden niemanden in der Firma kennen. Dort seien neben ehemaligen Studenten aus Wisconsin auch Studenten der University of Illinois beschäftigt. Die Studenten sollten im Experiment einmal angeben, wie gerne sie Leute aus Illinois und Wisconsin kennenlernen würden, und zum anderen wie gerne sie zu diesen Leuten auf Distanz würden gehen wollen. Leute mit einem Wachstumsfokus wollten vor allem Leute aus ihrer Eigengruppe kennenlernen, ohne dass sie dabei Distanz zur Fremdgruppe wünschten: positive Diskriminierung. Leute mit einem Sicherheitsfokus dagegen wollten lieber die Fremdgruppe meiden, ohne dabei notwendigerweise mehr Kontakt zur Eigengruppe zu wünschen: negative Diskriminierung. In einer weiteren Studie zeigte sich, dass Leute mit Wachstumsfokus gerne näher bei einer Person der Eigengruppe saßen – Leute mit Sicherheitsfokus hingegen sich einen von einem Fremdgruppenmitglied weiter entfernten Platz suchten.

Die negative Diskriminierung im Sicherheitsfokus bleibt jedoch aus, wenn sie stark und für alle sichtbar gegen die soziale Norm verstößt. Für gesellschaftliche Normen sind Menschen mit Sicherheitsfokus ja gerade sehr empfänglich, denn Normen schaffen sichere Verhaltensregeln. Kai Sassenberg und seine Kollegen fanden zum Beispiel heraus, dass Menschen mit Sicherheitsfokus dann keine Bestrafungen der Fremdgruppe vornahmen, wenn aus ihrem Verhalten ersichtlich würde, dass sie sich normwidrig oder unangemessen verhalten hätten. Nur dann, wenn die Diskriminierung nicht von außen als solche erkennbar ist, wie zum Beispiel, wenn man sich unmerklich etwas weiter entfernt von einer anderen Person hinsetzt, findet negative Diskriminierung statt. Hier sei angemerkt, dass Vermeidung sozial akzeptierter ist als aktive Bestrafung. Es ist etwas anderes, sich von einer transsexuellen Person im Bus wegzusetzen, als sie anzufahren: »Fahr zur Hölle, Satan!«[35] Diese Vermeidung kann jedoch auf lange Sicht eine Basis für offene Diskriminierung werden, dann, wenn die folgende Spirale ihren unheilvollen Lauf nimmt: Vermeidung → die sehen alle so gleich aus → die sind alle so fremdartig → die sind alle so merkwürdig → die sind alle so mies → die müssen wir in ihre Grenzen verweisen → die sind unverschämt und lernen nicht dazu → die müssen einen Dämpfer kriegen → ein Dämpfer reicht offensichtlich nicht aus → wozu gibt es die überhaupt? → die darf es nicht mehr geben.

---

[35] Habe ich 1996 in Berlin beobachtet. Der Bus wurde gestoppt, weil einige Fahrgäste das wollten, und der Diskriminierer wurde rausgeworfen. Die angegriffene Person sagte leise so etwas wie: »Das war das letzte Mal, dass ich den Bus genommen habe.«

Kurz gefasst

Fassen wir die Forschungsergebnisse, über die zu berichten mir wichtig war, zusammen. Menschen, so scheint es, entwickeln, sobald sie in Gruppen aufgeteilt sind, ein Zugehörigkeitsgefühl zu ihrer Eigengruppe, und dies führt unmittelbar zu einer bevorzugten Behandlung der eigenen Gruppe. Dies hört sich immer etwas negativ an, aber Marylin Brewer und andere verweisen auf den evolutionären Vorteil der Gruppenbildung. Freundlicher ausgedrückt kann man auch sagen: Wir helfen Mitgliedern der eigenen Gruppe mehr als denen der Fremdgruppe, und das kommt dem Überleben der Gruppe zugute. Zahlreiche Experimente zum Hilfeverhalten belegen dies, und auch bei einem Studium menschlichen Heldentums bis zur Selbstaufgabe kommt man immer wieder zu dem Schluss, dass Menschen in der Lage sind, die eigenen Interessen hinter jene ihrer Gruppe zu stellen und dadurch ihr Überleben zu sichern.

Wettbewerb, Ressourcenkonflikte, Selbstwertprobleme unterlegener Gruppen, Größe der Gruppen, Bedrohungen und eine Unsicherheitsorientierung (Sicherheitsfokus) verstärken diese Effekte und führen als erschwerende Faktoren zu negativer Diskriminierung. Ich habe absichtlich von vielen Experimenten zur minimalen Gruppe berichtet, weil ich finde, dass man anhand dieser Situationen besonders gut zeigen kann, was im Menschen vor sich geht, wenn er Gruppenmitglied wird und ist. Die Phänomene wurden aber auch an vielen, ja, fast allen denkbaren und relevanten natürlichen Gruppen (also denen, die es schon länger gibt) untersucht, und es fanden sich dieselben Effekte, allerdings deutlich verstärkt. Wenn man bedenkt, dass bei wirklichen Gruppenkonflikten (z. B. Wessis–Ossis; Frauen–Männer; Homos–Heteros etc.) fast immer erschwerende Faktoren hinzukommen, ist dieser Befund nicht überraschend.

Vorstellungen von uns und anderen speichern wir im Gedächtnis ab. Stereotype aktivieren Verhaltensweisen automatisch, aber nur unter bestimmten Voraussetzungen. Wenn wir an bestimmte typische Verhaltensweisen erinnert werden, was durchaus unbewusst geschehen kann, dann führen wir sie aus (Florida, grau ➜ langsam gehen). Allerdings nur dann, wenn wir keine gegenläufigen Ziele im Kopf haben und wenn das Verhalten eine Bedeutung für uns hat (z. B. wenn wir Alte mögen oder wenn das Verhalten mit einem Gruppenmitglied in Verbindung steht). Vorstellungen von anderen leiten unsere Wahrnehmung wie unser Verhalten.

Diese Forschung illustriert, wie verzerrt menschliche Urteile sein können und wie weit unsere Wahrnehmung an der Realität vorbeigehen kann. Wir denken, wir seien fair, und treffen doch diskriminierende Urteile und demütigen damit andere. Urteilsverzerrungen und das daraus resultierende Verhalten gehen häufig unbewusst vor sich. Die Konstruktion der Wirklichkeit erfolgt unbewusst aus unserem psychischen Apparat heraus, aus unserem Gedächtnis, unseren Erwartungen, Ängsten und Bedürfnissen.

Es gibt Randbedingungen, also Fälle, in denen diese Automatismen nicht so stark wirken – etwa eine hohe Motivation, ein faires Urteil zu fällen, und dergleichen mehr; darauf werde ich später noch gesondert eingehen. Jedoch scheinen diese Möglichkeiten, unser Verhalten zu korrigieren, eher die Ausnahme als die Regel zu sein.

Die soziale Norm, andere nicht schlecht zu behandeln, scheint ihre Wirkung zu zeigen. Allerdings tut sie das nicht immer, wie wir später sehen werden; manchmal führt sie auch zum genauen Gegenteil. Letztendlich halten uns diese Normen aber im Zaum. Und da wir es selbst in der Hand haben, sie zu definieren, zu entwerfen oder zu verwerfen, sind wir, was das betrifft, freie und bewusste Konstrukteure unserer gesellschaftlichen Wirklichkeit. Soziale Normen sind Gruppenentscheidungen. Wir bestimmen, was gut und was schlecht ist, und unsere moralischen Standards werden ständig neu verhandelt.

Demnach sind wir auf allen Ebenen der Betrachtung Gruppentiere, sowohl auf der bewussten als auch auf der unbewussten. Dies hat Vor- und Nachteile, jedoch erfüllen Gruppen zunächst einmal unsere scheinbar widersprüchlichen Bedürfnisse nach Individualität und Verbundenheit auf nahezu perfekte Weise. Wir denken und fühlen mit unseren Gruppenmitgliedern und nehmen sie als uns ähnlich wahr, selbst dann, wenn sie es gar nicht sind. Wir fühlen uns von ihnen verstanden und in unseren Meinungen bestärkt. Auf der anderen Seite sind vor allem unsere Gruppenmitglieder in der Lage, uns als Individuen wahrzunehmen, mit all unseren Eigenheiten und Ecken und Kanten. Vor dem Hintergrund geteilter Meinungen und Ansichten erkennen unsere Gruppenmitglieder das Besondere in uns. Während wir von der Fremdgruppe nur oberflächlich wahrgenommen werden (können), fühlen wir uns in unserer Gruppe als Persönlichkeit angenommen. Unsere Eigengruppe ermöglicht uns, beides zu sein: gleich und einzigartig.

KAPITEL 5

Full Stop: Sind sozialpsychologische Experimente sinnvoll?

Warum gibt es eigentlich so viele Experimente? Warum kann man nicht einfach in sich hineinhorchen und das als Wissenschaft bezeichnen? Warum kann man Maria Callas nicht objektiv beurteilen? Was muss man beachten, will man erfolgreich experimentieren? Sind die Ergebnisse auf das »echte« Leben übertragbar? Warum wirken manche Experimente so künstlich? Und was ist das überhaupt, die Sozialpsychologie?

In den letzten Kapiteln war oft von Experimenten die Rede und von der Sozialpsychologie. Ich meine, dass es deshalb an der Zeit ist, ein bisschen über diese eigentümliche Disziplin und ihre Methoden zu erzählen. Ich habe das Buch jedoch so strukturiert, dass Sie dieses Kapitel nicht unbedingt lesen müssen. Wenn es Ihnen nicht gefällt, können Sie, ohne inhaltlich etwas zu verpassen, das nächste Kapitel aufschlagen.

Wir Sozialpsychologen beschäftigen uns damit, das Verhalten »normaler« Menschen zu erklären und zu ergründen, ob und wie wir es verändern können. Für die Vorhersage von Verhalten, so haben wir in einem Jahrhundert sozialpsychologischer Forschung gelernt, ist es nützlich zu wissen, wie Reize aufgenommen werden. Wir beschäftigen uns deshalb damit, wie Menschen Information und Empfindungen wahrnehmen und erleben, wie sie sie verarbeiten, wie sie sich daran erinnern und wie sie sich und andere beurteilen.

Neben diesen Informationsverarbeitungsprozessen untersuchen wir Gruppenprozesse – innerhalb einer Gruppe und zwischen mehreren Gruppen –, die menschliche Kommunikation, Beziehungen, Leistungsmotivation, Selbsterkenntnis und die Bedingungen für Aggression und prosoziales Verhalten, um nur einige klassische

Felder zu nennen. Diese Gebiete werden ständig erweitert: Zum Beispiel beschäftigen sich Sozialpsychologen auch mit der Psychologie von Organisationen, mit Gesundheitsaspekten, Konsumentenverhalten und wirtschaftlichen Entscheidungen, eben mit allem, was »Menschen wie du und ich« tun.

Die Sozialpsychologie untersucht, was innerhalb eines Menschen geschieht ebenso wie die Einflüsse der Umwelt auf den Menschen. Kurt Lewin, einer der großen Wegbereiter unserer Disziplin, argumentierte, dass menschliches Verhalten nur aus einer Interaktion zwischen den Kräftefeldern der *Person* und der Umwelt oder, besser, dem *sozialen Kontext* zu verstehen sei. Der soziale Kontext beinhaltet eine real anwesende oder auch nur vorgestellte Person; er lässt einen Reiz in einem anderen Licht erscheinen.

Hören wir beispielsweise das Wort »Politiker«, wirkt dieser Reiz nicht vollkommen isoliert auf uns, sondern ist begleitet von einem Bündel entscheidender Zusatzinformationen wie: *Wer* hat das Wort gesagt (ein Kabarettist oder ein anderer Politiker?), *wie* hat er es gesagt (klang es abfällig oder anerkennend?), *wo* wurde es gesagt (im Feuilleton oder auf den Politikseiten einer Zeitung), *wann* wurde es gesagt (während einer Regierungskrise oder an einem Feiertag?), und *wer war dabei*, als es gesagt wurde (ein Arbeitsloser oder ein Kind). Ein Reiz kommt also nie allein daher, sondern immer in einem Bündel von Kontextinformationen. Dieser Kontext ist sozial, denn das, was den Reiz umgibt, sind meist Menschen, reale oder vorgestellte, gerade sprechende oder solche, die uns schriftlich etwas mitteilen wollen, einzelne Menschen oder Menschengruppen. Der Kontext kann auch durch gesellschaftliche, von Menschenhand geschaffene Normen, Vorstellungen oder Gesetze gegeben sein.

Dieses komplexe Reizbündel wird von unserem Wahrnehmungsapparat selten in genau gleicher Weise aufgenommen. Je nachdem in welcher Stimmung er uns etwa erreicht, welches Wissen, welche Vorurteile und welche Stereotype wir bezüglich des Reizes haben, welche Ziele wir verfolgen, wenn wir uns mit ihm auseinander setzen, ob wir uns eher als Teil einer Gruppe oder als individuelle Persönlichkeit verstehen, und so weiter und so fort, wirkt der Reiz unterschiedlich. Das heißt, an der weiteren Verarbeitung des Reizbündels sind wir entscheidend beteiligt. Um zu erklären, welchen Einfluss ein Reiz auf eine Person hat, müssen wir die Interaktion zwischen dem Reiz im sozialen Kontext und dem psychischen Geschehen innerhalb eines Menschen analysieren.

Kurz gesagt, versucht die Sozialpsychologie zu erklären, wie der psychische Apparat des Menschen in Bezug auf die soziale Umwelt, vor allem auf andere Menschen und Lebenswelten, funktioniert und wie sich sein Denken, Fühlen und Handeln aufgrund einer real anwesenden oder auch nur vorgestellten anderen Person oder Gruppe verändert.

Ein Beispiel im Bereich der Vorurteile ist die unterschiedliche Bewertung von Bewerbungen. In Experimenten sollen mehrere Versuchsgruppen eine Person für einen technischen, also dem Stereotyp nach männlichen Beruf auswählen und erhalten dazu alle dieselben Bewerbungsunterlagen. Der einzige Unterschied besteht im Namen auf der Bewerbung: Bei den einen ist der Absender der Mappe Martina Müller, bei den anderen Martin Müller. Der wechselnde Kontext ist hier das Geschlecht der sich bewerbenden Person (»Martin« oder »Martina«) in Bezug auf die technische Stelle, in dem derselbe Reiz, also die Bewerbungsmappe, zu beurteilen ist. »Martin: technisch« bedeutet aber unmittelbar etwas anderes als »Martina: technisch« und ändert die Sichtweise auf den Reiz: Reiz und Kontext sind untrennbar miteinander verschmolzen und kaum mehr zu isolieren. Wir lesen also nicht – wie man ja auch annehmen könnte – wie ein unvorbelasteter Mensch die Informationen der Bewerbung und bewerten sie, sondern nehmen sie *im Kontext der Information* auf. Wenn die bewertende Person die Voreinstellung mitbringt, dass Frauen technisch unbegabt sind, findet eine Verfärbung statt; die Bedeutung verändert sich in Wechselwirkung mit den Voreinstellungen der Person und dem Reizbündel.

Immanuel Kant und andere Philosophen haben diese Ideen vorbereitet, und die Gestaltpsychologie und Sozialpsychologen wie

George Kelly übertrugen sie auf die Psychologie. Kant argumentierte, dass wir einen Blumenstrauß nicht etwa als Addierung einzelner Blumen sehen, sondern als Ganzes, als Blumenstrauß. Der einzelne Reiz verliert im Gesamtkontext an Bedeutung. So ruft »Martin: technisch« das Bild eines typischen, technisch versierten Burschens in uns wach, während »Martina: technisch« ein Bild einer etwas ungewöhnlichen Frau (kurze Haare? uneitel? lesbisch?) hervorruft, die für den Job möglicherweise nicht geeignet ist. Die Ergebnisse des Experiments belegen solche Interaktionen: Die Versuchspersonen entschieden sich eher dafür, den Mann einzustellen.

Es ist also unser Ziel als Sozialpsychologen, systematisch menschliches Denken, Fühlen und Verhalten vorherzusagen. Wenn ich davon spreche, dass wir Verhalten *vorhersagen* wollen, so werden manche von Ihnen sicherlich Zweifel daran hegen, und damit haben Sie teilweise sogar recht. Natürlich können wir nicht vorausahnen, wie Sie sich in der nächsten Minute verhalten werden. Wir können aber sagen, wie Sie sich *wahrscheinlich* in der nächsten Minute verhalten werden, wenn wir einige Informationen über Sie haben: Was für eine Persönlichkeit sind Sie, in welcher Situation befinden Sie sich gerade, um welche Information handelt es sich, und wie gehen Sie typischerweise mit solchen Informationen um? Lesen Sie dieses Buch, weil Sie Ihr Dozent morgen abfragt?[36] Lesen Sie es in der Badewanne? Lesen Sie es, weil Sie etwas über sich selbst erfahren wollen? Lesen Sie viel? Lesen Sie es in der Straßenbahn, während neben Ihnen ein Kind heult? Haben Sie gerade Liebeskummer? Sind Sie oft traurig?

In einigen dieser Fälle könnten wir eine Wahrscheinlichkeitsprognose dahingehend abgeben, wie Ihnen dieses Buch gefallen wird, wie sorgfältig Sie es lesen und welche Assoziationen Sie dabei haben. Diese Wahrscheinlichkeit leiten wir aus Untersuchungen ab, in denen eine größere Anzahl von Versuchspersonen getestet wird.

---

[36] Dann haben Sie das falsche Buch! Dies ist kein Lehrbuch! Gut, dass Sie das jetzt erfahren, oder?

Je nachdem wie sich die Mehrheit der Versuchspersonen verhält und wie systematisch sie das tut, lassen sich daraus bestimmte Verhaltensweisen und die Häufigkeit, mit der sie auftreten, ableiten. Aber es es gibt natürlich auch Ausnahmen, sprich, Versuchspersonen die sich völlig anders verhalten. Und Sie könnten eine dieser Ausnahmen sein. Sie könnten jemand sein, der sich nicht von einem Vorurteil leiten lässt. Peter Ustinov zum Beispiel behauptet in seinem Buch *Achtung! Vorurteile,* Vorurteile hätten bei ihm keine Chance. Das kann so sein, und als uneingeschränkter Bewunderer seiner Kunst traue ich Sir Peter alles zu. Es ist jedoch recht unwahrscheinlich, dass wir alle Ustinovs, alle Ausnahmen sind. Die Forschung zeigt, dass sich die meisten Versuchspersonen für vorurteilsfreie Menschen halten, selbst wenn die Ergebnisse klar darauf hinweisen, dass sie diskriminieren. Wenn wir allerdings daraus ableiten: Alle Menschen diskriminieren, können wir solche Aussagen nur auf der Basis von Wahrscheinlichkeiten machen.

Einzelfallanalyse:
Von der Unmöglichkeit, fair zu sein

Dazu bedienen wir uns, wenn auch äußerst selten, der *Einzelfallstudie*, in der ein einziger Mensch beobachtet oder befragt wird. Diese Methode ist dann sinnvoll, wenn man außergewöhnliche Leute untersucht, etwa Genies oder Schwerverbrecher, von denen es de facto nur wenige gibt. Oder wenn man wissen möchte, wie ein spezieller Politiker seine erstaunliche Karriere gemacht hat. Allerdings können die Ergebnisse solcher Analysen nicht auf andere Menschen übertragen oder daraus Schlüsse für die Allgemeinheit gezogen werden. Selbst, wenn man beispielsweise sicher sein könnte, dass ein Politiker etwa nicht von Geburt an besondere Talente gehabt hat und sein Erfolg daher allein auf seine Motivation zurückgeführt werden muss – können wir daraus nicht schließen, dass dies für alle oder wenigstens für die meisten Menschen gilt. Denn er kann tatsächlich eine Ausnahmeerscheinung sein. Zudem ist diese Methode für die Verhaltensvorhersage insofern fraglich, als die meisten Interviewer mit großen Erwartungen oder bestimmten Gefühlen in ein solches Gespräch gehen. Hätte ich zum Beispiel Gelegenheit gehabt, Maria Callas zu interviewen, um zu schauen, wie sie tickt, wie fair hätte ich wohl sein können? Ich vergöttere diese Stimme und ihre Ausdruckskraft, und ihre Lebensgeschichte stimmt mich melancholisch. Wenn man jemanden bewundert und die Aufmerksamkeit auf alle Aspekte der geliebten Person legt und dabei blind für alles Negative wird, kann man keine wissenschaftlichen Schlüsse für die Allgemeinheit daraus ziehen. Natürlich sind solche Analysen, die häufig in Biografien münden, wichtig, und ich liebe es, sie zu lesen. Aber für den Zweck der Verhaltensvorhersage eines »Menschen wie du und ich« sollte man möglichst unvoreingenommen sein. Das kann eine Einzelfallanalyse selten leisten.

Gut, es gibt Ausnahmen von dieser Regel. Etwa Hannah Arendts Analyse von Adolf Eichmann, der vom Schreibtisch aus die Ermordung der Juden in Europa organisierte, die die furchtbare Erkenntnis brachte, dass in der Persönlichkeit dieses Mannes kein krankes Monster wütete, sondern ein erschreckend normaler Biedermann. Arendt kann kaum Parteilichkeit vorgeworfen werden: Als Jüdin und Überlebende des Holocaust hat sie vermutlich wie viele andere auch zunächst die These verfolgt, dass Eichmann krank gewesen sein muss. Doch sie gewann Distanz zu ihrer eigenen Sichtweise und ermöglichte uns damit einen Blick in das Wesen der menschlichen Natur, der ihr sehr viel Ärger einbrachte. Die »Banalität des Bösen«, die sie entdeckte, war eine Provokation, ein Schlag ins Gesicht all jener Menschen, die die grausigen Taten der faschistischen Schreckensherrschaft nur mit einer perversen Persönlichkeitsstruktur erklären wollten. Wie konnte jemand behaupten, dass die Psyche und Verhaltensweisen dieses Mannes denen der Opfer sogar ähnlich war? Wollte sie damit etwa sagen, dass jeder normale Mensch zum KZ-Schergen werden könnte? Ihre These beeinflusste nachhaltig fast alle Disziplinen, die versuchten, das Dritte Reich zu verstehen. Es steht für mich außer Frage, dass Arendt einen richtigen und außerordentlichen wissenschaftlichen Beitrag geleistet hat – nur kann man auch von ihrer genialen Einzelfallbetrachtung nicht ohne Weiteres darauf schließen, dass *alle* Nazis normal waren.[37] Für eine solche Generalisierung *muss* man repräsentative Stichproben bei vielen Probanden machen.

Introspektion: Von den Grenzen der Selbsterkenntnis

Eine andere, für unsere Zwecke ebenfalls nicht ganz unproblematische Methode ist die *Introspektion*. Hier beobachte ich mich selbst und registriere, wie ich auf Dinge reagiere oder wie ich Leute beurteile. Ich könnte zum Beispiel beginnen, mich selbst dahingehend zu prüfen, wie gerecht ich mit Bewerbungen weiblicher Doktoranden umgehe. Ich könnte mir sagen: »Die Tatsache, dass du im Moment drei weibliche und einen männlichen Doktoranden hast, bedeutet, dass du Frauen nicht benachteiligst.« Diese Methode ist nicht schlecht, wenn ich etwas über mich selbst erfahren will und keine Möglichkeit habe, ein faires Selbstbild zu entwerfen. Wie sagt man doch gleich? »Selbsterkenntnis ist der erste Schritt zur Besserung.« Allerdings weiß ich aus meiner Forschung, dass wir uns gar nicht unparteiisch betrachten können und wollen, sondern uns gerne positiver sehen, als wir eigentlich sind. Ich würde mir also eher stolz auf die Schulter klopfen und sagen: »Schau, ich habe kein Problem mit Frauen in der Wissenschaft!« statt: »Ich habe ein Problem mit Männern!« Hätte ich dagegen drei Männer und eine Frau als Mitarbeiter, würde ich vermutlich argumentieren: »Die Frauen waren wirklich alle schlechter, und du hast alles getan, um ein gerechtes Urteil zu fällen.« Solche Urteilsverzerrungen sind typisch für die meisten Menschen und würden jeden wissenschaftlichen Schluss verfälschen.

---

[37] Experimente von Stanley Milgram und Philip Zimbardo belegten die These vom »normalen Bösen« in späteren Experimenten auf überzeugende Weise. Dies zeigt, wie inspirierend Arendts Betrachtung für die Theorienentwicklung und weitere Forschung war.

Ein weiteres Problem der Introspektion ist das der Vergleichsgruppe. Ich kann ja schlecht mein tatsächliches Verhalten mit einem hypothetischen anderen vergleichen. Nehmen wir an, ich will wissen, ob wir Menschen vorurteilsbehaftet handeln. Nehmen wir an, die Bewerbungen der Männer sind objektiv wirklich etwas besser – kann ich denn sagen, was ich täte, wenn die besseren Bewerbungen von Frauen gewesen wären? Hätte ich dann dieses »etwas besser« überhaupt wahrgenommen? Ich kann *mir vorstellen*, was passiert wäre – ich weiß es aber nicht, und ich habe keine Möglichkeit, es nur durch mich selbst herauszufinden.

Darüber hinaus versteht es sich von selbst, dass man *unbewusste* Effekte schwer bei sich selbst untersuchen kann. Timothy Willson und seine Kollegen zeigten dies in einem Experiment: Sie positionierten Socken rechts oder links in einem Regal. Generell bevorzugen Menschen Dinge, die auf der rechten Seite sind; warum das so ist, ist nicht geklärt. Auf jeden Fall aber zeigte dieses Experiment ein unvernünftiges Verhalten, denn tatsächlich wurden völlig unterschiedliche Socken auf den beiden Seiten des Regals positioniert: Aber unabhängig von der Qualität griffen die Versuchspersonen immer nach denen auf der rechten Seite. Als man sie danach fragte, *warum* ihre Wahl auf diese und nicht die anderen Socken gefallen ist, lautete die Antwort nicht: »Weil sie rechts lagen!« Vielmehr hatten die Versuchspersonen die abenteuerlichsten Erklärungen für ihre Wahl: Diese Socken seien modischer, ihre Sohle fester, die Qualität besser, die Wolle weicher etc. gewesen. Kurz, wir haben also keinen introspektiven Zugang zu vielen unserer psychologischen Prozesse. Und damit ist Introspektion als wissenschaftliche Methode fraglich.

Es spricht also einiges dafür, unparteiische Beobachter zu haben, die wir Versuchsleiter nennen. Und es spricht einiges dafür, mehr als eine Person zu testen, wenn man aus einer Untersuchung Schlussfolgerungen für die Gesamtheit der Menschen ziehen möchte. Für wissenschaftliche Untersuchungen am Menschen gibt es vor allem zwei klassische Verfahren: die Zusammenhangsstudie, auch Korrelationsstudie genannt, und das Experiment.

Korrelationsstudien:
Von möglichen Zusammenhängen

Die *Korrelationsstudie* testet, ob es – und wenn ja inwiefern – einen Zusammenhang zwischen zwei psychologischen Zuständen gibt, etwa den zwischen einem niedrigen Selbstwertgefühl und negativen Einstellungen gegenüber Minderheiten. Dazu ließe sich ein Fragebogen erstellen, der das Selbstwertgefühl eines Menschen misst, und ein weiterer, der die Einstellung etwa gegenüber Türken erfasst. Beide Fragebögen müssten von denselben Versuchsteilnehmern bearbeitet werden. Mithilfe statistischer Methoden ließe sich dann herausfinden, ob Leute, die ein niedriges Selbstwertgefühl haben, auch systematisch höhere Werte auf der Vorurteilsskala haben. Nehmen wir an, wir finden einen solchen Zusammenhang – je niedriger der Selbstwert, desto höher die negativen Einstellungen –, könnten wir jetzt schlussfolgern, dass ein niedriger Selbstwert zu mehr Vorurteilen gegenüber Türken führt? Nein, denn bei dieser Methode ist die Kausalbeziehung nicht klar: Was kommt zuerst? Führt niedriger Selbstwert zu ausgeprägtem Rassismus? Oder ist es umgekehrt: Führt eine starke Abneigung anderen gegenüber dazu, dass man sich selbst weniger mag?

Sicher haben Sie schon einmal von solchen Zusammenhangsuntersuchungen gehört, bei denen schnell Behauptungen entstehen wie »Die Wissenschaft hat festgestellt, dass der Konsum von aggressiven Medien zu Gewalt führt«. Auch wenn dieser Zusammenhang interessant ist, kann man selten allein aus den Studien schließen, dass Gewaltfilme Gewalt *verursachen*. Häufig wird bei diesen Untersuchungen beispielsweise die Anzahl der Stunden erhoben, die Kinder mit aggressiven Medien verbringen, und die Bewertung der Lehrer und Eltern bezüglich der Aggressivität der Kinder. Entdeckt man einen positiven Zusammenhang zwischen diesen beiden Informationen, kann das jedoch auch bedeuten, dass aggressive Kinder mehr Lust haben, aggressive Videos anzuschauen (die Ursache liegt hier in der Aggressivität der Kinder und nicht im Videokonsum), und es bedeutet nicht zwangsläufig, dass aggressive Videos die Kinder aggressiv werden lassen (die Ursache liegt in den Medien, die die Kinder anstiften).

Korrelationsstudien können also keine Klarheit über die Kausalrichtung schaffen, und sind daher für die Frage, durch welche Bedingungen ein bestimmtes Verhalten *vorhergesagt werden kann*, ungeeignet. Allerdings eignen sie sich gut dafür, Zusammenhänge aufzuzeigen. Die Tatsache, *dass* Aggression und Videospiele in dieser Weise zusammenhängen, ist an sich interessant. Schließlich könnte es ja auch keinen Zusammenhang geben oder einen umgekehrten – in dem Sinne, dass eine Entladung aggressiver Energie beim Gewalt-Video-Konsum zu weniger Gewalt führt. Dem ist aber nicht so: Gewaltkonsum hängt mit hoher Gewaltbereitschaft zusammen.

Experimente: Von der Möglichkeit, der Psyche auf den Grund zu kommen

Um eine Kausalbeziehung zu testen, muss man Experimente durchführen. Erst dann lässt sich sagen, welcher psychologische Zustand einen Einfluss auf den anderen hat. Das Experiment ist die bevorzugte Methode der Sozialpsychologie, weil wir wissen wollen, wodurch ein bestimmtes Verhalten, Denken oder Fühlen *verursacht* wird. In einem Experiment kann ich den psychologischen Zustand herstellen, für den ich mich interessiere, und *danach* seinen Einfluss testen. Zum Beispiel kann ich einer Gruppe von Versuchspersonen ein Gewaltvideo zeigen und einer anderen eine Komödie und anschließend ihr aggressives Verhalten testen, etwa indem ich ihnen ermögliche, eine andere, fiktive Person zu ärgern, kurz, ihr Schaden zuzufügen. Ich kann die Versuchspersonen bitten, einen Drink für jemanden zu mixen, der Scharfes nicht mag. Dafür stehen verschiedene Ingredienzen zur Verfügung: Zitronensaft, Wodka, Cola, Tabasco, Gin, Orangensaft etc. Wenn die Versuchsperson einen Cocktail mixt, der vor allem Tabascosauce enthält, dann kann ich wohl behaupten, sie sei aggressiv;

denn Aggression beinhaltet die Motivation, eine andere Person zu schädigen. Angenommen, ich finde nun tatsächlich heraus, dass relativ zu denen, die die Komödie gesehen haben, diejenigen mehr Tabasco in den Drink mischen, die den gewalttätigen Splatter-Film gesehen haben, dann kann ich sagen, dass Gewaltfilme im Vergleich zu Komödien Aggression *verursachen*.

Will ich den Einfluss des Selbstwertgefühls auf Vorurteile testen, kann ich ähnlich vorgehen wie in der in Kapitel 4 geschilderten Studie von Fein und Spencer, denn unser Selbstwert ist nicht in allen Situationen gleich, sondern durchaus zum Beispiel durch negatives und positives Leistungsfeedback beeinflussbar. Wenn ich nach negativem Leistungsfeedback eine negativere Einstellung gegenüber Schwulen feststelle, dann habe ich – wenn ich die Regeln der Experimentierkunst berücksichtigt habe – ein Kausalverhältnis gefunden. Experimente testen, ob bestimmte erwartete Einflüsse überhaupt existieren. Im Fall von Selbstwertgefühl und Diskriminierung ist es zum Beispiel so, dass viele Experimente tatsächlich keinerlei Einfluss zeigen.[38]

Man braucht zwar das Wissen eines ganzes Psychologiestudiums, um ein wirklich wasserdichtes Experiment durchzuführen, das allen wissenschaftlichen Standards genügt, aber einige Grundregeln – die bei Weitem nicht vollständig sind – können auch im Rahmen eines solchen Buches klargestellt werden.

Damit sich eine Untersuchung »Experiment« nennen darf, müssen mindestens zwei Versuchsbedingungen hergestellt werden, zum Beispiel negatives Feedback und positives Feedback. Ich kann jede Person nacheinander negativem wie positivem Feedback aussetzen oder alle Versuchspersonen in zwei Gruppen auf-

---

[38] Wenn Sie dieser Methode der Erkenntnisgewinnung skeptisch gegenüberstehen, dann sollten Sie nie wieder ein Medikament einnehmen, denn das Testen von Hustensaft, Antibiotika und Pickelcreme folgt genau dieser naturwissenschaftlichen Methode. Man vergleicht eine Gruppe, die Medikament A bekommen hat mit einer, die ein Placebo bekommen hat, und schaut dann, ob Medikament A hilft und welche Nebenwirkungen aufgetreten sind. Kommt ein Medikament auf den Markt, hat es bei den *meisten* Menschen mit einer *hohen Wahrscheinlichkeit* gewirkt und bei den *meisten* keinen Schaden angerichtet.

teilen: eine, die positives, und eine andere, die negatives Feedback erhält, nachdem sie eine Aufgabe bearbeitet hat, bei der ihr nicht so klar ist, wie gut oder schlecht sie abgeschnitten hat. Bei letzterem Verfahren muss ich sicherstellen, dass die Versuchspersonen diesen Bedingungen *zufällig* zugeordnet werden, um auszuschließen, dass etwa alle selbstsicheren, intelligenteren, kreativeren oder besser gelaunten Probanden in derselben Gruppe versammelt sind. Normalerweise entscheidet das Los. Finden wir dann heraus, dass die Versuchsteilnehmer nach negativem Feedback – im Vergleich zu der Gruppe mit positivem Feedback – negativere Einstellungen gegenüber Schwulen angeben, dann ist das nicht auf Unterschiede im chronischen Selbstwertgefühl zwischen den Gruppen zurückzuführen, sondern auf das unterschiedliche Feedback. Abgesichert wird diese Betrachtung durch statistische Verfahren, die uns eine Irrtumswahrscheinlichkeit von fünf Prozent zugestehen.

Die zweite Regel besteht darin, dass der Versuchsleiter möglichst keine Kenntnis davon haben soll, in welcher der beiden Gruppen (positives oder negatives Feedback) sich die Versuchspersonen befinden. Dadurch wird jeder auch noch so unbewusste Einfluss von vornherein ausgeschlossen. Die Versuchsleiter teilen das Material aus, ohne zu wissen, was sich in den Mappen befindet oder was genau getestet wird.

Drittens gilt es zu verhindern, dass die Versuchsperson das tut, was wir von ihr erwarten; also eine nette, kooperierende Versuchsperson ist, die uns helfen will, die von uns erwarteten Ergebnisse zu bestätigen. Das kann passieren. Wenn eine Versuchsperson merkt, dass wir Vorurteile untersuchen und sich dann so verhält, wie man es erwarten würde (also bspw. eine Frau im Experiment »nicht einstellt«, weil sie denkt, das sei die bittere Realität, und das müsse sie uns zeigen), dann hätten wir einen Fehler gemacht. Genauso gut kann sie sich aber vollkommen entgegen unseren Erwartungen verhalten. Sie könnte sich sagen: »Die wollen jetzt, dass ich mich sexistisch verhalte. Nicht mit mir! Dann stelle ich eben die Frau ein, auch wenn ich sie bescheuert finde!« Aus diesen Gründen müssen wir versuchen, den Untersuchungszweck zu verheimlichen. Aus ethischen Gründen hole ich bei den Versuchsteilnehmern vorher eine Einverständniserklärung ein, dass sie unter Umständen Situationen ausgesetzt werden, deren Zweck sie erst hinterher erfahren können. Dass die Teilnahme an den Experimenten freiwillig ist, muss wohl nicht betont werden. Am Ende des Experiments wird die Versuchsperson vollständig über die Studie aufgeklärt, bekommt ihren »Lohn« (meist Geld oder ein kleines Geschenk) und hat dann immer noch die Möglichkeit, um das Löschen ihrer Daten zu bitten. Selbstverständlich kann sie das Experiment auch jederzeit abbrechen. Die Daten bleiben ohnehin anonym.

In der letzten Zeit schießen weltweit nationale Ethikkommissionen aus dem Boden, die kontrollieren, ob einer Versuchsperson nicht geschadet wird. Manche befürchten, wir würden die Probanden ihrer Freiheit berauben oder ihnen andere schlimme Dinge antun. Häufig wissen diese Leute nicht, wovon sie sprechen. Nach Tausenden von Versuchspersonen, mit denen ich am Ende eines Experiments persönlich gesprochen habe, würde ich die Zahl derjenigen, denen die Teilnahme keinen Spaß gemacht hat, auf weit unter ein Prozent schätzen. Üblicherweise sind die Versuchspersonen enthusiastisch, wenn sie erfahren, für welchen Zweck wir sie getestet haben, und wollen gern an weiteren Untersuchungen teilnehmen.

Dies sind aber nicht die einzigen ethischen Richtlinien, die wir haben: Natürlich dürfen wir niemanden schädigen. Und wenn Sie irgendwo einmal gehört haben, dass in Aggressionsexperimenten Leuten schwere elektrische Schocks versetzt werden oder Leute gequält werden wie im Film *Das Experiment*, dann ist das der blanke Unsinn. Die Liste mit ethischen Standards ist lang, und niemand würde ein Experiment veröffentlichen, das diesen Standards nicht genügt. Meist reguliert sich der Markt also selbst. Die abenteuerliche Methode, Aggression anhand von Tabascosauce zu messen, wurde nicht etwa entwickelt, weil die Forscher zu viel Zeit hatten, sondern weil es in ethischer Hinsicht tatsächlich problematisch ist, Aggression im Labor zu messen. Die Tabascomethode hat den Vorteil, dass niemand geschädigt wird – denn niemand muss das Zeug hinterher trinken, die Person, für die der Cocktail gemixt wird, bleibt fiktiv –, und trotzdem belegt sie die Motivation, jemandem zu schaden, der Scharfes nicht gut verträgt.

Ich habe es weder als langjähriger Gutachter der deutschen Ethikkommission noch als Gutachter oder Mitherausgeber von Wissenschaftsmagazinen erlebt, dass ein Experiment so unmoralisch war, dass man es komplett ablehnen musste. Ein ethisch bedenkliches Experiment wird weder von der Deutschen Forschungsgemeinschaft (DFG) unterstützt, noch könnte es in einem internationalen wissenschaftlichen Topjournal veröffentlicht werden. Und das ist das Ziel jedes guten Wissenschaftlers: erfolgreich zu forschen und seine Befunde auf höchstem Niveau zu publizieren.[39]

Aber selbst wenn alle Grundregeln des Experimentierens eingehalten werden, stellt sich die Frage: Lassen sich die Ergebnisse in Bezug auf das Alltagsleben verallgemeinern? Manche dieser Experimente erscheinen doch sehr künstlich, und man fragt sich, was sie mit dem richtigen Leben zu tun haben. Wir unterscheiden des-

---

[39] Diese Art der wissenschaftlichen Kommunikation, also die internationale Veröffentlichung exzellenter Forschungsergebnisse, wird in Deutschland immer noch sehr wenig gepflegt, vermutlich weil die Universitäten Forschung nicht ausreichend fördern. Wenn es ihre persönliche Situation erlaubt, suchen die wissenschaftlich interessierten Sozialpsychologen deshalb häufig ihr Glück im Ausland. Denn die deutsche Hochschulpolitik, die weit entfernt von internationalen Standards operiert, fungiert eher als Bremse: So wird Forschung von den meisten Universitäten immer noch als Last empfunden, weil sie nur Räume und Geld kostet; so wird Erfolg in der Forschung immer noch nicht belohnt, denn alle Beamten verdienen ungefähr das Gleiche, egal, wie viel sie leisten, und Lehre und administrative Tätigkeiten werden bei guten Forschern nicht reduziert; so herrscht immer noch kein internationaler Wettbewerb bei Bewerbungen, und ausländische Kollegen sind an deutschen Universitäten kaum zu finden – das alles ist nicht attraktiv für jemanden, der lehren *und* forschen will und im Ausland die Möglichkeit hat, beides zu tun. Ein Wandel dieses forschungsfeindlichen Systems benötigt vermutlich Jahrzehnte, könnte jedoch eingeleitet werden, indem wenigstens das Beamtentum an den Hochschulen endlich abgeschafft würde. Das Beamtentum ist verbunden mit mangelnder Flexibilität, geringen Anreizstrukturen, hohem administrativen Aufwand, ungerechter Behandlung derer, die viel leisten, und einer Einladung zum selbstgefälligen Professorentum, das sich internationalen Diskussionen nicht stellt.

halb zwischen *psychologischem* und *offenbarem* Realismus: Wenn ich im Labor Versuchsteilnehmer Personalmanager spielen lasse und ihnen dabei realistisch aussehende Bewerbungsmappen in einem für eine solche Situationen typischen Raum aushändige, dann hat diese Versuchsanordnung einen offenbaren Realismus: So könnte es im realen Leben auch passieren.

Wie ist es aber, wenn wie bei der in Kapitel 4 vorgestellten lexikalischen Entscheidungsaufgabe Personen vor einem Computerbildschirm sitzend entscheiden sollen, ob eine Buchstabenkette ein Wort ist oder nicht? Die, wenn das Wort »Doktor« subliminal eingeblendet wird, schneller das Wort »krank« erkennen. Das ist eine absolut künstliche Situation, die mit offenbarem Realismus nichts zu tun hat. Sie hat jedoch eine hohe psychologische Realität – sie testet nämlich eine psychologische Theorie, die im Groben beinhaltet, dass die Aktivierung von Assoziationen die Wahrnehmungsgeschwindigkeit beschleunigt. Das Maß zeigt an, wie schnell wir Wörter erkennen können – und dies mit einer extrem hohen Messgenauigkeit. Weil der Computer selbst Unterschiede im Millisekundenbereich misst, wird auch eine Verfälschung des Maßes durch die Versuchsperson nahezu unmöglich. Zwar kann sie sich vornehmen, immer wenn »krank« erscheint, langsamer auf die Taste zu drücken, aber eine so bewusste Einflussnahme würde wegen der sehr stark verlangsamten Reaktionen entdeckt werden. Das kurze Einblenden von Wörtern ist ebenfalls etwas, das nichts mit dem Alltag zu tun hat; jedenfalls wenn wir davon ausgehen, dass unsere Filme und das Fernsehen nicht auf diese Weise »verseucht« sind. Allerdings stellt diese Methode einen Idealzustand einer Situation dar, die wir vermutlich häufig erleben, nämlich den der vorbewussten Wahrnehmung. Diese ist, weil vorbewusst, im realen Leben introspektiv nicht erfahrbar – sie wird nur durch den Effekt deutlich, den sie auf Verhalten und Reaktionen hat.

Nicht erfahrbar? Ich habe so einen Tick, den ich mit diesen vorbewussten Wahrnehmungen durchaus in Verbindung bringe: Ich habe Angst vor lauten Flugzeugen. Das liegt vermutlich daran, dass mir meine tyrannische Oma häufig Kriegsgeschichten erzählt hat, die allesamt grausam endeten. Häufig waren Flugzeuge im Spiel, und wenn über Ostwestfalen irgendwelche lauten Flugzeuge hinwegdonnerten, dann baute sie den Sound in ihre Geschichten mit ein. Sie hatte immer einen großen Spaß daran, wenn wir Kinder uns dann vor Angst unter dem Tisch versteckten. Heute überkommt mich manchmal eine plötzliche Angst, von der ich nicht weiß, woher sie kommt. Und dann werde ich unruhig und fange an, in der Umgebung danach zu suchen, was nicht stimmt. Sekunden später nehme ich ein Geräusch wahr, das immer näher kommt – ein Flugzeug, das donnernd über mich hinwegfliegt. Meine Vermutung ist, dass diese Angst durch eine vorbewusste Wahrnehmung des Flugzeuggeräusches erzeugt wird: Noch bevor ich das Geräusch bewusst erlebe, ist mein Wahrnehmungsapparat auf 180! Dies wäre, wenn es denn so wäre – wie gesagt, Introspektion bei unbewussten Prozessen ist keine zuverlässige Forschungsmethode –, ein extrem hilfreicher psychologischer Prozess. Es hieße nämlich, dass mein Organismus auf eine eventuelle Bedrohung schon vorbereitet ist, bevor ich sie voll bewusst wahrnehmen könnte.

Auch in anderen Bereichen erlebe ich solche vorbewussten Phänomene: Wenn ich auf der Bühne stehe und spiele, vergesse ich mich manchmal so sehr, dass ich mich – wenn auch nur leicht – verletze. So verstauchte ich mir einmal den Arm, weil ich in meinem Programm »Perlen und Säue« einen Kinderwagen zerschlagen musste. Ich falle jedoch nie von der Bühne, und das ist nicht selbstverständlich, denn oftmals blenden die Scheinwerfer so stark, dass man den Bühnenrand nicht bewusst sehen kann. Ich glaube aber, dass ich vorbewusst die Bühnenkante durchaus wahrnehme und mich deshalb richtig verhalte. Das, was andere »Intuition« oder »Bühnenfeeling« nennen, führe ich auf einen vorbewussten Wahrnehmungsprozess zurück.

Zur Überprüfung solcher Effekte bietet sich die subliminale Präsentation am Computer an: Sie entspricht der psychologischen Realität, dass wir manchmal Reize en passant oder vorbewusst aufnehmen; was wiederum an dem Einfluss deutlich wird, den diese Form der Präsentation haben kann. Im Experiment sehe ich:

Leute, die mit Schwarzen geprimet wurden, können aggressive Wörter besser lesen; auf der Bühne sehe ich: Ich falle nicht runter. Der Effekt zeigt, dass etwas wahrgenommen wurde. Zudem haben Experimente mit einer solchen Versuchsanordnung den Vorteil, dass man viele Probleme eliminieren kann. Da die Versuchsperson nicht sehen kann, welchen Wörtern sie ausgesetzt wird, kann sie die Ergebnisse auch nicht willentlich beeinflussen, indem sie sich beispielsweise möglichst kooperativ oder trotzig verhält.

Weiterhin stellt sich die Frage nach der *Repräsentativität* der Versuchspersonenstichprobe. Sind mit deutschen Studenten durchgeführten Studien auf Menschen anderer Länder, unterschiedlicher Alters- und Berufsgruppen etc. übertragbar? Natürlich kann es zwischen den einzelnen Gruppen zu Unterschieden kommen, weshalb man einen Befund nicht nur im eigenen Labor, sondern idealerweise auch in einem zweiten bzw. mit einer anderen Versuchspersonen nachstellt. In unserer Disziplin erhalten Ergebnisse dann viel Beachtung, wenn andere Labors mit anderen Versuchspersonen zu exakt demselben Ergebnis kommen; und sehr gewissenhafte Forscher replizieren ihre Befunde in anderen internationalen Labors.

Zwar findet man manchmal tatsächlich wichtige Unterschiede zwischen Kulturen; so identifizieren sich östliche Kulturen stärker mit ihren Eigengruppen als die individualistisch geprägten westlichen Kulturen. Generell kann man jedoch sagen, dass sich typische Wahrnehmungs- und Gedächtnisprozesse in den verschiedensten Kulturen belegen lassen. Auf einer bestimmten psychischen Ebene sind wir Menschen relativ gleich gebaut. Deshalb stehen die Identifizierung der allgemeinen psychologischen Prozesse, der Informationsverarbeitung und des Verhaltens auch im Zentrum unserer Forschung. Theorien, die Aussagen über stichprobenübergreifende psychologische Prozesse machen, werden von uns besonders geschätzt.

Kurz gefasst

Dieses Kapitel soll Ihnen einen kurzen Einblick in die Forschungsmethoden und die Disziplin der Sozialpsychologie geben. Sozialpsychologen haben das Ziel, Verhalten, Denken und Fühlen von »normalen« Personen im sozialen Kontext vorherzusagen und bedienen sich dabei verschiedener Methoden. Während die Einzelfallstudie und die Introspektion für unsere Zwecke wenig geeignet sind, zeigt die Korrelationsstudie Zusammenhänge zwischen psychologischen Zuständen auf. Mithilfe von Experimenten kann man Kausalzusammenhänge untersuchen. Die Zufälligkeit der Zuweisung zu den Gruppen, die Blindheit der Versuchsleiter in Bezug auf diese Gruppen und die Vermeidung sozial erwünschten Verhaltens seitens der Probanden sind neben der Beachtung ethischer Standards wichtige Voraussetzungen für ein gutes Experiment. Die Übertragbarkeit der Ergebnisse wird nicht allein dadurch gewährleistet, dass Experimente Situationen des wirklichen Lebens entsprechen, sondern sie können durchaus künstlich wirken und dabei eine psychologische Realität widerspiegeln. Damit Experimente auf alle Menschen übertragen werden können, sollten sie mit unterschiedlichen Versuchspersonen vorgenommen werden. Generell aber gilt, dass wir Sozialpsychologen nur Prognosen bei der Verhaltensvorhersage leisten können. Sie persönlich könnten immer und immer wieder eine Ausnahme sein! Ich halte es nur für unwahrscheinlich.

KAPITEL 6

Vom Messen und Maßnehmen: Muster, Persönlichkeitsstrukturen, psychologische Quellen der Diskriminierung und Vorurteilsmaße

Wer eher zu Diskriminierung neigt und wer nicht. Warum man sich denen mit Vorsicht nähern sollte, »die nach oben buckeln und nach unten treten«. Warum Rechtskonservative so geworden sind, wie sie sind. Warum Sexisten nur bestimmten Frauen die Türe aufhalten. Warum wir lieber niedliche Alte, normale Homosexuelle und zahme Braunbären mögen. Die Frage nach dem Selbstwert. Warum sich unsere Persönlichkeit schnell ändern kann. Wie man bewusste und unbewusste Vorurteile messen kann, und welche Probleme sich dabei ergeben.

In meinem Nacken spüre ich einen Stiefel, mein Kiefer ist geöffnet, so weit es geht. Die Zunge berührt den Bordstein, ich schmecke Straßenstaub, Speichel fließt auf die Kante, es riecht so, als hätte es gerade geregnet. Meine Zähne schmerzen, ich habe Angst, sie könnten abbrechen, denn der Druck ist nicht stabil. Der Stiefel wackelt bedrohlich, scheint mir nicht unter Kontrolle zu sein. Der Druck wird stärker. Peter B. erklärt mir: Wenn er weiter zutritt, würde mein Kiefer brechen, und ich wäre entstellt für den Rest meines Lebens: »Und das willst du miese schwule Sau doch sicherlich nicht, oder?« Ich bin neun Jahre alt, viel zu klein für mein Alter und sehr dünn; die Jungs sind kräftig, 13, 14, 15 Jahre alt. Torsten S. klappt meinen schwarzen Geigenkasten auf, holt das Instrument heraus, streift die blaue Samthülle, die meine Mama genäht hat, ab und zupft belustigt an den Saiten herum. Legt sie dann auf den Bürgersteig – in den Dreck. Ich sehe meinen Papa vor mir, wie er für die Geige geschuftet hat und wie er Weihnachten geweint hat, weil er sie mir ermöglichen konnte. Der Papa, dem es eher peinlich war, wenn wir ihm etwas schenkten, weil es ihn noch mehr freut, wenn *er* schenken kann. Ich protestiere, gebe Laute von mir, aber Peter B. hat es kommen sehen: »Die ist dir wichtig, Tunte, nicht? Die ist dir wichtiger als dein beschissenes Leben, stimmt's?« Ich versuche zu nicken, hinter mir steht Stephan N. und dehnt meinen rechten Arm nach oben, bis ich Sterne sehe. Torsten S. dreht die Wirbel der Geige raus, dabei reißt die G-Saite. Die teuerste von allen Nürnberger Künstlersaiten. »Oh, wie empfindlich!«, lacht er, und die anderen finden das komisch. Ich denke: »Wenn die G-Saite gerissen ist, das ist die dickste, dann ist hoffentlich die Decke nicht durchgebrochen!« Ich wehre mich, mir ist alles egal, ich röchele irgendetwas, was keiner verstehen kann. Dann lassen sie mich los, rufen mir Schimpfworte nach und machen noch einmal klar, dass ich, sobald ich meinen Eltern etwas erzähle, meine Geige und meinen Kiefer vergessen kann. Ich atme auf: »Heute habe ich Glück gehabt, heute verlangen sie keine schlimmeren Sachen von mir.«

Sie werden verstehen, dass ich nun an der Grenze meines Mitteilungsbedürfnisses bin, was diese Erlebnisse angeht. Stellen Sie sich einfach etwas sehr Schlimmes vor, es ist vermutlich passiert.

Die Persönlichkeit des Menschen

In den vorherigen Kapiteln habe ich versucht, Sie davon zu überzeugen, dass wir alle Vorurteile haben. Wir alle haben Wissen in Form von Kategorien abgespeichert und tragen Assoziationen mit uns herum, die wir nicht immer kontrollieren können; und wir alle haben Vorlieben und Abneigungen gegenüber bestimmten Gruppen. Wir identifizieren uns mit unserer Eigengruppe und bevorteilen sie. Aber natürlich gibt es deutliche Persönlichkeitsunterschiede zwischen den Menschen: Die einen diskriminieren eindeutig stärker als andere, einige sind aggressiver als andere, und es scheint, als ob manche Menschen für Diskriminierung oder Gewalt gegen Minderheiten regelrecht prädestiniert sind. Die Persönlichkeit eines Menschen – mit der wir uns ebenfalls in der Sozialpsychologie beschäftigen, denn Verhalten wird immer durch eine Wechselwirkung zwischen Person und Umwelt bestimmt – spielt ohne Frage eine Rolle dabei, wie ein Mensch mit einem anderen umgeht. Können wir situationsübergreifende Merkmale bei einem Menschen identifizieren, sprechen wir von Persönlichkeit.

Wenn wir zum Beispiel bemerken, dass jemand in den meisten Situationen eher schüchtern wirkt oder immer wieder kreative Ideen hat oder sich überwiegend aggressiv verhält, dann handelt es sich um ein stabiles Persönlichkeitsmerkmal. Eine Persönlichkeitsstruktur zeichnet sich durch stabile Ziele, Einstellungen, Wertvorstellungen, chronische Verhaltensweisen, Arten zu fühlen und zu denken sowie durch Gewohnheiten und Vorlieben aus. Jeder Mensch ist anders und weist eine bestimmte und ganz eigene Mischung von Merkmalen auf. Und die Psychologie, die ja das Verhalten von Menschen vorhersagen will, hat es sich zur Aufgabe gemacht, die fundamentalen Persönlichkeitsstrukturen zu finden, die ganze Gruppen von Menschen voneinander unterscheiden. Sie lassen sich mithilfe von Fragebögen oder ähnlichen Verfahren identifizieren. Einige dieser stabilen Motive und Vorstellungen lassen auf Diskriminierung und sogar Gewalt gegenüber anderen schließen.

Damit kommen wir erstmals zu einem Wissenschaftler, den Sie hier sicher schon die ganze Zeit vermisst haben: Sigmund Freud.

Freud und seine Nachfahren

Freud gilt nach wie vor als einer der wichtigsten Wegbereiter der Psychologie überhaupt. Einige der von ihm entdeckten Phänomene werden auch heute noch diskutiert. Er inspirierte die Literatur und sämtliche Geisteswissenschaften. Allerdings muss ich in Übereinstimmung mit den meisten wissenschaftlich arbeitenden Psychologen konstatieren, dass sein Einfluss auf die heutige Theorienbildung in der Psychologie geringer ist, als Sie wahrscheinlich vermuten. Viele seiner Theorien waren nämlich entweder nicht überprüfbar oder tatsächlich falsch.[40]

Aber falsche Erklärungen können manchmal sehr fruchtbar für die Wissenschaft sein, die ja davon lebt, dass Theorien widerlegt und neue und bessere Gedankenmodelle entwickelt werden. Andererseits wehre ich mich dagegen, die Psychoanalyse lediglich innerhalb der Sektion »Geschichte der Psychologie« abzuhandeln, wo sie im wissenschaftlichen Psychologiestudium fast nur vorkommt. Für mich persönlich sind seine Werke immer wieder eine Quelle der Inspiration – auch wenn man einiges heute vielleicht anders erklären würde, so war er doch ein scharfer Beobachter. Würden wir uns so viel mit dem Unbewussten oder Verdrängung und Unterdrückung beschäftigen, wenn er diese Phänomene nicht so prominent beschrieben hätte? Auch in diesem Buch tun wir das ja. Das Phänomen des Unbewussten, also die Tatsache, dass wir uns unserer Motive nicht immer bewusst sind und unser Verhalten häufig automatisch, ohne Überlegung und vernünftigen Grund abläuft, steht heutzutage außer Frage. Allerdings liegt der Grund dafür offenbar nicht in der Psychodynamik, die Freud beschrieben hat, sondern hat meist mit simplen Lern- und Gedächtnisprozessen zu tun.

Freud erklärt die Phänomene Vorurteil und Diskriminierung mit einer Angst des Menschen, einer Paranoia, gegen die er angeht, indem er sich über andere erhebt. Zum Beispiel, indem er andere abwertet. Nach Freud erleben die Menschen innere Konflikte zwischen sich widersprechenden Trieben, etwa dem Todestrieb (Thanatos) und dem Sexualtrieb (Eros). Und dieser Konflikt produziert eine Spannung, die entladen werden muss, zum Beispiel in Form von Aggression gegenüber anderen. Wird ein Mensch frustriert, versucht er sich gegen den, der die Frustration ausgelöst hat, zu wehren, er wird aggressiv. Und wenn er sich nicht gegen den Ver-

---

[40] Zudem hat es der Theorie der Psychoanalyse nicht gerade geholfen, dass die daraus abgeleitete Therapieform immer mehr in die Kritik geriet und sich gezeigt hat, dass viele andere neuere Therapieformen dieser aufwendigen Methode überlegen sind.

ursacher der Aggression wehren kann, dann tritt er nach unten. Er richtet die angestaute Aggression gegen jemanden, der schwächer ist als er.

Darauf beruht auch die Sündenbocktheorie: Um sich ihrer Aggression zu entledigen, suchen frustrierte Leute sich jemanden, der nichts mit der Quelle des Frusts zu tun hat und meist schwächer ist. Für diese Theorie lassen sich einige (wenige) Experimente als Belege anführen, in denen vom Versuchsleiter frustrierte Versuchsteilnehmer plötzlich vor allem Minderheiten gegenüber aggressiv reagierten. Sie haben sich offenbar einen Sündenbock für ihre Unzufriedenheit gesucht, und da sie sich nicht trauten, die Versuchsleiter anzugreifen, traten sie nach unten.

So ähnlich könnte es gelaufen sein: Die Kinder, die mich damals misshandelten, hatten allen Grund, wegen ihrer sozialen Situation frustriert zu sein. Wir wohnten ja zu dieser Zeit noch im sozialen Wohnungsbau und nicht in der von Gernot verpönten Eigentumswohnung. Und viele der Jungs dort hatten tatsächlich nichts zu lachen: Sie wurden von ihren Eltern geschlagen statt gefördert, und in der Schule bekamen sie andauernd Ärger, weil sie die erwarteten Leistungen nicht erbrachten. Sie hatten keine Freundinnen, weil sie Mädchen außer ihrem Frust nichts zu bieten hatten, und waren sich ihres jämmerlichen Lebens und ihrer trostlosen Perspektiven voll bewusst. Statt auf den betrunkenen Vater einzudreschen oder den Lehrer anzumachen, fingen sie lieber den jüngeren und kleineren Nachbarsjungen ab, malträtierten ihn und erlebten dabei endlich ein bisschen Genugtuung, Kontrolle und Macht. Kurz, sie ließen die angestauten Aggressionen an jemand anderem aus.

Auf der Basis solcher Überlegungen entwickelte Theodor Adorno mit seiner Arbeitsgruppe einen Fragebogen, der die sogenannte *autoritäre Persönlichkeit* eines Menschen misst. Er ging davon aus, dass autoritäre Persönlichkeiten ihre zu strengen Eltern hassen, diesen Hass unterdrücken und an Schwächeren auslassen. Der Fragebogen misst, salopp gesagt, die Tendenz, »nach oben zu buckeln und nach unten zu treten«. Anders ausgedrückt, misst er unter anderem die Tendenz einer Person, Autoritäten im übersteigerten Maße anzuerkennen, sowie eine extreme Anpassung an soziale Normen und Standards, selbstgerechte Feindseligkeit gegenüber anderen und eine Tendenz, Minderheiten zu bestrafen. In den vorangegangenen Kapiteln habe ich Ihnen meine tyrannische Oma in vielen Facetten geschildert – mit dem Hintergedanken, Ihnen eine autoritäre Persönlichkeit einmal exemplarisch vorzustellen: selbstgerecht, Autoritäten verehrend (sie fand Adolf Hitler gut), an Normen und Manieren interessiert (Bücher unter den Achseln!) und Minderheiten gering schätzend (mit Flüchtlingen wie meiner Mutter sollte ihr Sohn nichts zu tun haben).

Personen, die nach der Auswertung des Fragebogens in hohem Maße autoritäre Persönlichkeiten sind, haben auch häufiger offene Vorurteile und Ressentiments gegenüber Juden, Homosexuellen und anderen Minderheiten. Dieser psychodynamische Ansatz stimulierte viele Forschungsfragen, geriet jedoch, weil der Fragebogen wissenschaftlichen Kriterien nicht standhielt und während der fünfziger Jahre immer klarer wurde, dass die Freud'sche Psychoanalyse auf wackeligen theoretischen Beinen steht, fast in Vergessenheit. Zum Beispiel konnte nur selten nachgewiesen werden, dass Personen, die dem Fragebogen nach autoritäre Persönlichkeiten waren, tatsächlich ihre Eltern hassten. Gut, werden Sie sagen, vielleicht hassten sie sie ja, aber unterdrückten es. Wenn Sie so denken, ist Freud auch an Ihnen nicht spurlos vorbeigegangen: Sie würden dann argumentieren, dass der gewünschte Zusammenhang nachgewiesen ist, wenn autoritäre Persönlichkeiten ihre Eltern hassen, wenn sie sie aber in den höchsten Tönen loben, dies den Zusammenhang ebenfalls zeigt (weil sie ja den Hass unterdrücken), und wenn sie irgendwo dazwischenliegen (sie also die Eltern weder hassen noch lieben), eine Mischung aus unterdrücktem und offen empfundenem Hass deutlich wird. Und damit die Freud'sche Theorie belegen. Sie können gerne dieser Ansicht sein, aber eine solche Vorhersage lässt sich natürlich nicht überprüfen. Dann wenn die Theorie, egal, wie das Ergebnis ist, sowieso immer recht hat, entzieht sie sich der Wissenschaftlichkeit.

Ebenso wenig kann das von Freud angenommene Konfliktgeschehen zwischen Eros und Thanatos belegt werden; mit anderen Worten, die Ursache für Spannung und Frustration (Freud nannte das »Versagung«) könnte eine andere sein. Sie kann zum Beispiel aus Ressourcenkonflikten, empfundener Ungerechtigkeit oder Wettbewerb entstehen oder, wie wir oben schon gesehen haben, auf ein gelerntes Verhaltensmuster zurückgeführt werden. Problematisch für die Theorie waren auch andere Befunde zur Entstehung von Aggression, die zeigten, dass Gewalt nicht zu einer Erleichterung der Aggressoren oder Katharsis führte. Entlädt ein Aggressor seinen Frust, kehrt danach keine Ruhe ein; im Gegenteil, die Wahrscheinlichkeit, dass er in Zukunft weiterhin aggressiv reagiert, steigt: Gewalt führt zu mehr Gewalt.

Rechtskonservativer Autoritarismus

In den achtziger Jahren tauchte Adornos Fragebogen zur autoritären Persönlichkeit in Robert Altemeyers Fragebogen zu *rechtskonservativem Autoritarismus* wieder auf, wenn auch in stark veränderter Form. Er griff die Idee auf, dass stark obrigkeitsliebende Personen eher Vorurteile haben, und sah den Hauptfaktor dafür in einer politisch konservativen Haltung. Personen, die im rechten Spektrum der politischen Landschaft stünden, seien weniger dazu bereit, Obrigkeitsstrukturen zu hinterfragen, und würden eher Vorurteile äußern als politisch links stehende Menschen. Im Gegensatz zu Frustration, Paranoia und Triebkonflikten als psychologische Quellen der Diskriminierung nahm Altemeyer an, dass aggressives Verhalten schlichtweg gelernt wird: aus den Medien, von den Eltern, von Vorbildern, von der Clique. Und aus eigener Erfahrung. Im Einklang mit der Lernpsychologie zeigen Untersuchungen sehr deutlich, dass Kinder, die geschlagen wurden, auch selbst eher zu körperlicher Gewalt neigen, als solche, die gewaltfrei erzogen wurden. Weiterhin schlagen diejenigen eher zu, die erfahren haben, dass diese Strategie im Gegensatz zu weniger aggressiven Verhaltensweisen zum Erfolg führt. In Bezug auf die miesen Burschen aus meinem Viertel würde man sagen: Sie hatten allesamt eine gewalttätige Erziehung erfahren, weshalb ihnen wenig andere Freizeitbeschäftigungen einfielen, als herumzuhängen und Schwächere zu misshandeln. Sie hatten auch gelernt, wie man an Schwächeren seine Wut ausleben kann, wie man sie sich gefügig machen kann und dass man (nur) durch Gewalt Kontrolle über eine verfahrene Lebenssituation gewinnt. Dies hatten sie ja tagtäglich am Verhalten in der eigenen Familie beobachten können.

Altemeyer zeigte weiterhin, dass neben Verhaltensweisen auch Weltanschauungen und Einstellungen anderen Gruppen gegenüber erlernt werden. Studien mit einer auf dieser Logik konstruierten Skala belegen überzeugend, dass Personen, die hohe Werte im rechtskonservativen Autoritarismus haben, also dazu tendieren, Obrigkeiten als gegeben anzuerkennen, auch mehr Vorurteile gegenüber Homosexuellen, Aidskranken, Drogenabhängigen und Obdachlosen haben.

Soziale Dominanzorientierung

In eine ähnliche Kerbe wie der rechtskonservative Autoritarismus schlägt die *soziale Dominanzorientierung,* die Jim Sidanius und Felicia Pratto gefunden haben. Sie bezeichnet die feste Überzeugung einiger Menschen, dass Hierarchien wichtig für die Menschheit und den Fortbestand unserer Gesellschaft seien und deshalb nicht hinterfragt oder verändert werden dürften. Gruppen, die sich oben in der Hierarchie befinden, wollen ihre Position nicht verlieren und versuchen deshalb, ihre Pfründe zu verteidigen. Sie tun dies teilweise mit roher Gewalt – üblicherweise werden jedoch andere Strategien bevorzugt, die weniger aufwendig und kostspielig sind. Diese Menschen haben zum Beispiel die Tendenz, andere zu bevormunden und sich ihnen gegenüber fürsorglich zu verhalten, um sie dann aber (meist verbal) in ihre Schranken zu verweisen, sobald diese ihre untergeordnete Rolle verlassen möchten.

Dementsprechend ist es kein Widerspruch, wenn Männer Frauen lieben und sie trotzdem auf ihren Platz in der Gesellschaft verweisen in dem Moment, wo diese mehr Freiheiten oder gar Macht erringen wollen, etwa nach dem Motto: »Ich liebe dich Schatz, du kannst auch gerne eine Fortbildung machen, aber du glaubst doch wohl nicht im Ernst, dass ich deswegen in meinem Job kürzer trete?« Genauso pflegen diese Männer ein recht entspanntes Verhältnis zu ihren ausländischen Putzfrauen, sofern sie bescheiden sind und keine Ansprüche stellen. Bestehende Hierarchien dürfen für Menschen mit sozialer Dominanzorientierung nicht hinterfragt werden.

Entsprechend zeigt die sozialpsychologische Beziehungsforschung übereinstimmend, dass Beziehungen darunter leiden, wenn Ehepartner in demselben Job auf derselben Karrierestufe sind. Eine solche Situation führt bei vielen Paaren zu einem Konkurrenzkampf auf gleicher Ebene, der dem Geschlechtsstereotyp »Er oben, sie unten« widerspricht, und kann zu einem innerfamiliären Geschlechterkampf werden: Die Familie wird zur Firma, in der ein unheilvoller Wettbewerb sein Unwesen treibt.

Schlimmer wird es, wenn Männer in einem statushöheren Beruf plötzlich arbeitslos werden, sich also die althergebrachten Hierarchien radikal verschieben. Der Verlust der traditionell übergeordneten Stellung führt bei manchen Männern, die bestehende Hierarchien für wichtig erachten, zu Aggression, die körperliche Gewalt steigt signifikant. Um es noch einmal zu betonen: Diese Männer lieben ihre Partnerinnen, aber nur, solange sie gesellschaftlich über ihnen stehen.

Eine weitere Methode zur Erhaltung sozialer Dominanz, die ohne körperliche Gewalt auskommt, ist die Verbreitung von Mythen, die den Status quo rechtfertigen. Dazu gehört: Frauen sind von ihrer Natur her für Haushalt und Aufzucht der Brut prädestiniert. Begründet wird dies religiös, biologisch, mit der Evolution, der Hirnforschung und dergleichen mehr. Um den Status zu erhalten, bedarf es somit keiner körperlichen Gewalt, nein, der Mensch hat ein ungeheuer kreatives Potenzial, sich Rechtfertigungen gegen Änderungen auszudenken. Das ist die sanfte und sozial eher akzeptierte Form der Aggression.

Ambivalenter Sexismus

Peter Glick und Susan Fiske beleuchteten ähnliche Aspekte in ihrem Fragebogen zum *ambivalenten Sexismus*. Sie untersuchten keine Persönlichkeitsstrukturen, die Diskriminierung gegenüber vielen oder jeder Minderheit vorhersagt, sondern eine Einstellung, die speziell zur Diskriminierung gegenüber Frauen und Männern führt. Glick und Fiske erkannten, dass manche Menschen gegenüber Gruppen niedrigeren Status oft sowohl positive als auch negative Gefühle haben. Es kommt nur darauf an, ob sich die Mitglieder dieser Minderheiten willig in ihre Rolle ergeben oder nicht. So denken ambivalente Sexisten beispielsweise, dass Frauen durchaus wunderbare Wesen sind, ja dass dem männlichen Geschlecht ohne Frauen Entscheidendes fehlen würde. Sie glauben, dass Frauen eine höhere moralische Sensibilität haben und man sie retten muss, wenn sie in Gefahr sind. Eine solche Ritterlichkeit würde ja niemand proklamieren, der Frauen hasst. Wie viele Frauen haben ihr Leben dem Ausruf »Frauen und Kinder zuerst!« zu verdanken. Aus diesem Grund werden Tag für Tag Hunderte von Frauen-Gepäckstücken in die Koffernetze der Bahn gehievt (und ich als sogenannter junger Mann sitze mit meinem Bandscheibenvorfall da und weiß nicht, wen ich bitten soll). Ambivalente Sexisten erweisen diese Freundlichkeiten allerdings nur denjenigen Frauen, die dem Stereotyp entsprechen. Ritterlichkeit beinhaltet weiterhin implizit das Bild des »schwachen Frauchens«, das sie gleich auf ihren untergeordneten Platz verweist.

Diese Zusammenhänge werden nicht zuletzt von der Literaturnobelpreisträgerin Elfriede Jelinek mit atemberaubender Wortgewalt beschrieben: Der schwachen, zur Hilflosigkeit erzogenen und weiterhin hilflos gemachten Frau werden Avancen gemacht, bis sie sich selbst erkennt und aufbäumt; doch kurz bevor sie wirklich rebelliert, wird sie mit Tand behängt oder auf ihre Unsicherheit aufmerksam gemacht und bleibt in ihren Verhältnissen: genauso untergeordnet wie eh und je. Ambivalente Sexisten legen Frauen gegenüber, die dieser Rolle nicht entsprechen – Frauen in leitenden Positionen, Lesben, Nobelpreisträgerinnen etc. –, deutlich feindliche Gefühle an den Tag.

Eine Forschergruppe um Dominic Abrams zeigte kürzlich, dass Leute mit einer positiven, ritterlichen Einstellung gegenüber Frauen Vergewaltigungsopfern eine deutliche Mitschuld zuschreiben. Die Forscher argumentierten, dass ambivalente Sexisten die Frau im Bereich Sexualität als die reinere und keuschere ansehen; sie hat im Gegensatz zum Mann ein besseres moralisches Verständnis davon, wann Sex in Ordnung ist und wann nicht. Kurzerhand wird der Frau also eine große Verantwortung bei sexuellen Handlungen zuerkannt und somit ein Großteil der Schuld angetragen, wenn sie als Expertin der Keuschheit und kompetente Wächterin über den Sex unterliegt. »Unterliegt« sie, werden die klassischen Vergewaltigungsmythen bemüht: Sie habe sich nicht angemessen verhalten, sie habe sich zu aufreizend angezogen (obwohl sie als Expertin es doch hätte wissen müssen!) etc. In der Konsequenz weisen diese ritterlichen Sexisten in Studien, in denen sie ein Szenario einer eindeutigen Vergewaltigung zwischen zwei Bekannten bewerten sollten, den Frauen eine höhere Mitschuld zu.

Glick und Fiske argumentieren richtig, dass sich diese ambivalenten Einstellungen auch auf andere Minderheiten niedrigeren Status übertragen lassen. Schwule würden zum Beispiel häufig dann akzeptiert, wenn es sich dabei um die lieben Jungs von nebenan handelt, die im Urlaub die Blumen gießen und sich möglichst normal und angepasst verhalten. Wenn der liebe Junge dann aber mal Lust auf Sex mit mehreren anderen Jungs gleichzeitig hat, sich gerne auffällig schminkt oder kleidet und dies auch noch selbstbewusst als besseres Lebenskonzept vorlebt, dann wird er in seine Schranken verwiesen.

Als es in den achtziger Jahren innerhalb der Schwulenbewegung eine große Diskussion darüber gab, ob man für das Recht auf Heirat für Homosexuelle auf die Straße gehen sollte, waren die Meinungen durchaus geteilt: Die »Fundis« unter den Schwulen fanden das ganze Konzept der Ehe, vor allem die staatliche Einmischung in Beziehungen, spießig. Ihnen gefiel es nicht, dass Heterosexuelle ohne Kinder Steuerermäßigungen bekamen, und sie wollten dies auch gar nicht erst für sich einfordern. Die Steuergelder, die sich bei solchen Doppelverdienern einsparen ließen, würde man besser in die Erziehung und Bildung von Kindern stecken – schon damals hatte man den Eindruck, für die Bildung müsste mehr getan werden. Die »Realos« hingegen forderten die Gleichbehandlung auf der Basis des bestehenden Systems und argumentierten, dass selbst wenn die Ehe Schwachsinn sei, sie auch Schwulen zugestanden werden müsse und dass Schwule steuerlich mit Heterosexuellen gleichzustellen wären. Wie so oft bei politischen Streitigkeiten setzten sich die Realos durch. Und so haben wir in Deutschland heute für Schwule und Lesben eine Annäherung an die Ehe, die sogenannte Verpartnerung.

Wie die Minderheitenforschung zeigt, wird jedoch der Einfluss extremer politischer Positionen auf gesellschaftliche Veränderungen häufig unterschätzt. Maximalforderungen setzen zwar einen hohen Standard, aber Gesellschaften und Gruppen orientieren sich daran, so dass der letztendlich gefundene Kompromiss dem gesteckten Ziel viel näher kommt, als wenn es sie nicht gegeben hätte, auch wenn bei der Bevölkerung die lieben Jungs besser ankommen als die Revoluzzer und Eheabschaffer.

Für die ambivalente Haltung gegenüber schwächeren Minderheiten lassen sich noch andere Gruppen anführen. Behinderte? Die sind okay, aber wenn sie aufbegehren und beispielsweise eine Quote in Betrieben einfordern, dann natürlich nicht. Ich habe eine Bekannte, eine Sozialarbeiterin, die dem von ihr betreuten Körperbehinderten einen Bordellaufenthalt ermöglichen wollte. Was meinen Sie, was in der Betreuungsstelle los war, als die Leitung, die mit den Bedürfnissen ihrer Klienten nicht vertraut war, ihr Bild vom dankbaren Erdulder guter Taten aufgeben musste, nur weil der ein Verlangen nach Sex zum Ausdruck brachte! Man mag Bordelle für unmoralisch halten, das ist eine andere Sache. Aber wenn Nichtbehinderte sie besuchen dürfen, warum sollte man sie einem Menschen mit Behinderung verwehren, der ohne Hilfe nicht reinkommt? Für die Betreuungsstelle jedenfalls brach eine Welt zusammen: »Unsere lieben Betreuten und bezahlter Sex? Undenkbar.«

Diese Tendenz finden wir auch gegenüber alten Menschen. Sind sie nicht putzig, die Omis und Opis, mit ihren altmodischen Frisuren, Marotten und Geschichtchen? Aber wenn sie nicht ins Schema passen, dann sind sie lästig und undankbar. Prüfen Sie doch einmal Ihre körperliche Reaktion, wenn Sie an Sex zwischen zwei 80-Jährigen denken! Und Alte in der Politik? Die grauen Panther? Was wollen die denn noch! Und arbeiten mit über 65?

Ich denke, diese ambivalente Haltung drückt sich auch gegenüber all jenen Organismen aus, die wir uns – als Krone der Schöpfung – untertan gemacht haben. Wenn ein Bär so aussieht, wie wir ihn uns vorstellen, also süß und knuddelig und schön hinter Gittern Honig verputzt, dann lieben wir ihn. Wildert er aber in den deutschen Alpen, reißt hier ein Schaf und bricht dort in einen Kaninchenstall ein, dann ist er schon weniger beliebt. In Deutschland wurde 2006 so ein Bär mit dem niedlichen Namen »Bruno« schließlich als »Schadbär« bezeichnet und erschossen. Sozial dominante und ambivalent vorurteilsbehaftete Menschen lieben ihre putzigen Minderheiten und unterlegenen Geschöpfe, solange sie so bleiben bzw. ohne aufzumüpfen weiterhin für sie putzen.

Die psychischen Wurzeln konservativer Einstellungen

Da in allen diesen Persönlichkeitsvariablen *Konservativismus* oder *Traditionalismus* eine wichtige Rolle spielt, lohnt es sich, genauer hinzuschauen, *warum* Menschen konservativ sind. Als konservativ gilt generell, wer wirtschaftliche und soziale Statusunterschiede für richtig hält und gleichzeitig skeptisch gegenüber Änderungen und allem Neuen ist. Psychologisch gesehen aber hat niemand eine konservative oder gar politisch rechte Einstellung, ohne dass eine komplexe Struktur von Bedürfnissen, Zielen und Lernprozessen dahintersteckt. John Jost hat zusammen mit einigen prominenten Kollegen diesen rechten Konservativismus in einem umfangreichen Forschungsprojekt unter die Lupe genommen und einige dieser Motive identifiziert.

Damit wir uns nicht falsch verstehen: Konservativismus ist keine Störung oder Krankheit, Konservativismus ist auch keine grundlegend falsche Einstellung. Menschen überprüfen ihre Einstellung in ihren Entscheidungen. Sie beobachten das politische Geschehen, und wenn sie sehen, dass sich ihre Einstellung bewährt, dann vertreten sie sie auch weiterhin. Eine Entwicklung hin zum Konservativismus ist damit, genauso wie eine »linke« Einstellung, ein nachvollziehbarer Prozess, aus dem bestimmte Verhaltensweisen resultieren. Dennoch nähren sich diese Einstellungen aus unterschiedlichen Motiven.

Zunächst einmal werden einige Faktoren, die man für einen typischen konservativen Nährboden halten könnte, in dem Forschungsprojekt von John Jost widerlegt. Beispielsweise könnte man denken, *Eigeninteresse* sei der Hauptbeweggrund für eine konservative Haltung, die eine bestehende Ordnung nicht ändern will. Jedoch findet sich Konservativismus nicht nur bei Leuten mit höherem sozialen Status, sondern auch bei solchen mit einem sehr niedrigen sozialen Status. Der Wunsch, bestehende Privilegien zu wahren, kann deshalb eine politisch konservative Einstellung nicht treffsicher vorhersagen. Auch die Idee, dass die eine Generation die politische Einstellung der anderen Generation übernimmt, ist keine Erklärung, denn viele Kinder vertreten eine ganz andere politische Einstellung als ihre Eltern.[41]

Was also sind die tatsächlichen Quellen für eine konservative politische Einstellung? Ein entscheidender Faktor ist Angst: Angst vor Veränderung, die immer auch Unsicherheit mit sich bringt,

---

[41] Dieser Befund widerspricht übrigens keinesfalls der sozialen Lerntheorie zum Autoritarismus von Altemeyer. Demnach haben Eltern einen geringeren Einfluss auf Einstellungen als beispielsweise Cliquen und Medien. Dies bedeutet, politische Einstellungen werden erlernt – eben nur nicht von den Eltern.

oder sogar existenzielle Angst, also die Angst vor der eigenen Vergänglichkeit. Dies belegen Studien sehr eindrücklich, in denen Versuchspersonen an die eigene Sterblichkeit erinnert wurden. Die Forschergruppe um Tom Pyszczynski, Jeff Greenberg und Sheldon Solomon untersuchte diese Aspekte unseres Lebens und argumentierte, dass das Bewusstsein der menschlichen Sterblichkeit ein Problem aufwirft: Im Gegensatz zu allen anderen Tieren muss der Mensch irgendwie mit dieser Erkenntnis klarkommen. Die Forscher bezeichnen dies als Terrormanagement. Der Gedanke, vollkommen vom Erdball zu verschwinden, löst eine Angst aus, die durch einen psychischen Schutzwall abgewehrt werden muss. Dieser Forschergruppe[42] zufolge sind Kultur, Religion, Kunst, gesellschaftliche Ordnung und soziale Normen adäquate Mittel, eine Art Schutzwall, gegen diese Angst anzugehen. Diesen Schutzwall gilt es zu verteidigen, sobald man an den eigenen Tod erinnert wird.

Eine Gesellschaft, zu der ein Individuum einen wichtigen und ehrenwerten Beitrag leisten kann, stellt eine die eigene Person überdauernde Einheit dar, die über das Hier und Jetzt und die eigene Vergänglichkeit hinausreicht. Und man wird dann als wichtiges Mitglied der Gesellschaft anerkannt, wenn man ihre Normen und Standards lebt und ihre Ziele vertritt. Dementsprechend zeigen zahlreiche Studien aus den unterschiedlichsten Ländern, dass Versuchspersonen Außenseiter, also diejenigen, die die Normen der Mehrheit nicht einhalten, diskriminieren und deren Normübertretungen stärker ahnden, wenn sie vorher an den Tod gedacht hatten oder das Experiment in Sichtweite eines Beerdigungsinstituts stattfand. Der Gedanke an den Tod führt auch zu einer konservativeren Haltung: Amerikanische Studenten forderten beispielsweise dann höhere Strafen für das Verbrennen der amerikanischen Flagge oder unerlaubte Prostitution, wenn sie vorher an den Tod gedacht hatten. Diese existenzielle Angst vor dem Tod ist zwar

---

[42] Dieses Forscherteam ist im Übrigen ein sehr fröhliches: Mit Tom bin ich einmal in einer Strandbar in Sydney versackt, und wir haben mit unserem lauten Gesang die Haie das Fürchten gelehrt.

eher situationsabhängig und kein stabiles Persönlichkeitsmerkmal, aber die Terrormanagement-Forschung zeigt deutlich, wie Angst zu einer konservativen Einstellung, hier der stärkeren Betonung von sozialen Normen und der Ausgrenzung von Außenseitern, führt. Ich bestreite diese existenzielle Angst als Motor vieler Aktivitäten keinesfalls. Die Angst vor dem Tod ist ohne Zweifel etwas, gegen das wir Menschen seelisch nicht gut geschützt sind. Allerdings habe ich den Eindruck, dass in Bezug auf eine konservative Einstellung eher die Angst vor dem *Leben* dahintersteckt, denn Leben *ist* Veränderung. Diese Vermutung wird durch Studien von Howard Lavine belegt, die zeigen, dass Konservative bedrohliche Wörter wie »Krieg«, »Schlange« und »Krebs« eher erkennen als Leute des linken politischen Spektrums. Interessanterweise sind diese Wörter nicht mit einer politischen Einstellung assoziiert; vor Schlangen und Krankheiten haben wir wohl alle mitunter Angst, aber dennoch scheinen Konservative generell sensibler für solche Angst auslösende Reize zu sein. Dies könnte ein Grund dafür sein, warum es in aller Welt vor allem die konservativen Parteien sind, die für eine Aufstockung des Militärhaushalts plädieren. Sie haben buchstäblich Schiss, dass es zu kriegerischen Auseinandersetzungen kommen könnte, während die Linke das offenbar entspannter sieht.

Bedürfnis nach schneller Erkenntnis

Eine zweite bedeutsame Quelle für Konservativismus ist eine Kombination aus einem Bedürfnis nach Struktur, Ordnung, Sicherheit, Vorhersagbarkeit der Umwelt und dem Willen, schnell Entscheidungen zu treffen. Aric Kruglanski hat diese komplexe Persönlichkeitsstruktur gefunden, die als *Bedürfnis nach Abschluss*[43] oder *Bedürfnis nach Entscheidung* bezeichnet wird. Menschen wollen

---

[43] Genauer: *need for cognitive closure*, also das Bedürfnis, möglichst bald ein Urteil oder eine Entscheidung zu treffen.

die Welt um sich herum verstehen, um sie kontrollieren zu können; und manche wollen in diesem Verständnisprozess möglichst schnell zum Ende kommen, während andere sich mehr Zeit dafür nehmen. Leute mit starkem Bedürfnis nach Abschluss haben bei der Begegnung mit einer ihnen unbekannten Person beispielsweise wenig Lust, sich diese näher anzuschauen, um sie einschätzen zu können; vielmehr möchten sie eine schnelle und klare Handlungsanweisung haben, ob sie auf Distanz gehen oder sich mit ihr anfreunden sollen.

Leute mit Abschlussbedürfnis zeigen auch eher diskriminierendes Verhalten. Das liegt zum einen daran, dass Stereotype relativ einfache und schnell verfügbare Urteilsgrundlagen für Menschen darstellen. Wenn ich einen Österreicher treffe und das Stereotyp »die mögen alle Volksmusik, also ist der blöd« anwende, dann treffe ich vielleicht ein völlig falsches Urteil, aber ich habe es schnell getroffen und mir damit ein Bild von dem Menschen gemacht: Aufgabe erledigt, Person meiden. Eine individuelle Betrachtung dieses Menschen hätte zur Folge, dass ich mich mit ihm auseinandersetzen, mit ihm reden, eventuell neue Informationen über Dritte einbringen und andere zeitaufwendige Dinge tun müsste. Bis ich zu einer abschließenden Einschätzung käme, würde sich mein Urteil mehrfach ändern. Stereotype erleichtern Entscheidungen oder, wie der Ostwestfale sagen würde: »Man kommt damit schnell zu Potte!« Und die schnelle Urteilsbildung mithilfe von Stereotypen reduziert die Angst vor Unsicherheit, die Leute mit einem hohen Abschlussbedürfnis haben. Schließlich ist ein fremder Mensch ein mehrdeutiges Ereignis, er könnte mir gefährlich werden oder einen Gewinn darstellen; und das ständige Hin und Her eines aufwendigen Urteilsfindungsprozesses – »Ist er nett oder ist er nicht nett?« – verursacht Unsicherheit. Ein Urteil ist ein Urteil, gleichgültig ob es falsch oder richtig ist. Hat man es einmal gefällt, ist klar, wie man sich am besten verhält, und die Unsicherheit löst sich in Luft auf.

In Bezug auf die Bande aus der Nachbarschaft weiß ich mittlerweile, warum sie ausgerechnet mich als Opfer ausgewählt hat: Ich war nicht nur klein und schwach, sondern mit meiner

Geige, meinen guten Noten und meinen intelligenten und liebenswerten Eltern gleichzeitig ein Exot in diesem Milieu. Wenn jemand beweist, entgegen allen Erwartungen doch eine Chance zu haben, dann geraten jene in Erklärungsnot, die nicht mithalten können. Und bekämpfen ihre Verunsicherung, indem sie das Exotische auszumerzen oder wenigstens zu unterwerfen versuchen. So waren es später auf dem Gymnasium auch vor allem die Söhne und Töchter aus »gutem« Hause, die mir zu schaffen machten: Sie verstanden einfach nicht, wie jemand, der schon sehr früh sein Taschen- und Büchergeld in Tankstellen und Supermärkten dazuverdienen musste, der nie Nachhilfe bekam und dessen weiteste Reise die zum Feuerwehrmuseum nach Schröttinghausen war, bessere Noten mit nach Hause bringen konnte als sie. Der böse Gernot aus dem Anfangskapitel ist da nur ein Beispiel für Diskriminierung »von oben«. Schnelle Urteile, Erklärungsnot, Unsicherheit und mangelnde Motivation plus die Intoleranz, etwas Neues, Außergewöhnliches zu verstehen, führen zu Diskriminierung über die sozialen Klassen hinweg.

Bedürfnis nach Sicherheit

Wenn Unsicherheit ein Grund für konservatives Verhalten ist, liegt es nahe, an eine andere Persönlichkeitseigenschaft, den *regulatorischen Fokus*, zu erinnern, der bereits im vierten Kapitel beschrieben wurde. Der Sicherheitsfokus auf Schutz, Normen und Verpflichtungen, so Jost und Kollegen, ist ebenfalls mit einer konservativen Haltung verbunden. Ein bestehender Zustand, sei er auch nicht perfekt und durch Arbeitslosigkeit, Armut, Unruhen, Revolten oder andere Konflikte gekennzeichnet, ist auf jeden Fall sicherer als ein neuer, unbekannter. Und wenn das Hauptanliegen einer Person persönliche Sicherheit und Schutz sind, wird sie sich wohl kaum auf Wagnisse und Experimente einlassen. Dagegen haben Leute mit einem Wachstumsfokus auf Selbstverwirklichung und Ideale die Neigung, neue Erfahrungen machen zu wollen, manchmal sogar einen buchstäblichen Hunger nach Veränderung und Innovation.

In einer Studie, die ich mit Tory Higgins und Fritz Strack in New York durchgeführt habe, gaben wir Studenten die Beschreibung einer Person zu lesen, die einige vollkommen gegen das übliche Geschlechtsstereotyp gerichtete Interessen hatte. »Pam« mochte neben stereotypen Dingen wie Popmusik, Schaufensterbummel und Kindern auch aktives Wrestling, Fußball und hing gerne in Bars rum. Unsere amerikanischen Probanden empfanden dies als absolut ungewöhnlich. Wir fragten sie, ob sie Pam gern treffen wollten. Einige Monate zuvor hatten wir mit einem Persönlichkeitstest ihre jeweilige Sicherheits- bzw. Wachstumsfokussierung erfasst. Wir fanden heraus, dass Menschen mit einem hohen Wachstumsfokus gerne mit dieser Exotin zusammentreffen wollten, während solche mit einem Sicherheitsfokus ein Treffen scheuten. Offensichtlich dienen Stereotype der Orientierung, sie schaffen Sicherheit; widerspricht jemand den Erwartungen, löst es Unbehagen aus.

Weiterhin zeigten Nira Liberman und ihr Forscherteam, dass Menschen im Sicherheitsfokus gerne nach dem Motto leben: »Lieber den Spatz in der Hand als die Taube auf dem Dach.« Sie gab Versuchspersonen eine Tasse im Wert von fünf Euro, die sie danach gegen einen Stift des gleichen Werts umtauschen konnten. Sie blieben jedoch bei der Tasse. Lag es daran, dass die Tasse einfach attraktiver war als der Stift? Nein. Der anderen Hälfte der Versuchspersonen gab Liberman zuerst den Stift und fragte sie dann, ob sie ihn gegen eine Tasse desselben Werts umtauschen wollten. Diese Versuchspersonen behielten lieber den Stift. Leute mit einem Wachstumsfokus dagegen tauschten ihr Geschenk gerne ein. Halten wir fest: Ein Sicherheitsfokus, der durch ein starkes Bedürfnis nach Schutz und Normen gekennzeichnet ist, führt zu einem konservativen Verhalten; man bevorzugt das, was man hat, aus Angst vor Unsicherheit.

Das Problem mit dem Selbstwert

Ein weiterer, in Bezug auf Diskriminierung viel diskutierter Aspekt ist das *Selbstwertgefühl*. Wie ich schon mehrfach angedeutet habe, ist ein Zusammenhang zwischen geringem Selbstwert und Diskriminierung nicht sonderlich gut belegt. Das mag erstaunen, denn sicherlich ist die Idee, dass Rassisten arme Würstchen sind, die beliebteste Laientheorie zum Thema Vorurteile. Und selbst berühmte Philosophen haben in das gleiche Horn gestoßen. Arthur Schopenhauer, der Nationalstolz als Basis für Intoleranz anprangerte, räsonierte bereits: »…jeder erbärmliche Tropf, der nichts in der Welt hat, darauf er stolz sein könnte, ergreift das letzte Mittel, auf die Nation, der er angehört, stolz zu sein«. Immer wenn ich im Fernsehen ein Fußballländerspiel sehe, denke ich mit Zärtlichkeit an Arthur: Das Argument ist so einleuchtend! Schaut man aber genauer hin – und dazu ist ja unsere Wissenschaft da – und versucht, diesen naheliegenden Zusammenhang zu überprüfen, bemerkt man schnell, dass »einleuchtend« nicht unbedingt auch »richtig« bedeutet.

Schon ein Blick auf die Geschichte wirft Fragen auf bezüglich eines Zusammenhangs zwischen niedrigem Selbstwertgefühl und dem Hang zu diskriminieren. Die Behauptung, dass etwa die Nationalsozialisten kein Selbstwertgefühl hatten, wäre zynisch. Wie sollte ein niedriges Selbstwertgefühl mit der Idee der »auserlesenen Rasse« zusammenpassen, die dazu auserkoren ist, die Welt von Juden und anderen als minderwertig eingestuften Gruppen zu befreien? Sieht das nicht eher nach Arroganz als nach niedrigem Selbstwert aus? Zwar werden die Nazis in Filmen häufig als Menschen pathologisiert, die einen Minderwertigkeitskomplex hatten oder unter persönlichen Problemen sexueller oder beruflicher Natur litten; Adolf Hitler, den man an der Kunstakademie abgelehnt hatte, ist da ein prototypisches Beispiel. Aber niemand wird ernsthaft glauben, dass alle diese Leute aus einem Minderwertigkeitskomplex heraus zu Nazis, zu Duldern von Verbrechen und sogar Schlächtern geworden sind. Und warum sind dann nicht längst andere Völker oder Menschen, denen es schlecht geht oder ergangen ist, auch zu Nazis geworden? Arbeitslosigkeit hat es in den zwanziger Jahren in vielen Ländern gegeben, und an den Kunstakademien werden bis zum heutigen Tag mehr Bewerber abgelehnt als aufgenommen.

Ein anderes Beispiel ist die in der Kolonialzeit herrschende Sklaverei, eine flächendeckende Diskriminierung, die einmal mehr illustriert, wie eine selbst ernannte Herrenrasse mit Schwächeren umgeht, und dies als vollkommen gerechtfertigt empfindet.

Lassen Sie uns an dieser Stelle der Theorie Roy Baumeisters folgen. Er meint, dass es nicht niedriger Selbstwert, sondern die *Bedrohung* eines *hohen* und *instabilen* Selbstwerts sei, was zu Gewalt und Diskriminierung führt. Wenn man arroganten Leuten ihre Position streitig machen will, werden sie aggressiv. Damit daraus Gewalt und Diskriminierung werden, muss Unsicherheit bezüglich des eigenen Selbstwerts dazukommen. Etwa wenn ich ein positives Selbstbild habe, aber in ständiger Angst lebe, dass sich mein Wert in der Gesellschaft zum Schlechten hin ändern könnte; oder wenn ich mich von einem kleinen Anschlag auf mein Selbst, etwa Kritik oder Tadel, stark beeindrucken lasse. Dann kann es dazu kommen, dass ich lieber zuschlage, als den drohenden Verlust des hohen Selbstwerts in Kauf zu nehmen.

Für diese These führt Baumeister einige Belege an: Der Mann, der seine Frau schlägt, weil er arbeitslos ist und sie nun das Geld nach Hause bringt, erlebt eine Bedrohung seines einst hohen Selbstwerts als Ernährer der Familie. Beleidigt sie ihn in einem Streit und nimmt er dies als zu persönlich, empfindet es also als weitere Gefahr für seinen Selbstwert, dann ist Gewalt wahrscheinlich. Studien zeigen weiterhin, dass sich unter Gewaltverbrechern nur wenige mit einem niedrigen Selbstwert finden; die meisten weisen aber eine Überempfindlichkeit gegenüber Kritik auf – denn Kritik bringt sie mehr aus der Fassung als andere Menschen. Genauso stellten die intellektuellen und teils sehr vermögenden Juden in den wirtschaftlich problematischen zwanziger Jahren eine unkontrollierbare Bedrohung für den hohen, aber fragilen Selbstwert der selbst ernannten Herrenrasse dar, der man mit der Abschaffung vermeintlicher Privilegien begegnete und die schließlich in einen riesigen Vernichtungsapparat mündete.

Jennifer Crocker und Riia Luthanen unterscheiden zwischen *kollektivem* und *persönlichem Selbstwert*. Nur wenn der kollektive Selbstwert, also der, den man aus der Gruppenidentität und nicht aus persönlichen Erfolgen bezieht, verletzt wird, kommt es zu Diskriminierung gegen eine Fremdgruppe, während der persönliche Selbstwert keine so große Rolle spielt. Dieser Ansatz erscheint mir nützlich für eine genauere Analyse der Nazidiktatur zu sein. Schließlich ist es nicht unmöglich, dass vor allem der kollektive Selbstwert, der durch den als »Schandvertrag« empfundenen Versailler Vertrag gesenkt wurde, zu Aggressionen führte und nicht der persönliche (etwa durch Arbeitslosigkeit bedingte). Dies zu überprüfen, überlasse ich aber lieber den Historikern.

Nun gut, all diese Differenzierungen zeigen jedenfalls, dass der Zusammenhang zwischen Selbstwert und Diskriminierung komplizierter ist, als man meinen könnte. Dies gilt auch für den Zusammenhang zwischen einer konservativen Haltung und dem Selbstwert – die wenigen Studien, die dazu gemacht wurden, ergeben ein uneinheitliches Bild. In diesem Bereich wird also weitere Forschung nötig sein.

Fazit: Warum wird ein Mensch konservativ?

Zusammenfassend kann man sagen, dass Konservativismus verschiedene psychologische Grundlagen hat, die sich grob beschreiben lassen als: Angst vor Neuem, aber auch existenzielle Angst, Angst vor fehlender Stabilität und Struktur, das Bedürfnis nach Abschluss und Sicherheit (Sicherheitsfokus). Eine politisch linke Einstellung hingegen ist eher mit einem Wachstumsfokus auf Ideale, dem Bedürfnis nach Neuem und der Toleranz von Unsicherheit verbunden.

Die Frage, inwieweit das Schema »rechts–links« wirklich psychologisch bedeutsam ist, bleibt allerdings offen. Es gab und gibt selbstverständlich kommunistische und sozialistische Regime, die extrem rigide auf Erneuerung und Veränderungen reagiert haben, und andererseits stellte sich Adolf Hitler nicht selten als Sozialrevolutionär dar, wie es die europäischen Rechtsaußenspieler Jörg Haider, Jean Marie Le Pen, Pim Fortuyn etc. auch tun oder taten. Versteht man Konservativismus als rigide Haltung gegenüber Veränderungen und Erneuerung, dann ist er sicherlich in vielen Parteien zu finden.[44] Trotzdem scheint aber den eher konservativen Parteien mehr an der Sicherung von Tradition und Werten zu liegen – und weniger an Veränderung oder Chancengleichheit – als den politisch links eingestellten, weshalb diese politische Unterscheidung zwar etwas grob, im Großen und Ganzen dann aber doch sinnvoll ist. Dementsprechend fand Markus Kemmelmeier bei deutschen Studenten im Jahre 1997 das stärkste Abschlussbedürfnis bzw. die stärkste Unsicherheit angesichts von Veränderung bei CDU-Wählern, gefolgt von FDP, SPD, Grünen und PDS. Und Robert Altemeyer erklärt, er habe in seinen zahlreichen Studien keinen einzigen Linksradikalen gefunden, der auf seiner Autoritarismusskala hohe Werte hatte. Der sogenannte autoritäre Linksradikale sei zumindest in seinen Studien »so selten wie Zähne bei Hühnern«.

Wie gesagt, Josts Ziel war es nicht, Konservative zu pathologisieren, sondern, psychologische Faktoren der Diskriminierung wie Unsicherheit, Angst, Sicherheitsziele und die Motivation, schnell zu einem Urteil zu kommen, als Gründe für Konservativismus zu identifizieren. Diese Motive oder Gemütslagen treten jedoch nicht nur bei Konservativen auf, sondern sie kommen in gewissen Situationen bei uns allen zum Vorschein. Wir alle haben irgendwann ein Bedürfnis nach Sicherheit, Kontrolle und Vorhersagbarkeit – und bei manchen Menschen ist es sogar chronisch ausgeprägt.

---

[44] Man denke an die Gewerkschaften, die deutsche Studenten in einer meiner Studien vor allem mit »Betonkopf« assoziierten.

Über die Persönlichkeit hinaus: Auslöser in der Situation

Prinzipiell lassen sich Motive dieser Art in jedem von uns wecken; zum Beispiel kann man, wie oben beschrieben, eine momentane Angst vor dem Tod auslösen, die direkt zu konservativem und vorurteilsbehaftetem Verhalten führt. Das Bedürfnis nach Abschluss (oder einer schnellen Entscheidung) wird dann bei vielen Menschen relevant, wenn man sie unter Zeitdruck setzt, sie alkoholisiert, sie müde, gestresst oder verunsichert sind und ansonsten keine Motivation haben, sich mehr Zeit für die Beurteilung anderer zu nehmen. Je nach Situation geraten Leute auch leicht in einen Sicherheitsfokus. Die Situation, in der wir uns befinden, bestimmt uns also in einem noch stärkeren Maße als unsere Persönlichkeit. Die Motive oder Befindlichkeiten aber bleiben die gleichen.

Nach dem 11. September 2001 habe ich selbst erlebt, wie schnell so etwas geht. Drei Wochen nach dem Anschlag auf das New Yorker World Trade Center flog ich nach Spokane, Washington, zu einem Kongress. Ich hatte bis dahin nie Flugangst gehabt, Fliegen war für mich immer der pure Luxus gewesen – als Kind hatte ich mich oft in ferne Länder geträumt; und wenn wir zum Flugzeugcafé in Preußisch Oldendorf – eine ausgediente Boeing – fuhren, um dort Würstchen zu essen, ging es mir wunderbar. Nach dem 11. September aber hatte ich, wie die meisten wohl damals, richtig Angst zu fliegen.

Ich erinnere mich noch lebhaft daran, wie ich am Flughafen in New York auf meinen Anschlussflug wartete und dabei meine Liedtexte für ein Konzert im Eurotheater in Bonn auswendig lernte. Ich hatte blöderweise einige Originalnoten nicht kopiert und habe mich daher niemals auch nur zehn Zentimeter von der mir heiligen Notentasche entfernt. Auf dem Flughafen gab es solche Sitzinseln, wo immer mehrere Menschen zusammensitzen können. Alle waren voll, bis auf eine. Dort saß ein arabisch aussehender Mensch ganz allein – ein Aussätziger. Als plötzlich die Sirene losging – jemand hatte in einer *Non-smoking area* geraucht und damit unabsichtlich Alarm ausgelöst –, waren zwei Minuten später alle Wartenden an den Notausgängen und schrien um ihr Leben. Die Notentasche? Die war mir so was von egal. Angst kommt von Enge, und auch die Wahrnehmung verengt sich dann auf das Wesentliche. Mir war alles gleichgültig – ich wollte nur gesund nach Hause kommen. Alle Notausgänge waren vollgestopft mit Menschen – bis auf einen. Und in dem stand zitternd und ganz allein der Araber. Angst führt zu Wahrnehmungsverengungen und gemeinen Reaktionen.

Von New York nach Washington saß ich in der ersten Klasse, um mich herum vor allem amerikanische Babyfaces. Dann erschien der Steward; er sah arabisch aus. Wir Bleichgesichter wurden nervös, erröteten und nestelten an unseren Taschen. Es war dann der Steward selbst, der die Situation souverän entkrampfte. Er stellte sich äußerst charmant vor die Passagiere und sagte: »Ich kann sehr gut verstehen, *folks*, dass Sie Angst haben. Ich habe jedes Mal Angst, wenn ich in den Spiegel schaue – nein, nicht im Ernst. Aber, ob Sie es glauben oder nicht, mein Name ist Osama. Ich wurde in den USA geboren, ohne dass mein Vater wusste, welchen schlechten Ruf dieser Name einmal haben würde. Sie haben nun zwei Möglichkeiten: Entweder Sie lassen sich jetzt auf meine Rechnung auf ein Glas Champagner ein, weil ich meinen Job nicht wegen meines Aussehens verlieren will, oder ich teile Ihnen Windeln aus, und Sie haben Geld zum Fenster rausgeschmissen.« Wir mussten lachen. Osama war es gelungen, dass sich die Passagiere untereinander unterhielten. Und ich sage Ihnen, die großzügige Geste und die Möglichkeit, sich mit anderen über die eigene Angst auszutauschen, halfen ungemein, diesen Flug gut zu überstehen. Osama hat mich gelehrt: Humor schafft Distanz, das Leben in bestimmten Situationen auszuhalten. Humor hilft, sich vom Gemeinen zu distanzieren.

Zum Kongress kam kaum die Hälfte der angemeldeten Teilnehmer. Ich war nicht der Einzige, der Angst hatte, und am liebsten hätte ich mir die Reise auch erspart. Aber ich musste fliegen, einerseits, um meine Freunde wiederzusehen, die ich während des 11. Septembers den ganzen Tag nicht erreichen konnte – reiner Horror; und andererseits, weil ich als Ostwestfale diszipliniert bin und niemals eine Verpflichtung absagen würde, komme was wolle.

Der ganze Kongress stand unter dem Eindruck des Terrors, die Anspannung war allerorten zu spüren: Niemand wollte in den oberen Etagen des Hotels wohnen, einige Gäste ließen hysterisch ihre Speisen zurückgehen, weil sie »komisch« schmeckten, und schon geisterten weitere Geschichten von geplanten Anschlägen durch die Presse: Die Terroristen würden nun auch ein virusverseuchtes weißes Pulver mit der Post verschicken oder biologische Gifte auf den Straßen verstreuen. Ich war fassungslos gewesen, als ich in das gewaltige Loch am Ground Zero gestarrt hatte, durch diesen Zaun hindurch, an dem Fotos und Briefe Angehöriger hingen wie müde Vögel, während mir in meiner Trauer und in meinem blanken Entsetzen ein Desinfektionsfahrzeug die Beine mit einer stinkenden Brühe nass spritzte. Die Angst vor Viren, die Gehirnhautentzündung übertragen können, war so stark, hatte mir ein Polizist erklärt, dass man die Straßen New Yorks auf Verdacht desinfizierte.

Kurz vor meinem Vortrag stand ich in einer riesigen Halle des Kongresshotels und ging meine Präsentation in Gedanken noch einmal durch. Währenddessen spielte ich an einem Zuckertütchen herum, bis es riss und der Zucker herausrieselte. Ich schaute etwas linkisch um mich, denn dies war ein teures Hotel, in dem man sich zu benehmen hatte. Ehe ich mich es versah, kamen zwei Sicherheitskräfte auf mich zu, um die weißen Zuckerkrümel zu inspizieren. Der wasserstoffblonde Typ mit Punkfrisur, die ich damals trug, weil ich für mein Chansonprogramm »Niemandrose« möglichst wie eine Seerose aussehen wollte, erschien ihnen suspekt. Ich beschwere mich damals beim Direktor des Hotels wegen Diskriminierung, denn ich hatte die Vermutung, dass man mich checkte, weil ich anders aussah.[45] Heute kann ich die Wachmänner besser

---

[45] Das funktioniert auch ohne 11. September. Am 3.3.1994 berichtete die *Frankfurter Rundschau* von einer Razzia auf vier italienische Geschäftsleute. Ein Nachbar wollte sie (per Fernglas?) beim Aufteilen von Rauschgift beobachtet

verstehen. Schließlich war es ihr Job, Sicherheit zu garantieren. Sicherlich hatten auch sie Angst. Und einen ängstlichen Menschen, der schnell zu einem Schluss kommen will und für den Sicherheit das oberste Gebot ist, schert es nicht, ob er vorurteilsbehaftet handelt oder nicht. Er will Gefährdung verhindern. Der 11. September hatte im Nu ganze Menschenmassen in Rassisten verwandelt. Unter ihnen viele Politiker.

Viele psychologische Prozesse können also in uns Menschen chronisch verfügbar sein und gleichzeitig durch ein situationsgebundenes Ereignis ausgelöst werden. Die von mir vorgestellte Liste mit Faktoren, die längst nicht vollständig ist, zeigt viele unterschiedliche Motive, Bedürfnisse und Ereignisse, die Vorurteile schüren und Diskriminierung erleichtern können.

Aber es gibt auch Menschen mit speziellen Vorurteilen gegenüber bestimmten Gruppen. Sie unterscheiden sich darin, ob sie Rassisten oder Sexisten sind oder nicht oder ob sie bestimmte Minderheiten wie Homosexuelle, Übergewichtige oder Behinderte mögen oder nicht. Um sie zu identifizieren, wurde ebenfalls eine Reihe von Fragebögen und Untersuchungsmethoden entwickelt, von denen ich nun einige exemplarisch vorstellen möchte.

Klassischer Rassismus

John McConahays *Rassismusfragebogen* ist so ein Beispiel. Da werden Sie zu Ihrer Einstellung gegenüber bestimmten Gruppen befragt, etwa wie sehr Sie unter anderem folgenden Aussagen zustimmen: »Schwarze sind generell nicht so intelligent wie Weiße« oder »Ehen zwischen Schwarzen und Weißen sind eine schlechte Idee« oder »Wenn eine schwarze Familie mit einem ähnlichen Einkommen und Bildungsstand wie dem meinen in

---

haben. Die Geschäftsleute mussten in Handschellen das Haus verlassen, und die Wohnung wurde durchsucht. Das Heroin stellte sich schließlich als harmloser Mozarella heraus. Das Stereotyp Italiener = Mafia entpuppte sich also buchstäblich als Käse.

meine Nachbarschaft zöge, hätte ich etwas dagegen«. Auf einer Skala von 1 = »ich stimme auf jeden Fall zu« bis 5 = »ich stimme auf keinen Fall zu« sollen Sie diese Aussagen anonym und möglichst ehrlich bewerten. Das Problem an dieser Art von Fragebogen: Sie sind nicht mehr treffsicher. Auch wenn Anonymität zugesichert wird, wird heutzutage kaum noch jemand behaupten, etwas gegen Schwarze zu haben, selbst wenn er deutliche Ressentiments hat. Ich schließe aus meiner Forschung auf drei Sorten von Menschen: Jene, die wirklich nichts gegen bestimmte Gruppen haben, jene, die etwas gegen bestimmte Gruppen haben, dies zugeben und ihre Meinung offen kundtun, und solche, die tatsächlich starke Vorurteile haben, ohne sie aber zuzugeben. Die soziale Norm, nicht zu diskriminieren, hat sich in vielen Ländern etabliert, und einem Wissenschaftler, der wissen will, was die Versuchspersonen wirklich denken, stellt sich damit ein Problem: Die dritte Gruppe nämlich wird durch seinen Fragebogen nicht erfasst.

Allerdings gibt es bestimmte Verfahren, die die Ehrlichkeit der Probanden in solchen Experimenten erhöhen: etwa indem man der Versuchsperson Elektroden auf den Arm klebt und ihr weismacht, sie sei an einen Lügendetektor angeschlossen. Untersuchungen, in denen man dieses Verfahren der Befragung der üblichen Methode gegenübergestellt hat,[46] zeigen, dass die Rassismuswerte tatsächlich höher liegen, wenn die Versuchspersonen glauben, sie würden beim Lügen ertappt. Die Lügendetektormethode ist allerdings ziemlich aufwendig, sie lässt sich beispielsweise schlecht in der Fußgängerzone oder per Internet durchführen, wo inzwischen viele Fragebogenstudien gemacht werden, und ist außerdem ethisch bedenklich. Das Ergebnis zeigt jedoch deutlich, dass viele Versuchspersonen üblicherweise ihre Urteile in Richtung soziale Erwünschtheit verzerren, wenn sie nicht das Gefühl haben, sie würden beim Lügen ertappt.

---

[46] Die Methode trägt wissenschaftlich den Namen *Bogus Pipeline*, das bedeutet soviel wie »falsche Leitung« oder »Scheinableitung«.

Besser ist es, die Fragebögen *an sich* zu optimieren, indem man subtiler fragt. Zum Beispiel zeigt sich, dass Versuchsteilnehmer bei Antworten auf Fragen, die emotionale Reaktionen provozieren, ihre Urteile weniger stark korrigieren. Werden die Versuchsteilnehmer etwa gefragt, ob es ihnen recht wäre, wenn ihr Sohn eine Schwarze heiratete, sind manche der Befragten eher bereit, ihre Bedenken zuzugeben. Aber auch hier sind Verzerrungen der Antworten nicht auszuschließen. Eine Versuchsperson, die nicht rassistisch wirken will, wird auch bei solchen Fragen schnell erahnen, worauf es den Fragestellern ankommt, und entsprechend ihre Antwort beschönigen.

Andere Fragebögen arbeiten noch indirekter, insofern als die Befragten nicht wissen, was getestet wird. Man wählt dazu Fragen aus, die psychologisch mit Rassismus zusammenhängen, aber nicht so aussehen, als ob sie das Phänomen des Rassismus erfassen würden.

Moderner Rassismus

Die *Moderne Rassismusskala* nach McConahay umfasst zum Beispiel Aussagen wie: »Es ist einfach, den Ärger der Schwarzen in Amerika zu verstehen« oder »Schwarze sind zu fordernd, wenn es um ihre Rechte geht« oder »In den letzten Jahren hatten Schwarze zu viele wirtschaftliche Vorteile«. Während sich in den expliziteren Fragebögen die Ergebnisse der Versuchsteilnehmer kaum noch voneinander unterscheiden, also alle als Nichtrassisten eingestuft werden müssen, nähme man ihre Antworten für bare Münze, zeichnen sich auf McConahays moderner Skala deutliche Unterschiede ab. Sie misst die Verleugnung noch bestehender Diskriminierung, die Abneigung, Forderungen und Anliegen von Schwarzen als legitim zu betrachten, und die Missgunst gegenüber Leistungen, die diese Minderheiten erhalten – alles Faktoren, die seit jeher mit Rassismus im Zusammenhang mit Diskriminierungen von Minderheiten verbunden sind. Und nicht umsonst springen gewisse Medien gerne auf diesen Missgunst-Zug auf und drehen sich Stammtischgespräche um »den Ausländer«, der angeblich Tausende von Euro vom Staat fürs Nichtstun bekommt. Und mit Meinungen wie »Die kommen hier rüber und machen es sich in der sozialen Hängematte bequem« halten Personen seltener hinterm Berg.

Wir erinnern uns daran, dass Diskriminierung gegenüber der Fremdgruppe sich weniger in einer negativen Haltung widerspiegelt, sondern eher in der Tatsache, dass man der Fremdgruppe Gutes verwehrt. Die Mummendey'sche Kritik an der Forschung zu minimalen Gruppen macht dies deutlich: Die Menschen verschaffen ihrer eigenen Gruppe mehr Vorteile als der Fremdgruppe – das ist eine eindeutige, wenn auch positive Diskriminierung –, während sie jedoch nur selten negativ diskriminieren. Damit erscheint es sinnvoll, die positive Dimension in den Fragebögen, die sich mit Vorurteilen wie Rassismus und Sexismus auseinandersetzen, zu untersuchen, und Fragen zu stellen wie »Was verwehrt ihr der anderen Gruppe?«

Moderner Sexismus

Die Logik dieses Fragebogens nutzten Janet Swim und ihr Team, um ihre *moderne Sexismusskala* zu entwerfen, die folglich Aussagen beinhaltet wie: »Diskriminierung von Frauen ist in den USA kein Problem mehr« (Verleugnung existierender Diskriminierung), »Die Wut von feministischen Gruppierungen auf sexistische Strukturen in den USA ist leicht zu verstehen« (Abneigung, Anliegen als legitim zu betrachten) und »In den letzten Jahren haben die Medien und der Staat Frauen mehr Beachtung als nötig geschenkt« (Missgunst gegenüber der benachteiligten Gruppe). Dieser Fragebogen funktionierte lange Zeit ziemlich gut und sagte Diskriminierung gegenüber Frauen recht gut vorher. Die Versuchspersonen waren sich gar nicht bewusst, dass ihr Sexismus getestet wurde, und gaben bereitwillig Auskunft.

Allerdings sind meine Erfahrungen mit diesem Messinstrument in Deutschland mittlerweile eher ernüchternd. Während ich in den neunziger Jahren mit dem Fragebogen sehr erfolgreich war, in dem Sinne, dass ich große Unterschiede bei der Beantwortung des Fragebogens fand – es gab also Leute, die demnach hochgradig sexistisch waren und solche, die kaum sexistisch waren –, haben sich die Unterschiede zusehends nivelliert, bis die Ergebnisse im Jahr 2000 nur noch Leute ergaben, die nicht sexistisch sind. Das könnte bedeuten, dass Vorurteile mit der Jahrtausendwende von der Bildfläche verschwunden sind, oder aber, dass die Versuchspersonen tatsächlich immer sensibler in Bezug auf sozialpsychologische Fragestellungen werden und mittlerweile erkannt haben, wie so ein Fragebogen funktioniert. Und dann ihre Antworten entsprechend korrigieren.

Die Messung von unbewussten Vorurteilen

Warum scheint mir Letzteres plausibler zu sein? Weil es noch indirektere Verfahren gibt, mit denen sich Unterschiede zwischen den Menschen bezüglich ihrer Vorurteile zeigen lassen. Die Generation der sogenannten *impliziten Vorurteilsmaße* beruht auf der Logik von Reaktionszeiten.

In den vorangegangenen beiden Kapiteln war häufig von der lexikalischen Entscheidungsaufgabe die Rede. Zur Erinnerung: Man aktiviert eine bestimmte Kategorie, beispielsweise »Arzt«, und bittet die Probanden, am Computer mithilfe einer »Ja«- und einer »Nein«-Taste zu entscheiden, ob eine Buchstabenfolge ein Wort darstellt oder nicht. Man verwendet Nichtwörter (z. B. nerb, kurk, morc), Assoziationen (z. B. krank, weiß, Kittel, reich) und Wörter, die mit der Kategorie nicht assoziiert sind (z. B. neutral, blau, Tisch, weich). Der Computer misst die Zeit, die eine Versuchsperson benötigt, um mit »Ja« oder »Nein« zu antworten. Üblicherweise gelingt es den Versuchsteilnehmern schneller, ein assoziiertes Wort zu erkennen.

Man könnte jetzt vermuten, dass ein Mensch, der »Türke« sehr stark mit »aggressiv« verbindet – also sehr schnell das Wort »aggressiv« lesen kann, wenn er vorher an Türken gedacht hat – ein Rassist ist. Aber diese Assoziationen finden sich auch bei Leuten, die nicht glauben, dass Türken aggressiv sind. Sie haben sie, weil sie sie durch ihre Kultur gelernt haben, und müssen nicht zusätzlich daran *glauben*, dass Türken aggressiv sind. Sie können um die Assoziation *wissen* und gleichzeitig den Wahrheitsgehalt der damit verbundenen Aussage *anzweifeln*. Die lexikalische Entscheidungsaufgabe misst die Stärke der Assoziation, das Stereotyp. Wir haben gesehen, dass allein ein Stereotyp ungeahnte negative, und sogar unbewusste Folgen haben kann, und für einen Menschen, der gerne frei von Stereotypen wäre, kann das zu einem Problem werden. Vorurteile, die im Gegensatz zum Stereotyp eine zusätzliche emotionale Komponente haben, gehen hingegen mit einer negativen (oder positiven) Bewertung einer Gruppe einher. Die *Bewertung* des Stereotyps aber wird mit der lexikalischen Entscheidung nicht erfasst, dazu muss man eine solche bewertende oder emotionale Komponente mit erfassen.

Solche Überlegungen haben zu zwei Methoden geführt, die im Moment sehr stark diskutiert werden und die jeder Student der Sozialpsychologie im Schlaf erklären können muss: die *affektive Primingaufgabe* von Russ Fazio und die *implizite Assoziationsaufgabe*, auch *IAT* genannt, von Tony Greenwald und Mahzarin Banaji.

Die affektive Primingaufgabe

Bei der affektiven Primingaufgabe müssen die Versuchsteilnehmer entscheiden, ob Worte, die in schneller Folge am Computerbildschirm gezeigt werden, »positiv« oder »negativ« sind. Zwei Tasten werden am Computerkeyboard mit »schlecht« und »gut« gekennzeichnet, und die Versuchsperson muss während des Experiments ihre Zeigefinger auf diese Tasten legen. Da die Wörter eindeutig negativ oder positiv sind – es sind Begriffe wie »attraktiv«, »schön« oder »ekelhaft« und »mies« – ist das Zuordnen sehr einfach: Die Versuchsperson drückt in schnellem Tempo »schlecht«, »gut«, »gut«, »schlecht« etc. und macht dabei kaum Fehler. Um Rassismus zu testen, blitzt Russ Fazio nun subliminal vor jedem Wort ein Gesicht mit schwarzer bzw. weißer Hautfarbe ein. Die Reihenfolge ist also immer Gesicht (schwarz oder weiß), Wort (»gut« oder »schlecht«) und dann die Entscheidung, ob das Wort positiv oder negativ war, ohne dass das Gesicht von der Versuchsperson bewusst wahrgenommen wird.

Fazio argumentiert, dass bei Rassisten das Gesicht eines Schwarzen unmittelbar eine negative Reaktion auslöse, während das Gesicht eines Weißen eine positive Bewertung aktiviere. Bei Menschen, die weniger rassistisch sind, sei dies nicht der Fall. Diese automatische Bewertung – und das ist das eigentlich Entscheidende – erleichtere die weitere Bewertung von Wörtern gleicher Wertigkeit: Rassisten würden nach Einblenden eines schwarzen Gesichts schneller entscheiden können, dass »mies« ein negatives als dass »schön« ein positives Wort ist. Und sie würden schneller entscheiden können, dass »schön« ein positives Wort ist als dass »mies« ein negatives Wort ist, wenn vorher ein weißes Gesicht eingeblendet wurde. Die Logik dieser Bewertungsübertragung folgerte Fazio aus anderen Ergebnissen, die zeigen, dass die Wahrnehmung positiver Wörter wie »Liebe« nachfolgende Bewertungen von positiven Wörtern wie »attraktiv« oder »lecker« erleichtern, während sie die Bewertungen von negativen Wörtern wie »ekelhaft« oder »dreckig« verlangsamen (siehe Kapitel 4). Wenn Rassisten schwarze Hautfarbe im Langzeitgedächtnis mit negativen Bewertungen verbinden, dann sollte ein Rassist ein negatives Wort wie »ekelhaft« schneller als negativ bewerten können, wenn ihm ein schwarzes statt eines weißen Gesichts vorher eingeblendet wurde. Für einen Menschen ohne Ressentiments sollten keine Unterschiede in den Reaktionszeiten bestehen. Da die Leute nicht wissen, welches Gesicht vorher eingeblendet wurde, gilt das Instrument als relativ verfälschungssicher.

Fazio zeigt überzeugend, dass der Unterschied zwischen den Reaktionszeiten in der Bewertung der Wörter nach schwarzen vs. weißen Gesichtern diskriminierendes Verhalten vorhersagt. Personen, deren Reaktionszeiten sehr unterschiedlich waren (langsame Bewertungen positiver Wörter und schnellere Bewertungen negativer Wörter nach Einblendung von farbigen Gesichtern), behandeln schwarze Versuchsleiter unfreundlicher und distanzierter als Personen, deren Reaktionszeiten keine Unterschiede aufwiesen. Erstere vermeiden Augenkontakt und verhalten sich nervöser, wenn sie mit Schwarzen sprechen sollen; und sie ordnen Fotos spontan nach Hautfarbe, auch wenn sie völlig andere Kriterien wählen könnten (z. B. Geschlecht). Dieser Test lässt sich, so zeigt umfangreiche Forschung, auch auf andere Minderheiten anwenden.

Momentan steht dieses Verfahren in der Sozialpsychologie vor allem aufgrund der mangelnden Messstabilität in der Kritik. Messtabilität ist ein Gütekriterium, das wir immer dann anlegen, wenn ein Test stabile Persönlichkeitsmerkmale messen soll. Wenn Sie zum Beispiel messen wollen, ob jemand eine Depression oder Angststörung hat, dann wollen Sie nicht, dass der Test heute eine Depression misst und nächste Woche eine Angststörung. Auch bei einem Intelligenztest wäre es schlecht, wenn die Messung innerhalb eines halben Jahres zwischen Genie und Weizenknäcke schwanken würde. Das ist dasselbe wie mit Ihrer Waage: Wenn Sie morgens um zehn Uhr 55 Kilo wiegen, wollen Sie nicht, dass die Waage um zwölf Uhr mittags 62 Kilo anzeigt.

Dieses Gütekriterium hat unter anderem zur weitgehenden Abschaffung des Rorschachtests geführt. Sie wissen schon, dieser Tintenkleckstest aus der Psychoanalyse und aus Hitchcock-Filmen, bei dem Sie Tintenkleckse interpretieren sollen. Der Test ist schlecht, weil man ihn leicht verzerren oder das Testergebnis stören kann. Ich hatte einen Freund, der eine Psychoanalyse anfing und einen solchen Test machen sollte; er gestand mir, dass ihm bei einem bestimmten Bild immer versauter Sex zwischen zwei Frauen einfiel. Weil ihm diese Assoziation aber furchtbar peinlich war, gab er an, er sehe Günter Netzer auf dem Bild. Dieses Testergebnis war dem Therapeuten sicherlich von geringem Nutzen. Zudem ergibt der Rorschachtest selbst dann, wenn die Klienten nicht verzerren wollen, höchst unstabile Ergebnisse; er kann dazu führen, dass bei einem Patienten heute das eine Problem und morgen ein völlig anderes diagnostiziert wird.

Auch bei der Vorurteilsmessung ist es ungünstig, wenn ein Test bei einem Menschen ohne Grund einmal starke und einmal schwache Vorurteile ergibt. Die affektive Primingaufgabe ist vielversprechend, muss jedoch noch stark verbessert werden, um als solider Vorurteilsmesser dienen zu können. Zudem ist die Verwendbarkeit des Tests natürlich eingeschränkter als die eines Fragebogens, der fast überall ausgeteilt werden kann.

Der implizite Assoziationstest

Ähnliches gilt für einen anderen neuen Test, den *impliziten Assoziationstest* oder *IAT*, der auf einer ähnlichen Logik basiert. Er wurde von Tony Greenwald und Mahzarin Banaji als Vorurteilsmaß entwickelt. Bei diesem Test werden bestimmte Kategorien zusammen mit einem negativen oder positiven Wort am Computer präsentiert. Zum Beispiel norddeutsche und süddeutsche Namen, also etwa Imke, Sönke und Björn versus Sepp, Rosi und Alois. Roland Neumann und Team verwendeten diese Namen, um herauszufinden, ob Norddeutsche implizite Vorurteile gegenüber Süddeutschen haben und umgekehrt. Die Namen wurden mit positiven oder negativen Wörtern zusammen präsentiert und die Versuchspersonen sollten durch Tastendruck entscheiden, ob positive und negative Begriffe (etwa attraktiv, wunderbar, schön und langweilig, schlecht, eklig) oder norddeutsche und süddeutsche Namen auf dem Computer erschienen. Der Trick besteht darin, dass Sie nur zwei Tasten zur Verfügung haben, um dies zu entscheiden, und dass in *einer Phase* des Tests eine Taste immer gemeinsam für norddeutsche Namen und positive Wörter reserviert ist und die andere für süddeutsche und negative, während in einer *anderen Phase* des Tests eine Taste immer gemeinsam für norddeutsche Namen und negative Wörter reserviert ist und die andere für süddeutsche und positive. Für jemanden, der Süddeutsche gerne mag und Norddeutsche nicht, müssten die Reaktionszeiten kürzer sein, wenn die norddeutschen Namen mit den negativen Begriffen auf der einen Taste liegen und die süddeutschen Namen mit den positiven Begriffen auf der anderen. Umgekehrt würde bei dieser Person die Entscheidung dann mehr Zeit beanspruchen, wenn sich die norddeutschen Namen eine Taste mit den »guten« Begriffen teilen und die süddeutschen Namen eine Taste mit den »schlechten« Begriffen.

Zur Auswertung wird der Unterschied in den Reaktionszeiten zwischen diesen beiden Phasen errechnet. Je größer der Unterschied in den Reaktionszeiten (z. B. die Reaktionen sind schneller, wenn »süddeutsch« und »positiv« sowie »norddeutsch« und »negativ« als wenn »süddeutsch« und »negativ« und »norddeutsch« und »positiv« zusammenliegen), umso größer das implizite Vorurteil. Neumann findet dementsprechend, dass diese beiden Gruppen, die auf einem expliziten Bogen keine Vorurteile angaben, tatsächlich implizite Vorurteile haben.

Der Test hat riesiges Aufsehen erregt und zahlreiche Anwendungen gefunden. Sexismus, Rassismus, Vorurteile gegenüber Homosexuellen, religiösen Gruppen, HIV-Patienten, Rauchern, Kinderschändern, Alten, Ossis und Wessis, ja selbst Einstellungen gegenüber Hausfrauen, Karrierefrauen, Coca-Cola oder Pepsi, Kondomen, Sonnencremes, fettigen Speisen oder BMWs werden inzwischen mit dieser Methode getestet.[47] Zunächst scheint der Test sehr gut geeignet zu sein, um implizite Einstellungen zu messen. Man hielt ihn für verfälschungssicher, und er ist inzwischen weit verbreitet. Auf zahlreichen Internetseiten finden sich Gratisangebote zur Messung der eigenen Vorurteile, und ich nutze sie hin und wieder, um mich selbst ein wenig zu erforschen.

---

[47] Es würde mich nicht wundern, wenn bald in Ostwestfalen ein Maulwurfs/Rasen-IAT eingesetzt würde mit sehr vorhersagbaren Ergebnissen.

Ich habe dabei durchaus erstaunliche Einsichten in meine in mir schlummernden, unbewussten Vorurteile gewonnen. Zum Beispiel entdeckte ich eine deutlich negative implizite Einstellung gegenüber Hausfrauen im Vergleich zu berufstätigen Frauen. Ich war mir dieses Vorurteils absolut nicht bewusst gewesen. Aber im Nachhinein ergibt es vollkommen Sinn: Wie oft musste ich auf dem Gymnasium meine Mutter verteidigen, die im Gegensatz zu den meisten anderen Müttern in einem Schuhgeschäft arbeitete und mit weiteren Hilfsjobs für ihre drei teuren Kinder aufkam. Meine tyrannische Oma, die das Geld, das sie von ihren Kindern abzockte, zu Hause in Koffern versteckte, und ihre Töchter morgens und abends mit Billigmarmeladebroten und verbrannten Kartoffeln abfütterte, verstarb so spät, dass das Erbe über die verlorene Zeit nicht mehr hinwegtrösten konnte – meine Mutter musste arbeiten. Aber sie war auch stolz auf ihr eigenes Geld und auf ihre Erfolge, etwa dann, wenn sie innerhalb eines Tages ihre halbe neue Schuhkollektion verkaufte. Wir Kinder freuten uns dann mit. Außerdem setzte sie sich in ihrer Freizeit als Betriebsrätin für viele ihrer Kollegen ein. Dies aber fand so manche Hausfrau Besorgnis erregend, denn die typische Ostwestfälin war damals vor allem Mutter und vermied es, anzuecken oder gar eine politische Meinung zu haben. Als ich mir dann irgendwann eine Haarsträhne blau färben ließ, war es genug: Vollkommen entrüstet rief eine besorgte Mutter, Hausfrau, bei meiner Mama an und warf ihr vor, ihre Aufsichtspflicht zu verletzen. Blaue Haare würden den Ruf des Gymnasiums ruinieren und den ihres Kindes gleich mit! Es sei ja schon bedenklich, dass mittlerweile Angestelltenkinder aufs Gymnasium dürften, aber dass man sie sich selbst überließe und sie zum Punk verkämen, das sei unerhört. Ob ihr nicht bewusst sei, dass Verwahrlosung strafbar ist? Dass ich aufgrund dieser Erlebnisse ein Vorurteil gegenüber Hausfrauen entwickelt habe, das in einem Test sichtbar wurde, ist für mich nachvollziehbar. Trotzdem war ich zunächst einmal verwundert über das Ergebnis.

Ein weitaus schockierenderes Ergebnis mit einem Rassismus-IAT erhielt ich in New York. Ich wohnte direkt gegenüber der

Columbia University, in Butler's Hall, einem schönen Gebäude direkt am Morningside Park. Dies wiederum liegt an der Grenze zu Harlem. Touristen werden normalerweise davor gewarnt, nach Harlem zu fahren, weil dort die Kriminalitätsrate deutlich höher ist als in Manhattan. Wir hatten einen Fernseher und schauten allmorgendlich die News. Dort erfuhren wir Morgen um Morgen, ob wieder Tote aus dem Morningside Park weggeschafft werden mussten und wo in Harlem es in der vergangenen Nacht gerasselt hatte. Kurz bevor ich nach New York gezogen war, hatte ich einen Rassismus-IAT gemacht, in dem schwarze und weiße Gesichter mit positiven und negativen Wörtern assoziiert waren. Ich hatte eine deutliche Präferenz (!) für Schwarze und war darüber erleichtert. Wenigstens hatte ich keine Vorurteile gegenüber Schwarzen. Drei Monate nach meiner Ankunft in den USA aber maß ich noch einmal nach und erzielte ein vollkommen anderes Ergebnis: Eindeutig negative Vorurteile gegenüber Schwarzen! Was ich an diesem Ergebnis so erschreckend fand, ist, dass ich bei mir selbst keine Änderung meiner Einstellung oder Wertung von Schwarzen bemerkt hatte. Im Gegenteil, ich hatte gedacht, die ständige Präsenz von Schwarzen in New York hätte meine Entwicklung zum toleranten Menschen eher begünstigt!

Nach einigen Gesprächen mit Freunden und einer längeren Suche nach Gründen wurde dieser Wandel aber dann doch nachvollziehbar: In meiner Jugend hatte ich neben der Callas viele schwarze Sängerinnen vergöttert. Grace Bumbry und Marian Anderson, und auch Ella Fitzgerald und Shirley Bassey gehörten dazu. Später kam die phänomenale Jessye Norman hinzu. Und da ich viel und leidenschaftlich Musik hörte und sie meinen einzigen Kontakt zu Schwarzen herstellte, ist es kein Wunder, dass für mich, den Violinenverteidiger mit der mir heiligen Notentasche, »schwarz« sogar positiver war als »weiß«. Bevor ich nach New York zog.

Dort angekommen, lernte ich die Verbindung zwischen Kriminalität und Schwarzen offensichtlich sehr schnell. Es verging kaum ein Morgen, in dem die besagte Morningshow keinen Schwarzen zeigte, der aus irgendeinem Grunde abgeführt wurde. Verfuhr man sich in der Stadt, erinnerte man sich schnell an den Rat, sofort wieder in den U-Bahnhof zurückzugehen, sobald sich außerhalb der Station ein allzu großer Schwarzenanteil bemerkbar machte. Selbst die Polizei brachte meine beiden Brüder einmal mit der Streife aus Harlem nach Hause, um sie zu schützen: In dieser schwarzen Gegend, so die schwarzen, sehr netten Beamten, wären sie als weiße Touristen in Gefahr. Es hatte sich durch diese Ereignisse ein Vorurteil eingeschlichen, an dessen Entstehung ich mich völlig unschuldig fühlte.

Das Ergebnis machte mir auch deshalb Sorgen, weil es inzwischen genügend Studien gibt, die zeigen, dass diese versteckten Vorurteile eine bessere Vorhersage über die Wahrscheinlichkeit diskriminierenden Verhaltens treffen als die üblichen Fragebogenergebnisse. Personen, die im IAT hohe Vorurteile haben, distanzieren sich von Schwarzen, meiden und diskriminieren sie auch. Ich begann also, an diesem Vorurteil zu arbeiten und es zu korrigieren.

Vorsicht beim Testen!

Die Selbsttestung hat mir dabei eine Art der Selbstkenntnis ermöglicht, die ich für sehr wertvoll halte. Allerdings höre ich schon die Schreie des Entsetzens seitens meiner lieben Kollegen. Tatsächlich sollte ich Sie als Wissenschaftler davon abhalten, den IAT zu machen, um daraus großartige Schlüsse für sich zu ziehen. Denn schon kleine Variationen des Tests, etwa welche Phase zuerst abgefragt wird (ob zuerst »weiß« und »negativ« oder zuerst »weiß« und »positiv«), können die Ergebnisse verzerren, wie Uli Kühnen belegen konnte. Zudem zeigt sich, dass die jeweilige Situation großen Einfluss auf die Ergebnisse hat. Zum Beispiel ist impliziter Rassismus bei Versuchspersonen dann geringer, wenn ein schwarzer Versuchsleiter das Experiment durchführt, als wenn der Versuchsleiter weiß ist. Vermutlich bewirkt hier ein freundliches Vorbild schon eine positivere emotionale Reaktion. Andere Studien beweisen, dass die Art und Weise, wie man gerade über Personen gedacht hat, die Befunde verändern.

Nehmen wir uns ein Vorurteil aus dem Bereich Flora und Fauna vor. Da gibt es zum Beispiel bei den meisten Personen einen großen Unterschied zwischen der Reaktion auf Insekten und der auf Blumen. Die Versuchsteilnehmer entscheiden dann schneller, wenn positive Wörter und Blumen auf einer Taste liegen, als wenn negative Wörter und Blumen sich eine Taste teilen. Das Gegenteil ist der Fall bei Insekten, sie haben offensichtlich einen schlechteren Ruf: sie beißen, kneifen und sind als Blutsauger verschrien. Fast alle Versuchsteilnehmer reagieren schneller, wenn ein Insekt mit einem negativen Wort auf einer Taste liegt, als wenn ein Insekt eine Taste mit einem positiven Wort teilt. Diesen recht starken Effekt kann man deutlich abschwächen, indem man einigen Versuchspersonen vorher eine Science-Fiction-Story zu lesen gibt, in der die Insekten nach einer nuklearen Katastrophe die Guten sind und die Blumen gefährlich werden. Dies ist natürlich bedenklich, denn es könnte bedeuten, dass man bei einem Rassismus-IAT weniger rassistisch ist, wenn man vorher zufällig an einen außerordentlichen Schwarzen gedacht hat, wie zum Beispiel an Martin Luther King, und das Ergebnis anders aussähe, wenn man vor dem Test an einen negativ besetzten Schwarzen gedacht hätte, etwa an den Boxer Mike Tyson, der seinem Gegner ein Stück vom Ohr abbiss.

Dennoch ist bei aller Kritik von Kollegenseite die Stabilität des Tests nicht so schlecht, wie einst angenommen. Stefan Schmukle und Boris Egloff zeigten kürzlich, dass der Test relativ stabil über einen längeren Zeitraum hinweg ähnlich starke Vorurteile misst. Aber tatsächlich sind immer Schwankungen möglich, die nichts mit stabilen Persönlichkeitseigenschaften zu tun haben. Dies würde auf jeden Fall dafür sprechen, dass man sich häufiger testen sollte, um Abweichungen und Einflüsse der Situation möglichst gering zu halten, so wie man sich auf eine wackelige Waage mehrmals draufstellt, um schließlich einen groben Mittelwert zu erhalten. Generell können psychologische Messinstrumente wohl nicht so genau sein wie Uhren oder Waagen.

Problematischer ist hier die Verfälschbarkeit des Tests. Je öfter man ihn gemacht hat, desto eher kann man ihn beeinflussen. Vor Kurzem zeigten Klaus Fiedler und Matthias Bluemke darüber hinaus, dass die Versuchsteilnehmer ihre Antworten tatsächlich auch für den Auswerter unmerklich verfälschen können, wenn sie wissen, worum es geht. In ihren Experimenten waren deutsche Versuchspersonen dann langsamer bei stereotypen Kombinationen (»Türke« und »schlecht«, »Deutscher« und »gut«) und schneller bei nicht stereotypen (»Türke« und »gut«, »Deutscher« und »schlecht«), wenn sie gewarnt worden waren, dass ihre Vorurteile gemessen würden. Dies schmälert die Aussagekraft eines Testergebnisses und wird vor allem dann zum Problem, wenn Leute mehr und mehr über diese Methode erfahren. Solche Befunde stellen den IAT gegenwärtig stark in Frage, vor allem wenn das Testergebnis weitreichende Konsequenzen hat, wie bei der Bewertung von Straftätern, Schülern oder in der Personaldiagnostik.

Ja, Sie haben richtig gehört, in den USA wollten die Personalabteilungen einiger Firmen diesen Test nutzen, um rassistische und sexistische Menschen von vornherein in bestimmten Positionen auszuschließen.[48] Die zunehmende Einsicht, dass Vorurteile wirtschaftlich großen Schaden anrichten und das Betriebsklima vergiften können, lässt ein großes Interesse an geeigneten Messinstrumenten für Vorurteile aufkommen. Jedoch sind wir Sozialpsychologen noch nicht so weit, die Gedanken einzelner Menschen treffsicher lesen zu können. Und es ist auch fraglich, ob wir das je können werden, wenn doch die Situation, in der ein Test gestellt wird, immer einen Einfluss auf die Beantwortung desselben hat. Generell aber gilt: Der IAT misst ordentlich, wenn man große Gruppen untersucht; da können ein oder zwei Ausreißer das eigentliche Ergebnis nicht verzerren. Das gilt etwa für Untersuchungen darüber, ob in bestimmten Gruppen Vorurteile eher präsent sind als in anderen oder ob implizite Rassisten sich generell

---

[48] Auch in Deutschland werde ich nach Vorträgen in der Wirtschaft manchmal gefragt, ob ich einen IAT für eine Organisation anfertigen würde – was ich angesichts der Probleme, die diese Methode mit sich bringt, natürlich ablehne.

feindseliger gegenüber ethnischen Minoritäten verhalten, sie diskriminieren oder Angst vor Neuem haben etc. In der Forschung, wo jeweils eine größere Anzahl von Personen getestet wird, wird der IAT deshalb der Fragebogenmethode längst vorgezogen. Für die *Einzeltestung* ist er jedoch noch zu ungenau; hier arbeiten zahlreiche Kollegen weltweit an einer Optimierung.

Kurz gefasst

Zusammenfassend kann man sagen, dass bestimmte persönliche Motive und Charakterzüge die Entwicklung eines Menschen hin zu mehr oder weniger Toleranz begünstigen können. Persönliche Motive bestimmen auch die politische Haltung eines Menschen, und die Forschung zeigt, dass eine rechtskonservative Haltung Diskriminierung fördern kann. Empfindungen und Orientierungen wie Angst vor Unsicherheit oder Neuem, die Sehnsucht nach Sicherheit und Schutz und das Bedürfnis, schnell Kontrolle über die Umgebung zu bekommen, sind zwar bei vielen Menschen chronisch verfügbar, können aber auch in jedem Einzelnen ad hoc durch persönliche oder gesellschaftliche Ereignisse wie Scheidung, Krieg, Arbeitslosigkeit, Krankheit etc. ausgelöst werden.

Die Messung von Vorurteilen hat in der letzten Zeit große Fortschritte gemacht. Wir sind auf dem besten Weg, unbewusste Vorurteile erforschen zu können, die die Menschen entweder nicht zugeben wollen oder von denen sie gar nicht wissen, dass sie in ihnen schlummern. Manche dieser Tests, unter anderem der IAT, gelten dabei als relativ gute Messinstrumente. Ob diese Tests tatsächlich stabile, das heißt situationenübergreifende Persönlichkeitszüge messen können, wird sich erst noch zeigen müssen. Eventuell messen sie nämlich doch nur die Vorurteilsbereitschaft in der jeweiligen Situation und nicht die fest im Langzeitgedächtnis verankerten Bewertungen.

Zurück zum Verteidiger der Geige: Dem war klar, dass sein Anderssein auf lange Sicht ein Vorteil sein würde. Alle Musiker, die er kannte, waren anders als die anderen Menschen. Also würde er nicht seine Persönlichkeit ändern, sondern das Instrument. Eine Stimme kann man nicht aus einem Kasten nehmen, man kann ihr nicht die Decke eindrücken oder eine Saite zerreißen. Wenn man singt, dann schwingt eine Saite zwischen Himmel und Erde – ein Ton entsteht, den einem niemand wegnehmen kann. Er würde Gesang studieren, das stand fest. Und nebenher Psychologie.

KAPITEL 7

Raus mit den Vorurteilen! Vom mühsamen, aber hoffnungsvollen Kampf gegen Stereotype im Kopf, gegen Vorurteile im Herzen und von möglichen Wegen zur Verhinderung von Diskriminierung

Warum man Eisbären und Vorurteile schlecht unterdrücken kann. Vom Umlernen von Gedanken und Emotionen. Wie man die Quote – und ihren schlechten Ruf – verbessern kann; und welche besseren Möglichkeiten zur Förderung von Minderheiten es gibt. Wie man seine Gruppe aufwerten kann. Warum Kontakt zwischen Gruppen Diskriminierung reduziert. Warum Lackschuhe nicht in »Eine Welt« passen. Wann es gelingen kann, dass mehrere Gruppen, und vielleicht sogar alle, zu einer zusammenwachsen.

Im fränkischen Würzburg, am Psychologischen Institut arbeitet eine ungewöhnliche Frau. Sie heißt Rita und ist eine Sekretärin mit vielen Talenten. Sie schmeißt den Laden samt Labor wie keine andere, sie liest in Rekordzeit Texte Korrektur, organisiert riesige Tagungen, durch die die Frankenmetropole ein Stück Weltstadtflair bekommt. Rita kocht außerdem wie eine Fünf-Sterne-Köchin und scheut dabei keinen Aufwand. Sie hat einen riesigen Garten, in dem es an nichts fehlt – Gemüse wechselt sich mit Kräutern ab, Stauden wuchern, wilder Wein ziert das Haus. Nachts näht sie fantastische Sachen für ihre Kinder, ihre Nachbarn und sich, die sie häufig am nächsten Tag im Büro trägt. Ich vermute, dass sie irgendwo eine Lagerhalle hat, so produktiv ist sie, und wenn man sich die Finesse der Kreationen anschaut, dann fällt einem die teuerste Pariser Haute Couture ein. Jeden Morgen, wenn ich Rita sah, gab ich ihr begeistertes Feedback zu ihrem Outfit – eine perfekte Symmetrie an einem karierten Revers kann mich morgens um neun in Ekstase versetzen.

Irgendwann aber steckte mir eine Kollegin, dass es schon etwas sexistisch sei, Rita dauernd für ihr Aussehen zu loben – und fragte mich, ob ich sie denn gleichermaßen für ihre Kompetenz lobte? Mir wurde ganz übel. Ich erkannte, dass es in meinem Verhalten ihr gegenüber tatsächlich etwas gab, das man nur sexistisch nennen kann. Denn sonst – bei männlichen Angestellten – lobe ich vor allem intellektuelle Leistung, nicht Kleidung. Ich hielt den Vorwurf meiner Kollegin für berechtigt und ärgerte mich sehr. Was für ein Macho war ich denn? Habe ich irgendwelche Einflussfaktoren auf meine Erziehung nicht bemerkt? Wann endlich kapierte ich, was mit mir los ist?[49]

Wie gesagt, es ist schwierig, sich selbst zu beobachten, und da Stereotype nun mal in unseren Köpfen festsitzen, bleiben sie auch mir nicht erspart. Wie sagt mein Arzt immer? »Auch die Kinder vom Ohrenarzt haben manchmal Ohrenschmerzen.« Ich schwor, mich zu bessern, und es gelang mir auch, Rita häufiger für ihre tollen Korrekturen und die hervorragende Arbeit an meinen Manuskripten zu loben. Trotzdem schaffte ich es morgens nicht, wenn ich mich nach der üblichen Leberkässemmel vor der mir unheimlichen Stadt in das wunderbare Institut rettete, den Gedanken an Ritas schicke Klamotten zu unterdrücken. Kaum sah ich sie, dachte ich »cooles Outfit« – und musste mich schon sehr beherrschen, es nicht laut zu sagen.

Gegen die Vorurteile anzugehen, die wir an uns selbst bemerken, ist ziemlich schwierig. Die Assoziationen, die uns leiten, haben sich mitunter über Jahre hinweg gefestigt, und unser Gedächtnis tut sich relativ schwer, Unerwünschtes zu vergessen.

Das Lernen und Verlernen von Assoziationen

Natürlich kann man Vorurteile auch verlernen, aber man muss schon einiges dafür tun. Kerry Kawakami und ihr Team machten Experimente, in denen sie einige Versuchspersonen baten, »Nein«

---

[49] Haben Sie bemerkt, dass ich Rita nur mit dem Vornamen eingeführt habe? Professoren heißen Herr Müller. Die Sekretärin Frau Müller heißt Gabi oder Rita oder Mandy. Ich lasse das jetzt einmal unkommentiert.

zu sagen, wenn ein Foto von einer Person zusammen mit einem stereotypen Wort erschien, also zum Beispiel das Bild eines Schwarzen im Zusammenhang mit dem Wort »athletisch« oder »arm« gezeigt wurde oder das eines Weißen im Zusammenhang mit »ehrgeizig«, »verspannt« oder »verklemmt«. Die Versuchsteilnehmer sollten »Ja« sagen, wenn die Assoziationen gegen das Stereotyp gingen. Nach diesem Umlerntraining fand Kawakami eine Reduktion von Vorurteilen (gemessen mit einem dem IAT ähnlichen Maß) relativ zu anderen Versuchspersonen, die zu stereotypen Assoziationen »Ja« sagen sollten. Allerdings war das Training kein Zuckerschlecken: Die Leute mussten in ihren Experimenten 380 bis 480 Mal Stereotype durch andere Begriffe ersetzen, bis eine Reduktion ihrer Vorurteile eintrat. Im wirklichen Leben wäre so ein Verfahren etwas unpraktisch, aber das Experiment testet ja eher die psychologische Realität, die Theorie, dass gehäuftes Auftreten von dem Stereotyp entgegengesetzten Ereignissen zu einem Umlernen führen kann.

Im wirklichen Leben dürften vor allem geeignete Vorbilder dauerhaft für ein Ende solcher Assoziationen sorgen. Also Schwule in Ethikkommissionen, schwarze Professoren, die Friedenscamps leiten, und Mathematikprofessorinnen können bestehende Assoziationen ändern – allerdings müssen sie gehäuft auftauchen, weil sonst die Gefahr besteht, dass sie als Ausnahme klassifiziert werden. Fazit: Dauerhaftes Verlernen von Vorurteilen ist prinzipiell möglich, scheint jedoch sehr aufwendig zu sein, was ein weiteres Argument dafür ist, sie möglichst gar nicht erst zu lernen.

Dabei bilden sich Stereotype und Vorurteile bereits im Kindergartenalter aus. Schon zu diesem Zeitpunkt sollten wir es nicht mehr dem Zufall überlassen, welche Assoziationen unsere Kinder zu anderen Menschen entwickeln. Wenn wir sie beispielsweise ohne Betreuung vor den Fernseher setzen, laufen sie Gefahr, Assoziationen zu erlernen, die uns mitunter sehr unlieb sind. Ist Ihnen schon einmal aufgefallen, dass Schwarze in Science-Fiction-Filmen häufiger von Monstern gefressen werden als die weißen, offenbar viel intelligenteren Helden? Dass Frauen immer noch »nur ein bisschen frech«[50] sein dürfen; selbst dann, wenn sie im Film »ihre Frau stehen« und somit kaum ein realistisches Vorbild für eine denkende, berufstätige Frau liefern? Die assoziativen Netzwerke, von denen die ganze Zeit die Rede ist, werden auch durch die Medien erlernt und immer wieder aktiviert.

Klar, man kann gegen unerwünschte Einflüsse angehen. Als ich mit meiner Bekannten Heike und ihren Kindern neulich im Zoo war, sagte eine Frau am Robbenbecken: »Schau, Heinz, genau von diesem Tierfell will ich einen Mantel haben, merk dir das jetzt endlich mal!« Heike sah ihre Kinder Helge und Patrick an und sagte bestimmt: »Schaut, Kinder, wenn ihr einmal groß seid, will ich, dass ihr auf keinen Fall so bescheuert werdet wie diese Frau!« Es schloss sich eine Diskussion an über Moden, bedrohte Tierarten und den Sinn und Zweck von Kleidung. Dies Beispiel zeigt, dass Kinder dann ungewünschten Einflüssen von außen nicht hilflos ausgeliefert sind, wenn wir ihre Erlebnisse kommentieren und sie mit ihnen diskutieren. Soll sich Ihre Tochter doch ruhig Shows mit Verona Pooth oder Paris Hilton anschauen; Sie sollten jedoch anschließend mit ihr darüber diskutieren, ob es tatsächlich ein so attraktives Lebensziel ist, sich und seine – wenn auch selbst gewählte – Dummheit zu pflegen, wenn man dabei seine gesellschaftliche Verantwortung vollkommen vernachlässigt.

Die paradoxe Wirkung von Verboten

Mit Verboten hingegen sollte man sehr vorsichtig umgehen. Auch mit Verboten in Bezug auf uns selbst, denn sie bewirken teilweise

---

[50] Die »freche Frau« scheint allerdings durchaus ein Marktfaktor zu sein. In einer großen Kölner Buchhandlung gibt es eine eigene Abteilung für »freche Frauen«. Offensichtlich scheint das etwas Besonderes zu sein, denn wenn sich etwas von selbst versteht, muss man es nicht kommunizieren. Ein »schönes Fotomodell« ist genauso doppelt gemoppelt im Sinne einer nutzlosen Information wie ein »teurer Diamant« oder ein »weißer Schimmel«. Der Zusatz »frech« bedeutet, dass sich das im Zusammenhang mit Frauen nicht von selbst versteht. Dies transportiert eine stereotype Annahme und erhärtet das Vorurteil.

genau das Gegenteil. Ich könnte mir ja zum Beispiel vornehmen: »Denk einfach nicht an das Kleid, wenn du Rita siehst!« Die Forschung zeigt, dass Gedankenverbote fatal sind: Gerade wenn wir versuchen, an etwas nicht zu denken, tun wir es um so stärker. Daniel Wegner und sein Forscherteam haben dieses Phänomen untersucht und Versuchspersonen gebeten, nicht an Eisbären zu denken. Als die Probanden anschließend wieder an Eisbären denken durften, kamen sie ihnen häufiger in den Sinn als den Versuchspersonen, denen vorher erlaubt worden war, an Eisbären zu denken. Kurz, verbotene Gedanken kommen zurück, und es hat seitdem Dutzende Experimente gegeben, die zeigen, dass dieser Boomerangeffekt auch für sozial interessantere Inhalte als Eisbären gilt, nämlich eine unglückliche Liebe, Schmerz, schlechte Stimmung, fiese Filmsequenzen, Essen und Alkohol.

Dieser Boomerangeffekt läßt sich, wie so vieles, auf unser Gedächtnissystem zurückführen. Ermahnen wir uns etwa, nicht ans Essen zu denken, so müssen wir dafür die Gedächtnisspur »Essen« aktivieren. Und schon ist Essen *on top of our mind*.

Dasselbe trifft auch auf die Unterdrückung von Vorurteilen zu. Nira Liberman und ich haben dies an der Columbia University in New York untersucht. Wir baten weiße Versuchspersonen, eine Geschichte zu schreiben über einen Tag im Leben eines Mannes, dessen Bild wir aus einer Reihe von Fotos zogen. Für alle Versuchspersonen war dies ein Schwarzer. Einige Versuchspersonen sollten bei der Geschichte auf jede rassistische Äußerung verzichten. Diese Versuchspersonen unterdrückten also Assoziationen wie »kriminell« und »aggressiv«, die in New York üblicherweise das Stereotyp ausmachen. Andere Versuchspersonen bekamen keinen solchen Hinweis. Danach erklärten wir das Experiment offiziell für beendet. Allerdings baten wir einige Versuchspersonen, »noch kurz zu bleiben, um eine weitere Aufgabe für einen Kollegen zu bearbeiten«: die Personenbewertung eines Mannes, der Donald hieß und sich zweideutig aggressiv verhielt; das heißt, man konnte ihn als durchsetzungsfähig oder aber als aggressiv bewerten (siehe Kapitel 3). Wir fanden heraus, dass diejenigen Donald für aggressiver hielten, die jegliches rassistische Gedankengut unterdrückt hatten, im Gegensatz zu denen, die keine Anweisung bekommen hatten, rassistische Bemerkungen zu unterlassen. Die Unterdrückung von stereotypen Wörtern wie »aggressiv« hatte also dazu geführt, dass diese hoch verfügbar waren und bei der Bewertung einer anderen Person auch verwendet wurden: Sie wirkte auf jene, die »aggressiv« unterdrückt hatten, aggressiver. So erging es mir auch mit Rita. Frisch unterdrückt, fiel mir morgens natürlich nichts anderes ein als ihr neues Kleid zu loben!

Gedankenunterdrückung produziert auch Boomerangeffekte im Verhalten. In einer an der Uni Würzburg durchgeführten Studie sollten Versuchspersonen eine Geschichte über einen Türken schreiben. Wir ermahnten dabei die eine Gruppe, Vorurteile zu vermeiden. Anschließend baten wir alle Leute, den Schokoriegel, den sie als Belohnung für das Experiment erhielten, an ein Asylantenheim für ausländische Kinder zu verschenken. Fast alle Versuchsteilnehmer, die keine Gedanken unterdrücken mussten, spendeten ihren Schokoriegel gerne. Diejenigen aber, die ihre Vorurteile unterdrücken sollten, zeigten weniger Bereitschaft, dies zu tun. Gedankenunterdrückung führt also unbewusst zum krassen Gegenteil dessen, was sie eigentlich bewirken soll. Und das Ganze bekommt dann eine politische Dimension, wenn man bedenkt, dass Organisationen und Regierungen politische Korrektheit immer mehr zur Norm erheben und Diskriminierung verbieten.

Gibt es einen Ausweg aus diesem Teufelskreis? Daniel Wegner zeigte schon sehr früh, dass man diesen unerwünschten Effekt mildern kann, indem man den Versuchsteilnehmern ablenkende Gedanken zur Verfügung stellt. Immer wenn ihnen ein weißer Bär in den Sinn kam, sollten seine Versuchspersonen an einen roten VW-Käfer denken – diese Strategie reduzierte den Boomerangeffekt, denn an etwas anderes zu denken ist weniger schwierig, als gar nicht an etwas zu denken. Einer ähnlichen Logik hatte sich ja schon Kerry Kawakami in ihrem Neinsage-Training bedient: Ihre Probanden sollten nicht nur »Nein« zu »schwarz = aggressiv« sagen, sondern auch »Ja« zu »schwarz = friedlich«; sie haben also *umgelernt*, statt zu unterdrücken. Zudem belegte Laura Monteith in ihren Studien, dass sich bei Personen, die als wenig sexistisch eingestuft worden waren, bei vorurteilsbehafteten Gedanken kein Boomerangeffekt zeigte. Dies bedeutet, dass vor allem von außen auferlegte Verbote die unerwünschten Effekte zeitigen. Oder dass tolerante Menschen über Strategien der Selbstkontrolle verfügen und diesen Effekt zu verhindern wissen.

Die Erklärung und Verhinderung von Boomerangeffekten

Um das Entstehen von Boomerangeffekten zu erklären, haben Nira Liberman und ich eine eigene Theorie entwickelt. Wir glauben, dass ein Verbot zunächst einmal das Ziel aktiviert, das Verbotene zu tun. Das kennen wir schon aus der Bibel. Lots Frau, der die Engel verboten hatten, sich nach der Stadt Sodom umzuschauen, kann nicht an sich halten: Sie dreht sich um und erstarrt zur Salzsäule. Die Geschichte beschreibt etwas, das wir alle kennen: Wenn uns etwas verboten wird, juckt es uns geradezu, das Verbotene zu tun. Ziele können unbewusst aktiviert werden und wie bewusst gedachte Ziele wollen sie auch erreicht werden. Sobald ein Ziel erreicht ist, verschwindet es aus unserem Bewusstsein: Wenn wir Hunger haben, suchen wir uns etwas zu essen, und nachdem wir gegessen haben, sind wir satt. Wenn wir unterdrücken sollen, aktivieren wir das Ziel, das Verbotene zu tun. Und wenn wir das Unterdrückte dann irgendwann zugelassen haben, verspüren wir keinen »Hunger« mehr danach.

Ich habe so etwas einmal auf der Bühne erlebt, als ich mit Katharina Bihler und Terry Truck am Stadttheater Freiburg ein Chansonpogramm mit dem Namen »Zug um Zug« gab. Darin stehen wir – Katharina, im Abendkleid von ihrem Sugardaddy abgesetzt, und ich, ein Partylöwe – am Bahnhof, und es kommt kein Zug. Wir singen und vertreiben uns die Zeit, um am Ende des Abends in einen surrealen Traum zu verfallen – der uns glücklicher macht als das Leben. In diesem Traum spielte ich einen glücklichen Kläffer, der ungehemmt in jede Ecke pinkelt. Es war nicht gut geputzt und da ich allergisch gegen Staub bin, juckte es mich plötzlich wie wild. Ich wollte nicht husten, versuchte, es zu unterdrücken, spielte mir die Hundeseele aus dem Leib, was mir auch eine Zeit lang gelang. Bis ich das Lied sang. Die ersten Takte von »Ne me quitte pas« gelangen mir noch, doch dann musste es raus: Ich hustete los. Gott sei Dank war das ganze Stück so abgefahren, dass ich improvisieren konnte: Ich hustete das Lied rhythmisch und die Leute dachten, das müsse so sein und applaudierten. Nach dem Husten war dann natürlich alles gut; ich hatte getan, was ich die ganze Zeit tun wollte, aber unterdrückt hatte.

Wird durch Verbote, an Vorurteile zu denken, ein »Jucken« ausgelöst, gerade das zu tun, was man nicht tun darf? In unseren Experimenten konnten wir zeigen, dass Versuchspersonen, die ihre zuvor unterdrückten Gedanken äußern durften, danach weniger Stereotype im Kopf hatten. Dies spricht psychologisch dafür, dass sie während der Unterdrückungsphase tatsächlich das Ziel aktiviert hatten, das Ungewünschte zu denken (zur Erinnerung: Habe ich ein Ziel erreicht, ist es, nachdem es erreicht wurde, irrelevant). Kann man aber die Aktivierung dieses Ziels verhindern?

Unserer Theorie zufolge werden nicht in jedem Fall Ziele durch die Versuche, sie zu unterdrücken, aktiviert. Wir vermuten, dass solche Ziele aktiviert werden, weil wir aus der Schwierigkeit, sie zu unterdrücken, schließen, dass wir das Unterdrückte eigentlich gern tun wollen: »Je schwerer es mir fällt, den Gedanken zu unterdrücken, umso eher will ich ihn wohl denken.« »Je schwerer es mir fällt, nicht an den Kuchen zu denken, der im Kühlschrank steht, umso mehr will ich ihn wohl essen.« Der Gedanke »Ich will das wohl« aktiviert das Ziel, das Verbotene zu tun, und schon ist man in der Falle – das Ziel will erfüllt werden. Wenn jemand aber merkt, dass diese Schwierigkeit eigentlich nichts mit ihm zu tun hat, dann wird das Ziel gar nicht erst aktiviert. Schon die Einsicht, dass Gedankenunterdrückung vor allem ein simples Gedächtnisphänomen ist und *allen* Menschen schwer fällt, also nicht unbedingt etwas mit dem eigenen Willen zu tun hat, reduziert den Boomerangeffekt, weil in diesem Fall ja gar kein Ziel aktiviert wird.

Unsere Experimente belegen den Zusammenhang. Wenn wir den Versuchspersonen en passant erzählten, dass das Unterdrücken von Türkenstereotypen angesichts der Beschreibung eines Türken allen Menschen schwer fällt, dann spendeten sie auch *nach dem Unterdrücken* von Türkenvorurteilen ihren Schokoriegel ausländischen Kindern im Asylantenheim. Offenbar hatten sie die Gedankenkette »Es fällt mir so schwer, diese unliebsamen Gedanken zu unterdrücken, ich würde gerne an sie denken« gar nicht verfolgt, und das hat die Zielaktivierung verhindert.

Die Untersuchungen von Laura Monteith können ebenfalls mithilfe unserer Theorie erklärt werden: Wenn Menschen von sich selbst überzeugt sind, dass sie keine Sexisten sind, werden sie die Schwierigkeit, die sie beim Unterdrücken frauenfeindlicher Gedanken durchaus empfinden mögen, weniger auf sich beziehen. Eher werden sie annehmen, dass der Versuchsleiter oder die Untersuchungsprozedur das Ganze erschwert hat. Auch in diesem Falle würden sie nicht das Ziel aktivieren, an das Verbotene zu denken, und der Boomerangeffekt bleibt aus. Ein ähnlicher Mechanismus könnte den Erfolg von Selbsthilfegruppen für Süchtige erklären. Die Teilnehmer erfahren dort unmittelbar, dass es auch anderen schwer fällt, etwa vom Alkohol zu lassen, und erkennen, dass es nicht ihr ureigenstes Problem ist.[51]

Der Boomerangeffekt lässt sich also dann verhindern, wenn wir die Schwierigkeit beim Unterdrücken nicht auf uns beziehen und somit kein Ziel aktivieren, das Verbotene zu tun, oder wenn wir ablenkende Gedanken zu Hilfe nehmen. Das heißt, wir können solche Effekte dann bekämpfen, wenn wir verstehen, wie sie entstehen.

---

[51] Meine Angst vor Hustenanfällen auf der Bühne habe ich übrigens bekämpft, indem ich jetzt immer irgendwo ein Asthmaspray deponiere. Ironischerweise habe ich es noch nie gebraucht – der Gedanke, dass mir die Unterdrückung nicht schwer fallen würde, weil Rettung ja nahe ist, reicht aus, nicht husten zu müssen.

Wie wir diskriminierendes Verhalten erkennen

Auf mein sexistisches Verhalten in Bezug auf Rita hat mich dankenswerterweise eine Kollegin hingewiesen. Häufig ist es aber gar nicht so einfach zu entscheiden, wann wir uns fair und wann wir uns unfair verhalten haben. Auch im Fall der »Würzburger Rita« werden vermutlich einige von Ihnen Probleme gehabt haben, dieses Verhalten überhaupt als sexistisch zu identifizieren. Sollten wir also nicht mehr freundlich sein, keine Komplimente mehr machen oder aufhören, mal einen Witz zu reißen? Gehört es nicht sogar zum guten Ton, sich Frauen gegenüber anders zu verhalten als Männern? Rita selbst fand mein Verhalten auch gar nicht so problematisch: Nach einem Gespräch mit mir meinte sie, ich sei schon in Ordnung. Ich persönlich aber definierte mein Verhalten als diskriminierend, weil es einen deutlichen Unterschied zwischen intellektuellem Leistungs- und Kleidungsfeedback reflektierte und dies generell dazu führen kann, dass ich die Leistungen von Frauen weniger beachte. Diese wiederum könnten aus meinem Verhalten die Schlussfolgerung ziehen, ihre Leistung und Fachkompetenz interessierten mich nicht – und das will ich nicht. Auch die Tatsache, dass Rita das Ganze nicht bedenklich fand, hilft mir nicht wirklich aus dem Dilemma – was soll denn eine Studentin von mir denken, die beobachtet, dass ich meine Komplimente ungleich verteile? In einer öffentlichen Institution wie der Universität muss man als Vorbild für Jüngere höchste Standards anlegen.

Kann ich aber aus dem Fall Rita schließen: »So mache ich es bei allen Frauen?« Nein. Dazu bedarf es mehrerer Beobachtungen, auch an anderen Frauen und Männern. Was das Erkennen von Diskriminierung – immerhin der erste Schritt zur Besserung oder zur Korrektur von diskriminierendem Verhalten – nicht einfacher macht. Hat ein Mathelehrer die Vermutung, er diskriminiere seine Schülerinnen, sollte er sich am besten die Mathenoten der letzten Jahre nach Geschlecht auflisten. Entdeckt er dann, dass die Mädchen weitaus schlechter abschneiden, sollte er nach den Ursachen dafür forschen. Aus einer einzigen Mathearbeit diesen Schluss zu ziehen ist problematisch.

Eine gute Idee ist es natürlich immer, solche Bewertungen hinsichtlich der Gruppen »blind« durchzuführen, das heißt, die Arbeiten zu bewerten, ohne dass man weiß, wer sie jeweils geschrieben hat. Die Studie zu den Orchestermusikerinnen machte es deutlich: Spielten sie hinterm Paravent, waren die Chancen, in das Orchester aufgenommen zu werden, größer. Ähnliches gilt auch für Bewerbungen in anderen Berufssparten: In den USA ist es zum Beispiel inzwischen gang und gäbe, dass Bewerbungen keine Informationen bezüglich des Alters, des Geschlechts und des Familienstands enthalten und man ihnen auch kein Foto beilegt. Damit kann wenigstens beim ersten Schritt der Bewertung Diskriminierung ausgeschlossen werden.

Auch für Beobachter ist es nicht so einfach festzustellen, wann Diskriminierung vorliegt und wann nicht. Faye Crosby und Susan Clayton haben dies belegt. Sie gaben Versuchspersonen entweder Informationen über Diskriminierung (in dem Fall ungleiche Bezahlung) in einem Betrieb auf einem *Übersichtsblatt* an die Hand oder verteilten dieselbe Information pro Abteilung des Betriebes auf *separaten Blättern*. Wurde Diskriminierung in der Gesamtübersicht präsentiert, wurde sie von den Versuchsteilnehmern besser erkannt als bei häppchenweiser Darstellung. Selbst bekennende Feministinnen, die normalerweise eine geschärfte Wahrnehmung für Ungerechtigkeiten haben, übersahen im letzteren Fall Diskriminierung. Information über Diskriminierung muss also systematisch vorgelegt werden; die Präsentation von Einzelfällen ist nicht nur wenig repräsentativ, sondern auch zu mehrdeutig und führt zu einer Unterschätzung von ungleicher Behandlung.

Kommt man aufgrund von systematischer Beobachtung, wie dem Durchsehen der Mathearbeiten der letzten Jahre, zu dem Schluss, es müsse sich etwas am eigenen Verhalten ändern, dann hat man dabei mehrere Möglichkeiten.

Die Korrektur von Urteilen

Handelt es sich um eine Diskriminierung in der Bewertung, kann man sie unter bestimmten Umständen korrigieren. Fritz Strack hat zur Korrektur von Urteilen zahlreiche Forschungsprojekte betreut und beschreibt mehrere Wege. Wenn ich als Lehrer etwa bemerke, dass meine Schülerinnen immer schlechtere Noten bekommen als meine Schüler, könnte ich mir für die nächste Klassenarbeit vornehmen, gegen diese Unfairness anzugehen. Ich könnte die Noten einfach ein wenig heraufsetzen: »Alle Mädchen kriegen einen Punkt mehr!« Dem liegt ein *Fairnessziel* zugrunde – man will den Unterschied schnell eliminieren. Ich könnte mir jedoch auch sagen: »Schau genauer hin!«, und den Antworten der Mädchen mehr Aufmerksamkeit widmen. Eine verzerrte Wahrnehmung könnte ja dazu führen, dass ich bei den Mädchen eher die Fehler sehe als ihre Stärken, und mehr Konzentration bei der Durchsicht könnte mir helfen, die Dinge so zu sehen, wie sie wirklich sind. Dem liegt ein *Genauigkeitsziel* zugrunde: Ich will alle akkurat nach ihrer Leistung beurteilen. Die Unterscheidung in Fairness- und Genauigkeitsziele ist clever, denn man kann mit einer gewissen Treffsicherheit vorhersagen, wann die Leute diesen oder jenen Weg der Korrektur einschlagen. Fairnessziele können ohne großen Zeitaufwand verwirklicht werden, führen allerdings zu recht ungenauen Ergebnissen, während Genauigkeit Zeit bedeutet. Zeit, die man nicht immer hat.

Die Quotierung als schnelle, aber unbeliebte Maßnahme gegen Diskriminierung

Ein Fairnessziel steckt auch hinter dem Gedanken der Quotierung. Die Quote ist ein struktureller Eingriff, eine institutionelle Regelung, um Gleichberechtigung durchzusetzen. Generell können der Staat und private Institutionen per Gesetz verfügen oder eine entsprechende Norm schaffen, dass 50 Prozent aller neuen Stellen mit weibliche Bewerberinnen besetzt werden, mindestens zehn Prozent mit Menschen mit körperlicher Behinderung und weitere zehn Prozent mit Menschen mit Migrationshintergrund etc. Dieser Eingriff führt schnellstmöglich zu einer besseren Verteilung von Minderheiten in bestimmten Bereichen.

Für viele jedoch ist Quotierung ein Angstbegriff. Quotierung wird von vielen, so zeigt die Forschung, als Versuch gesehen, gerechte Entscheidungen auf der Basis von Leistung (Meritokratie) auszuhebeln, um weniger qualifizierten Minderheiten Chancen zu eröffnen. Frauen kriegen einen Job nur, weil sie eben Frauen sind, die türkische Stipendiatin ist offensichtlich Teil eines Integrationsprogramms für Schwachmatiker, und der Beschluss der FIFA, Bewerbungen für den Austragungsort der Fußballweltmeisterschaft 2010 nur aus afrikanischen Staaten zuzulassen, sieht eher nach einer Wohlfahrtsaktion als nach einer gerechten Entscheidung aus.

Quotierungen von oben werden häufig als ungerecht empfunden. Warum sollte eine Türkin, die schlechtere Zeugnisse hat als eine deutsche Studentin, ein Stipendium bekommen? Wohin soll es führen, wenn wir in den nächsten Jahren fast nur weiblichen, möglicherweise unqualifizierten Bewerberinnen eine Professur geben, und wie, bitte schön, haben sich die afrikanischen Staaten bisher beim Fußball verdient gemacht? Viele Menschen befürchten, so zeigen experimentelle Studien, dass Quotierung neue Ungerechtigkeit schafft.

So hat es in den USA mittlerweile publikumswirksame Prozesse gegeben, in denen weiße Studenten ihre Universität verklagten, weil sie, obwohl sie bessere Noten hatten, Studenten mit schwarzer Hautfarbe den Vortritt lassen mussten. Die Prozesse gingen teilweise in die höchsten Instanzen, und der U.S. Supreme Court verbot eine deutliche Quotierung, wie beispielsweise die der Medical School der University of California, die eine 16-Prozent-Quotierung für schwarze Bewerber implementiert hatte. Allerdings wurde in dem Urteil auch deutlich darauf hingewiesen, dass die Hautfarbe etwa als »Plusfaktor« legitim sei.

Die Bevorzugung von Minderheiten[52] hat Kosten und Nutzen, wie Faye Crosby und Susan Clayton in ihren Untersuchungen belegen. Zu den Kosten gehört die Abwertung der Nutznießer der Quote. Und nicht nur Kollegen betrachten eine Person, die mittels einer Quotierung an einen Job gekommen ist, als weniger intelligent und fähig; auch diejenigen, die selbst wissen, dass sie vor allem wegen der Quote die Stelle bekommen haben, leiden darunter. Es scheint sogar so zu sein, dass sie schlechter werden, als sie vorher waren, und zwar auf dem Wege der sich selbst erfüllenden Prophezeiung: »Ich bin eine Quotenfrau, also eigentlich unqualifiziert.« Solche »Quotenfrauen« halten sich tatsächlich für schlechter als ihre Kollegen, werden übervorsichtig, trauen sich nichts zu und fällen Entscheidungen, die zu konservativ und damit oft der gehobenen Stellung nicht angemessen sind. Man hat außerdem festgestellt, dass quotierte Personen viel Zeit darauf verwenden, diesen Zustand zu meistern, so dass Ressourcen für die »eigentliche« Arbeit fehlen – nicht selten erleben sie Dauerstress, der zu Arbeitsausfällen durch Krankheit und Burn out führt.

Es kommt noch schlimmer: Untersuchungen von Madeleine Heilman, die sich in den USA in unzähligen Studien mit diesem Thema befasst hat, zeigen, dass oft unmittelbar darauf geschlossen wird, es müsse sich um einen Quotenmenschen handeln, wenn ein Minderheitenmitglied in einem Betrieb aus irgendeinem Grund plötzlich Leistungsdefizite aufweist.

Dies alles bringt der Quote einen sehr schlechten Ruf ein. Warum aber lohnt es sich überhaupt für Betriebe, Mitarbeiter aus Minderheiten einzustellen? Wo also liegt der Nutzen von Quotierungen? Hier zeigt die Forschung, dass Firmen häufig unterschätzen, welche neuen Käufergruppen sich durch eine bunte Mischung von Mitarbeitern erschließen lassen. Wenn Ford sich besonders schwulen- und lesbenfreundlich gibt und dadurch viele Schwule und Lesben einen Ford kaufen, dann hat das einen unmittelbaren ökono-

---

[52] Wenn es um gute Jobs geht, sind auch Frauen als Minderheiten zu verstehen, obwohl sie 50 Prozent der Weltbevölkerung ausmachen.

mischen Nutzen. Faye Crosby und Sharon Herzberger konnten bei US-amerikanischen Autohändlern eine bis zu 400-prozentige Verkaufssteigerung nachweisen, wenn Minderheiten wie Lateinamerikaner und Schwarze eingestellt worden waren.

Zudem kann in einer globalisierten Welt eine Durchmischung von Mitarbeitern einen besonderen Wert für talentierte Bewerber bedeuten. An der International University Bremen haben wir zum Beispiel jemanden, der die Werbetrommel rührt, den *Recruiter*. Sein Ziel ist es, weltweit die besten Studenten davon zu überzeugen, nach Bremen zu kommen. Einmal hatte er in den USA jemanden aufgespürt, hochbegabt, sehr nett, sehr offen. Den wollte er unbedingt für die Universität gewinnen. Und dann kam die Frage: »Ich habe ein wenig Angst vor Deutschland. Vor den Neonazis. Ich bin schwul, wissen Sie. Können Sie mich da etwas beruhigen?« Unser Recruiter überlegte – und dann fiel ihm ein: »Wir feiern einmal im Jahr den *Glamour Day*, das ist ein Tag, an dem wir eine Parade veranstalten, um unsere Einzigartigkeit zu feiern.« Der Student kam. Ehrlich gesagt, hatte damals niemand gedacht, dass dieser Punkt einmal einen Vorteil für die Universität bedeuten könnten. Je nachdem, welche Ziele eine Organisation verfolgt, kann es wichtig sein, Minderheiten zu fördern und dies auch nach außen werbewirksam einzusetzen.

Weiterhin zeigen Studien, dass eine möglichst bunte Mischung von Kollegen zu kreativeren Entscheidungen in den Betrieben führt. Mannigfaltige, fremde Einflüsse sowie die Auseinandersetzung mit ungewöhnlichen Ideen und neuen Problemfeldern bereichern eine Organisation. Sollen also neue Käuferschichten erschlossen werden und sind kreative Lösungen tatsächlich wichtige Bestandteile einer Organisation, ist die Förderung von Minderheiten durchaus hilfreich, um diese Ziele umzusetzen.

Neben der Förderung von Minderheiten in Unternehmen, kann eine Ausbildung in einer »multikulturellen« Institution unter Umständen besser auf das zukünftige Berufsleben vorbereiten, das zunehmend in einer globalisierten Welt stattfindet. Amerikanische Universitäten verfolgen ein immer größeres Interesse daran,

Tochterunternehmen in aller Welt zu eröffnen, um ihren Studenten den Umgang mit anderen Sitten und Gebräuchen zu ermöglichen. An der International University in Bremen, die eine Partnerschaft mit der Rice University Houston, Texas, hat, lernen und forschen derzeit Studenten und Dozenten aus aller Welt. Unsere Studenten haben nicht nur bessere Berufschancen, weil viele weiterführende Universitäten und Betriebe diese Multikulturalität inzwischen als klaren Vorteil sehen, sie in einem frühen Stadium ihres Berufslebens internationale Freundschaften knüpfen und Netzwerke bilden, von denen sie bald profitieren werden, sondern auch weil sie die tatsächlichen Probleme und Vorteile eines multikulturellen Arbeitsumfelds kennenlernen, mit denen andere erst viel später konfrontiert werden.

Studien zufolge haben Ausbildung und Förderung von Minderheiten einen weiteren Nutzen: Wenn Mitglieder von Minderheiten erfolgreich sind, erinnern sie sich häufig an ihre Herkunft und geben ihrer Gruppe etwas zurück. Sie kehren an ihren geografischen oder mentalen Ursprungsort zurück und setzen sich – oft ehrenamtlich – für die Förderung dieser Minderheit ein. So engagieren sich schwarze Businessleute besonders häufig in Erziehungsprojekten in schwarzen Gettos und können dabei wiederum zum Vorbild werden. Insofern kann eine Bevorzugung von Minderheiten langfristige und kurzfristige Erfolge zeitigen, die die kurzfristige Benachteiligung der starken Gruppe etwa durch eine Quotenregelung aufwiegen.

Wir haben hier vornehmlich von der Holzhammermethode, nämlich der *Quotierung ohne Berücksichtigung der Leistung,* gesprochen, gegen die es die meisten Vorbehalte gibt. Es gibt aber auch mildere Formen der Unterstützung unterprivilegierter Gruppen, die weniger negative Konsequenzen haben. So zeigt experimentelle Forschung, dass die Akzeptanz von Förderungsprogrammen für Minderheiten dann steigt, wenn Leistung dabei eine Rolle spielt: beispielsweise dann, wenn *bei gleicher Leistung* Minderheiten vorgezogen werden, oder wenn das Geschlecht, die Hautfarbe, die sexuelle Orientierung, körperliche Behinderungen etc.

lediglich ein *Plus* in der Bewertung sind neben den traditionellen Leistungskriterien.

Negative Effekte, etwa die sich selbst erfüllende Prophezeiung, können dann gemildert werden, wenn im Arbeitsalltag vor allem die Leistung eine Rolle spielt und nicht die Tatsache, dass irgendein Gruppenmerkmal für die Einstellung ausschlaggebend war. Betriebe und Chefetagen sollten allein die Arbeit und Erfolge (natürlich auch jene im sozialen Bereich) ihrer Mitarbeiter bewerten, und sie werden sehen: Solchermaßen geförderte Mitglieder einer Minderheit verhalten sich der Organisation gegenüber dankbar und loyal und steigern dabei ihr Potenzial. Überzeugendes Leistungsfeedback kann man in letzter Konsequenz jedoch nur dann geben, wenn tatsächlich Leistung erbracht wurde; was aber auch heißt, dass man die Extremidee der Quote aufgeben muss, weil sie unter Umständen dazu führen kann, dass die Leistungsunterschiede der Mitarbeiter einfach zu weit auseinander liegen. Lassen Sie mich dies einmal drastisch formulieren: Eine strohdumme Albanerin in einer Führungsetage, die einem extrem schlauen männlichen Deutschen vorgezogen würde, wird vermutlich nicht aus dem Teufelskreis von negativer Selbstbewertung, schlechter Leistung und dem darauf einsetzenden Mobbing der Kollegen herauskommen. In diesen Fällen müssen Vorteile und Nachteile von minderheitsbezogener Förderung sorgfältig gegeneinander abgewogen werden.

Die Förderung von Minderheiten

Allerdings gibt es neben der Quote noch weitere vielversprechende Möglichkeiten. Häufig bewerben sich talentierte Menschen, die einer Minderheit anghören, erst gar nicht für einen Job, weil sie Misserfolg erwarten und nicht schon wieder frustriert werden wollen. Dem kann man entgegenwirken, indem man Stellenanzeigen richtig platziert – oder bewusst bestimmte Gruppen anspricht und ihnen dadurch ihre Ängste nimmt. So kann man Konkurrenzfirmen ohne viel Aufwand Topleute vor der Nase wegschnappen. Der schwule Student, von dem oben die Rede war, war ein Segen für die IUB und baut jetzt nach seinem hervorragenden Abschluss seinen Doktor. Wenn sich herumspricht, dass Minderheiten in bestimmten Unternehmen akzeptiert werden, kann eine Nische erschlossen werden, die anderen Institutionen verloren geht. Vorurteile sind nicht unbedingt ökonomisch.

Zudem sollten in unterschiedlichen Phasen der Persönlichkeitsentwicklung – in der Schule, vor und bei der Bewerbung und auf allen Stufen der beruflichen Entwicklung – bestimmte Förderprogramme für Minderheiten eingeführt werden, um spezifische Defizite auszugleichen und Stärken herauszuarbeiten. Dazu sind Analysen und Forschung wichtig, um zu wissen, welche Defizite bei bestimmten Gruppen – und dies muss nicht immer nur eine Minderheit betreffen – zu erwarten sind. Selbstwertprobleme, soziale Inkompetenz, Defizite im Gruppenverhalten, Konzentrationsschwächen, mangelndes Zeitmanagement, um nur einige Dinge zu nennen, sind nichts Statisches, man kann hervorragend gegen diese Schwächen angehen, und schon werden aus schüchternen Menschen Topleute oder beliebte Kollegen. Deutsche Firmen und Institutionen stehen solchen Trainings weiterhin skeptisch gegenüber, aber auch sie werden an Weiterbildungsangeboten und Kompetenztrainings irgendwann nicht vorbeikommen. In einer schnelllebigen Welt mit dramatischen technologischen und kulturellen Entwicklungen und Veränderungen bleibt uns lebenslanges Lernen tatsächlich nicht erspart. Damit ein optimaler wirtschaftlicher Nutzen entstehen kann – und ich denke, Versuche, Ungleichheiten zu beseitigen, werden letztendlich immer dann scheitern, wenn sie zu kostspielig sind und keinen finanziellen Nutzen bringen –, müssen wir genauer wissen, unter welchen Bedingungen bestimmte Gruppen optimale Leistung erbringen können und sie entsprechend trainieren. Bestandteil dieser Trainings sollte auch die Auseinandersetzung mit Vorurteilen sein. Die Forschung zum lebenslangen Lernen hat in der Psychologie längst begonnen, und eines ist klar: Je früher diese Trainings greifen, umso größer wird ihr Erfolg sein. Die Förderung und Unterstützung von Minderheiten dürfte einer Kosten-Nutzen-Analyse in jedem Fall standhalten.

Wann unsere Emotionen die Führung übernehmen

Bisher ging es vor allem darum, wie man Stereotype verändern kann, wie man beim Denken über bestimmte Gruppen umlernen kann und welche Strategien bei der Korrektur von Ungleichbehandlungen sinnvoll sind. Vermutlich noch schwieriger, als gegen die eigenen Stereotype anzugehen, ist es, die Empfindungen gegenüber anderen Gruppen zu ändern. Ich erinnere an die Story meines amerikanischen Kollegen aus dem ersten Kapitel, der Ekel empfand, sobald er an schwulen Sex dachte. Kann man gegen so starke Reaktionen etwas tun?

Emotionen – und besonders solche wie Ekel und Angst, die bei Vorurteilen eine Rolle spielen – werden in den Hirnregionen verarbeitet, die nicht in direktem Kontakt mit den Regionen stehen, die für die Selbstkontrolle verantwortlich sind. Gefühle sind spontane Reaktionen auf Ereignisse oder Gedanken, gegen deren Auslösung wir offensichtlich wenig tun können: Wenn sie da sind, sind sie da. Ich habe beispielsweise Ängste, die unmittelbar ausgelöst werden: Höhenangst oder Angst vor Kampfhunden mit ihren fiesen kleinen Augen und ihrem Beißkrampf. Ich habe manchmal auch Angst, wenn ich in einer fremden Stadt die richtige U-Bahnstation verpasse und in einer heruntergekommenen Gegend aussteige, und Jugendliche hängen gelangweilt rum und spielen laute Musik in einem alten Auto.

Kann man gar nichts dagegen tun? Studien zeigen: Ja, man *kann* die Auslösung dieser Reaktionen sehr aufwendig umtrainieren, weil auch sie gelernt werden. Aber dies ist ein langer und mühsamer Prozess. Häufiger Kontakt mit Minderheiten kann, wie wir unten sehen werden, in bestimmten Fällen die Angst reduzieren, aber ein solcher Kontakt ist natürlich nicht immer möglich. Allerdings kann ich, wenn ich mir meiner Emotion bewusst werde, durchaus verhindern, dass sie mein Urteil oder mein Verhalten leitet. Ich habe zum Beispiel meiner Nachbarin unterschrieben, dass sie einen Pitbull halten darf, so ein »armes Tierchen« aus dem Tierheim, das zur Ferienzeit auf dem Parkplatz ausgesetzt wurde. Ich habe schreckliche Angst vor diesen Hunden und vermute, dass die Stadt Bremen nicht ohne Grund Unterschriften von den Haltern verlangt. Aber ich habe nichts dagegen, wenn meine Nachbarin einen solchen Hund hält, weil sie mir klarmacht: »Das sind Ausnahmen, die Menschen sind schlecht, nicht die Hunde.« Emotionen, so wichtig sie auch sein mögen, leiten eine solche Entscheidung nicht; es ist allein mein Verstand.

Fritz Strack und Roland Deutsch beschreiben diesen Prozeß in ihrem Modell des *impulsiven und reflektiven Handelns*: Emotionen sind unmittelbar; aber wenn wir uns ihrer bewusst werden, können wir mit ihnen umgehen. Das ist so, wie das Stück Torte an der Kuchentheke, bei dessen Anblick uns förmlich das Wasser im Mund zusammenläuft. Die leckere, schwere Soße aus erstklassiger Schokolade tropft zäh herunter, und ein unwiderstehlicher Duft macht sich breit. Schimmert da nicht eine köstliche Schicht Johannisbeergelee unter dem Marzipan? Ist das da nicht eine besonders knackige Walnuss? Wir haben den Impuls zuzugreifen. Aber packen wir zu und beißen rein? Nein, wir haben gelernt, mit solchen Versuchungen umzugehen. Wir greifen nicht nach jedem Kuchen, der uns in der Bäckerei anlacht, oder befummeln jede gut aussehende Person, die sich im Zug zu uns gesellt und uns aufreizend anlächelt. Ihnen kommt das selbstverständlich vor? Dann schauen Sie doch mal Ihren Hund an oder unsere Kollegen im Zoo, die Affen – die haben diese Fähigkeit der Impulskontrolle nicht. Vermutlich haben wir sehr früh gelernt, wie wir unsere Emotionen beherrschen können. Vermutlich sind sie so fundamental, dass wir in vielen Situationen wissen, wie sie uns beherrschen können – und wir sie. Deshalb gelingt es uns prinzipiell, einen Mitarbeiter, gegen den wir Ressentiments haben, gerecht zu behandeln (etwa indem wir ihm dasselbe Gehalt geben) – wir müssen uns allerdings unserer negativen Emotionen bewusst sein, damit wir gegen sie angehen können. Darüber hinaus bedarf es der Motivation, unsere Emotionen im Griff zu haben, der Zeit, sich in bestimmten Situationen dieser Impulse bewusst zu werden, und der Einsicht, dass man sich manchmal von unerwünschten Emotionen leiten lässt. Alternativ – das geht gerade beim Gehalt gut – können wir Normen einführen, die uns das Nachdenken ersparen. Wir können festsetzen: »Wenn die Mitarbeiter X tun, dann bekommen sie Y, und zwar unabhängig von anderen Kriterien!« Das erspart uns, dauernd wachsam zu sein. Vor allem dann, wenn uns Zeit, Motivation, Selbstkontrolle, Einsicht und Normen nicht zur Verfügung stehen, können unsere Emotionen die Führung übernehmen.

Die Umbewertung von Gruppen

Emotionen sind von Bewertungen abhängig, und Gruppen werden unterschiedlich bewertet. Diese Bewertungen lassen sich zwar ändern, aber das braucht Zeit. Die Schwarzenbewegung mit ihrem Slogan *Black is beautiful* ist ein gutes Beispiel für eine wirksame Umbewertung: Ziel war es, die negative emotionale Reaktion auf die Kategorie »Schwarzer« in etwas Positives umzumünzen, um den Selbstwert von Schwarzen zu steigern und negative Reaktionen auf Menschen mit schwarzer Hautfarbe ins Positive zu wenden. Man belegte die Kategorie »schwarz« bewusst und permanent mit all dem Guten und Interessanten, das diese Gruppe produziert hatte. Man besann sich vor allem auf die eigenen Stärken wie Musik und Tanz,[53] erinnerte sich an die afrikanischen Ursprünge und trug die Haare nun bewusst und stolz traditionell. Und man definierte sich über andere Eigenschaften als Leistung und Geld, indem man zum Beispiel die hohen ethischen Werte, emotionale Intelligenz und das sozial gut funktionierende Mitei-

---

[53] »Weiße tanzen schlecht« (*silly dance*) ist ein gängiges Stereotyp der Schwarzen den Weißen gegenüber.

nander der *brothers* and *sisters* hervorhob. Man versuchte auch, vormals schlecht bewertete Eigenschaften umzudefinieren. Was früher als Gettoslang der Schwarzen angesehen wurde, fand im Rap eine künstlerische Ausdrucksmöglichkeit, und es gab Bestrebungen, den Slang als eigene Sprache zu etablieren.

Die Idee der Umbewertung hat auch für andere Gruppen funktioniert: Frauengruppen besetzten »Frau« mit positiven Eigenschaften (wie sozial, emotional, verbal kompetent, nicht gierig, fähig zu teilen und sich mitzuteilen), und Schwule stellten ihre Vorteile in den Vordergrund (wir sehen besser aus, haben mehr Geschmack, sind kreativ und haben viele Freunde) ebenso wie Lesben (wir sind unabhängig, intelligent, erfolgreich, sozial, haben unsere eigenen Regeln). Dies dürfte tatsächlich ein Weg sein, Vorurteile, also die emotionalen Assoziationen, die man zu einer Gruppe hat, langfristig zu ändern.

Vielen Minderheiten scheint ein Wertewandel wichtig zu sein. Weg von Wettkampf und Leistung als alleinigen Faktoren, weg vom rationalen, wirtschaftlichen, kalten Denken, dem Geld als Karriereziel und hin zum Sozialen, Emotionalen, Moralischen; dies sind die erklärten Ziele vieler Minderheitenbewegungen.

Aber ist ein solcher Wertewandel realistisch? Ich habe da Bedenken; es erscheint mir fast paradox, dass irgendwann die »Guten, aber Armen« die Meinungsmacher oder gar Mächtigen in diesem Lande sein werden. Realistischer ist es, erst einmal hinzunehmen, dass sich in unserer Gesellschaft Wert in Geld ausdrückt: Wer gut ist, kriegt viel, und wer viel kriegt, ist gut.[54] Dies hat Konsequenzen – auch für Minderheiten.

Ich habe beispielsweise Kolleginnen, die weniger verdienen als ihre männlichen Kollegen. Eine Kollegin erzählte mir, dass sie im Zusammenhang mit Wissenschaft und Therapie das Geschachere ums Geld widerlich finde und deshalb gar nicht lang um ihr Gehalt verhandelt habe. Das ist eine löbliche Einstellung, und ich stimme

---

[54] Das weiß jeder darstellende Künstler: Zu einem Chansonabend etwa, für den Sie keinen Eintritt verlangen, kommt kaum jemand. Das kann ja nichts sein. Verlangen Sie einen hohen Preis, signalisiert dies Qualität.

zu, dass Wissenschaft und Wirtschaft zwei verschiedene Welten bleiben sollten. Andererseits reflektiert diese Haltung wieder einmal die Tendenz von Minderheiten, sich über »innere« Werte zu definieren. Wenn dann aber innerhalb einer Universität die männlichen Professoren die größeren Räume und die besseren Gehälter bekommen und die Studenten daraus folgern, die männlichen Kollegen seien kompetenter (= wertvoller), dann sollte uns das nicht wundern. Vielleicht sollten wir uns bewusst machen: Steigen Minderheiten in bestimmte Verhandlungen gar nicht erst ein, kann das Konsequenzen für die gesamte Gruppe haben. Wenn Frauen etwa nicht wirksam um Geld verhandeln, könnten andere daraus schließen, die *Gruppe der Frauen* sei weniger wert. Es ist deshalb wichtig, um diesen Wert zu kämpfen. Wem das schwer fällt, weil er Geld als etwas Schnödes empfindet, könnte Teile davon ja auch verschenken oder spenden. Zunächst einmal ist es jedoch wichtig, für dieselbe Leistung genauso viel Geld zu bekommen wie andere. Also ran an den Speck!

Das ist, zugegeben, psychologischer Kapitalismus pur. Dennoch halte ich diese Sichtweise für realistisch: Entweder man versucht, die Werte einer Gesellschaft zu verändern, was aufwendig ist, oder aber man stellt sich wenigstens kurzfristig dem Wettbewerb und erhöht den eigenen Wert bzw. den der Eigengruppe.

Positivere Bewertungen erhalten Gruppen auch dann, wenn ihre Symbole zunehmend mit positiven Situationen einhergehen. Nehmen wir das Beispiel der deutschen Fahne. Aufgrund unserer Vergangenheit haben viele Menschen die deutsche Nation in negativer Erinnerung. Wenn sie an »deutsch« denken, fällt ihnen Nazi ein, und Berlusconis Assoziation »Deutscher = KZ-Wärter« aus Kapitel 3 ist – leider – keine ungewöhnliche. Ein Symbol für unser Land ist die schwarz-rot-goldene Fahne, deren gemeinhin negative Bewertung zusätzlich durch die Tatsache verstärkt wurde, dass sich vornehmlich solche Leute mit ihr schmückten, die nicht gerade für Werte wie Freiheit und Toleranz standen. Diese Assoziation hat sich mit der WM 2006 weitestgehend geändert. Plötzlich tauchte an vielen Autos Fähnchen auf. Wir wollten die WM gewinnen und zeigten deshalb Flagge. Die Sonne schien, die deutsche Fahne wehte allerorten, die Leute tranken und waren fröhlich. Diese Bilder gingen um die Welt. Vielleicht haben wir Deutschen in diesem Moment begriffen, dass man nationale Symbole nicht den falschen Gruppen überlassen darf. Man darf sich mit diesem Land identifizieren, man darf sogar Nationalstolz zeigen, aber es kommt darauf an, *aus welchem Grund* man ihn entwickelt hat. Wenn man stolz auf die erfolgreiche Demokratisierung des Landes nach dem Dritten Reich ist oder auf den sozialen und ökologischen Fortschritt, der seither erreicht wurde, und deshalb die Fahne schwenkt, dann bekommt das Symbol auch diese Bedeutung. Kurz gesagt: Wenn sich langsam nicht nur die wenig repräsentativen Außenseiter stolz als Deutsche präsentieren, dann wird »deutsch« auch wieder positiv assoziiert werden. Untersuchungen aus der Lernforschung bestätigen diesen Umbewertungsprozess.

Bewertungen von Gruppen können sich offensichtlich ändern. Und auch wenn dies ein relativ schwieriges Unterfangen zu sein scheint, so ist es doch lohnend. Ist es erst einmal gelungen, eine Emotion zu verändern, ist auch die unmittelbare Reaktion gegenüber bestimmten Personen und Gruppen eine andere.

Die Wirkung von Kontakt mit Fremdgruppen

Emotionen ändern sich auch dann, wenn wir Menschen aus anderen Gruppen kennenlernen. Eine gut belegte Hypothese, die *Kontakthypothese*, besagt, dass Vorurteile, Stereotype und Diskriminierung durch Kontakte zwischen zwei Gruppen reduziert werden. Auf dieser Idee basieren Friedenscamps, in denen Jugendliche verschiedener Nationen eine Zeit lang zusammen leben, ebenso wie integrative Schulen und Kindergärten, in denen bewusst Schüler verschiedener nationaler Gruppen und Minderheiten zusammen erzogen werden; auf dieser Idee basieren städtische Wohnungsprojekte, in denen betreute und nichtbetreute Menschen zusammen wohnen, und, ja, auch die International University Bremen.

Mittlerweile hat die sozialpsychologische Forschung mehrere hundert Studien aus vielen Ländern zu bieten, die die unterschiedlichsten Gruppen untersuchten und die unterschiedlichsten Interessen verfolgten: Laborexperimente, Studien im Feld sowie Beobachtungen. Und wenn man sie zusammenfasst, was Thomas Pettigrew und Linda Tropp verdienstvollerweise jüngst getan haben, indem sie 713 unabhängige Studien analysierten, dann sieht man: Ja, eindeutig! Kontakt ist ein gutes Mittel gegen Vorurteile und Diskriminierung, weil er die Angst vor dem Fremden reduziert. Und die Reduzierung von Angst und die Unsicherheit, die Neues mit sich bringt, waren ja Faktoren, die zu Diskriminierung führen, wie Kapitel 6 zeigte.

Das Gruppenpuzzle als Interventionsmaßnahme

Manchmal reicht bloßer Kontakt jedoch nicht aus. Frühe Versuche in den sechziger Jahren in amerikanischen Schulen, den Unterricht getrennt nach »Rassen« abzuschaffen und schwarze, hispanische und weiße Schüler gemeinsam in Klassen zu unterrichten, bewirkten oft das krasse Gegenteil: Auf den Schulhöfen gab es Mord und Totschlag, und die Fronten zwischen den Gruppen verhärteten sich zusehends, statt dass die Vorurteile weniger wurden.

Was ist in solchen Fällen zu tun? Im Fall von Aggression müssen Trainingsprogramme eingesetzt werden, die durch Rollenspiele die Empathie und das Mitleid gegenüber Diskriminierten erlebbar machen. Darüber hinaus erfand Eliot Aronson Anfang der siebziger Jahre mit seinen Kollegen die sogenannten *jigsaw classrooms* (Gruppenpuzzle), eine sehr prominente Methode, die auf gegenseitiger Abhängigkeit von Gruppenmitgliedern bei Gruppenprojekten basiert. Hierbei sollen Schüler aus unterschiedlichen Gruppen ein Projekt bearbeiten, *das keiner allein lösen kann* und dessen Ergebnis *als Gruppenleistung bewertet wird*. Diese Kooperation führt zu einer individualisierten Wahrnehmung des Mitmenschen. Ich setze diese Gruppenpuzzles dann in der Lehre ein, wenn ich bemerke, dass sich Bulgaren etwa nur mit Bulgaren unterhalten und Rumänen nicht mit Schweden reden. Wenn sie zusammen arbeiten, dann sehen sie den Menschen hinter der Person, den sie bis dahin nur als »den Schwarzen« oder »die Bulgarin« kannten. Sie bemerken, dass sie diesen Leute ähnlicher sind, als sie bisher dachten, dass hinter der Frau im Sari jemand steckt, der genauso viel Heimweh nach zu Hause hat wie man selbst und der genauso gut an einem Laborprojekt mitarbeiten kann wie die Leute der Eigengruppe. Kontakt und Kooperation reduzieren die Angst vor dem Fremden, der nun verstanden wird und kontrollierbar scheint. Dieser Kontakt wie auch das Erlernen von Diversität und Toleranznormen wirkt am nachhaltigsten, je früher man ihnen ausgesetzt ist. Kurz, Kindergärten und Schulen können Vorurteile sozusagen im Keim ersticken.[55]

Wenn aus dem Kontakt sogar Freundschaft wird, dann entwickelt sich daraus manchmal eine positive Empfindung der gesamten Gruppe gegenüber.[56] Ein solcher Kontakt kann weite Kreise

---

[55] Ich habe meiner Nichte Marie den Hasen Hasimir geschenkt. Der hat einen Sprachfehler, er kann nämlich kein »K« sprechen. Hasimir wohnt in Höln Halh und trinkt am liebsten Hoha-Hola. Marie liebt Hasimir und alle ihre anderen Lieblingstiere, von denen jedes irgendwie behindert ist. Edgar humpelt, Tomas EPunkt stottert, und Kralle kratzt sich dauernd und wirft den Kopf rhythmisch in den Nacken. Marie kennt die Kategorie »behindert« jedoch kaum, obwohl oder gerade weil sie in einem integrativen Kindergarten zusammen mit »Behinderten« war. Behinderungen kommen ihr so natürlich vor, dass sie nicht nur keine Angst vor humpelnden und stotternden Menschen hat, sondern Merkmale, die wir üblicherweise als Fehler oder Gebrechen verstehen, als individuelle Eigenarten wahrnimmt, so wie zum Beispiel Haarfarbe oder Körpergröße. Sie sind für sie nicht negativ, sondern etwas, das die Individualität eines Menschen bestimmt – Sie sehen, ich stottere hier selbst etwas herum, denn ich kann gar nicht genau sagen, wie sie das erlebt. Auf jeden Fall hat sie nichts gegen diese Eigenheiten, die die meisten Menschen als Einschränkung oder gar als Makel betrachten. Sie hat keine Berührungsängste, und ihre Lieblingstiere haben viele dieser Eigenschaften.

[56] So wurden übrigens auch die Rattlers und die Eagles aus Kapitel 4 gebändigt. Sherif und seine Mitarbeiter produzierten in ihren Camps nicht nur zwei sich anfeindende Gruppen, sondern versuchten auch, sie wieder zusammenzubringen. Dies geschah durch gemeinsame Not. Die Sozialpsychologen schufen problematische Situationen, die nur beide Gruppen gemeinsam lösen konnten. Zum Beispiel ließen sie einen Lebensmittel-Lkw sich festfahren, der zu schwer war, um von nur einer Gruppe aus dem Schlamm gezogen zu werden. Nachdem die

ziehen, und in dem Moment, wo andere Gruppenmitglieder diese Freundschaft beobachten, kann sich auch deren Angst reduzieren. Aus der Kommunikation des Eigengruppenmitglieds mit dem Fremden wird geschlossen: »Der Typ scheint okay zu sein.« Dies trifft auch auf virtuelle Begegnungen zu. Vermutlich »begegnen« wir heutzutage mehr Mitmenschen in Fernsehen, Internet, Zeitungen und Hochglanzmagazinen als im face-to-face-Kontakt. Wir nennen das einen *parasozialen Kontakt*. Auch dieser hat eine positive Wirkung: Wenn sich »unsere« Leute mit »den anderen« gut vertragen, dann mögen wir sie auch lieber.

Nehmen wir zur Abwechslung einmal ein positives Beispiel, ein Experiment aus dem Medienbereich, das Edward Schiappa und Kollegen durchgeführt haben: Hatten Versuchspersonen mehrere Folgen der US-Serie *Six Feet Under* gesehen, in denen homosexuelle Protagonisten auftraten, dann reduzierten sich bei ihnen die Vorurteile gegenüber Schwulen dauerhaft. Die Leistung von öffentlich homosexuellen Prominenten, wie Hella von Sinnen, Elton John, Georg Uecker und Klaus Wowereit darf deshalb nicht unterschätzt werden. Wenn Heterosexuelle sehen, dass Mitglieder ihrer Gruppe ohne Berührungsängste mit Homosexuellen kommunizieren und arbeiten, reduziert das ihre Angst und führt zu einer Schlussfolgerung über das Verhalten der Eigengruppe: Es wird schließlich zur Norm, dass »wir« uns mit »denen« abgeben. Damit dies eintritt, muss das Coming out im besten Fall nicht nur offen, sondern auch öffentlich sein.[57]

Gruppen gemeinsam das Problem gelöst hatten, reduzierten sich die Streitigkeiten.

[57] Ich hatte vor Kurzem mit einem Schwulen zu tun, der mich fragte, warum man Leute »denn mit seinem Schwulsein belästigen sollte«. Wenn man bedenkt, dass ich noch vor 70 Jahren im KZ gelandet wäre und jetzt als Professor Bücher schreiben kann, dann sollte man sich zu solchen Belästigungen entschließen, sofern man die Kraft dazu hat. Ohne diejenigen, die diese Rechte offen für mich erstritten haben, wäre ich nicht so weit gekommen. Allerdings sollte man bei einem Coming out Frustrationen mit einplanen, denn nach der Bekanntmachung gibt es kein Zurück, und oft kommen Rückschläge gerade dann, wenn man sie gar nicht gebrauchen kann. Heterosexuelle sollten das Coming out deshalb nicht lautstark fordern. Der Grund, warum man sich nicht outet, liegt ja

Unterstützende Faktoren bei Gruppenkontakt

Um Vorurteile durch Gruppenkontakt zu reduzieren, sind weitere Faktoren hilfreich, wenn auch nicht unbedingt notwendig, wie Pettigrews Mammutanalyse zeigt. Diese Faktoren, zu denen auch die in den Gruppenpuzzles umgesetzte *Kooperation* gehört, wurden bereits in den fünfziger Jahren von Gordon Allport diskutiert. Die Gruppen dürfen sich *nicht allzu stark im Status unterscheiden*, sonst bricht eine Feindschaft schnell wieder hervor. Weiterhin müssen die Gruppen *ähnliche Ziele verfolgen*. Gruppenarbeiten funktionieren dann nicht, wenn die eine Gruppe weniger Interesse am Erfolg hat als die andere. Ich hatte diese Situation mehrfach an deutschen Universitäten. Während die Psychologie-Hauptfachstudenten in diesen Projekten gerne auf eine Eins hinarbeiten, wollen die Nebenfachstudenten häufig »einfach nur durchkommen«. Nebenfachstudenten finden Psychologiestudenten häufig sehr ehrgeizig und natürlich ein bisschen bekloppt: »Die therapieren sich doch nur selbst!« Psychologiestudenten hingegen hegen wegen der hohen Eingangsvorrausetzungen für das Fach manchmal den Glauben, dass andere Studenten weniger schlau seien als sie selbst. In Trier hieß es gerne: »Wer Psychologie nicht schafft, studiert Medizin.« Man kann sich vorstellen, wozu Gruppenarbeit zwischen diesen beiden Gruppen führt: Am Ende des Semesters halten die Psychologen die Nebenfachstudenten für noch blödere Trittbrettfahrer, und die Nebenfachstudenten halten die »Psychos« für überehrgeizige Neurotiker, die ihre Selbstwertprobleme durch gute Noten zu vertuschen versuchen. Gemeinsame Ziele in der Gruppenarbeit sind daher in bestimmten Gruppen eine wichtige Voraussetzung für den Erfolg.

Außerdem wird von Allport die *Unterstützung von Gesetzen, Autoritäten und Sitten* als wichtiger Faktor bei der Reduzierung von Vorurteilen genannt. Die Normen in Gesellschaft, Organisatio-

---

nicht in einem selbst; sondern es sind Mitglieder der Gruppe der Heterosexuellen, die einen diskriminieren.

nen und Eigengruppe sollten so sein, dass sie Kontakte zum anderen ermöglichen und nicht das Gegenteil predigen. Gehen wir beispielsweise von einem Polen aus, der in einem streng katholischen Umfeld groß geworden ist und die Konfrontation mit Andersgläubigen und anders Handelnden zunächst einmal als Schock erlebt, dann aber an die Internationale Universität Bremen kommt, im Labor seines schwarzen Professors interessante Forschung macht und ein Jahr lang eine stürmische Liebesbeziehung mit einer muslimischen Syrerin hat, deren bester Freund schwul ist. Was nützen ihm all diese Erfahrungen, wenn er dann nach Polen zurückgeht und die Stimmung derzeit aufgrund eines rechtskonservativen und offen sexistischen Präsidenten weniger tolerant ist, als man sich dies in einem europäischen Land wünschen würde? Dem toleranten Polen bleiben nicht viele Möglichkeiten: 1) er kann sich wieder anpassen, 2) er kann das Land wieder verlassen, 3) er kann den Wertewandel in seinem Land vorantreiben. Wenn Alternative 1) ihm als einzige Möglichkeit erscheint, wird er seine erlernte Toleranz unter Umständen bald wieder vergessen haben.

Ähnliches geschieht in palästinensisch-israelischen Jugend-Friedenscamps. Die Vorurteile reduzieren sich drastisch, wenn sich Mitglieder beider Gruppen befreunden oder sogar ineinander verlieben. *Love rules.* Aber wenn beide dann in ihre traditionellen Verhältnisse zurückkehren, die der Toleranz keine Chance lassen, dann ist die Wirkung des Trainings schon nach wenigen Wochen verflogen und die Freundschaft ohne Bestand. Generell aber, so stellt Pettigrew nach über fünfzig Jahren Forschungstätigkeit[58] und der Metaanalyse fest, wirkt sich Kontakt eindeutig positiv aus. Das Fremde wird vertrauter, und dies ist der erste Schritt zum Überschreiten von Gruppengrenzen.

---

[58] Fünfzig Jahre Forschung? Ja, Pettigrew ist weit über siebzig Jahre alt. Tatsächlich kann ein Mensch in diesem Alter noch über 700 Studien im Kopf haben und umwerfende Forschung machen. In dieser Hinsicht sind die derzeit »bösen Amerikaner« viel toleranter als wir. Professoren können dort auch mit 65 weiter arbeiten und dürfen Sprechstunden abhalten, wenn sie das wollen. Sie werden nicht einfach aufs Abstellgleis geschoben. Ich habe als Student an der Columbia University die Gelegenheit gehabt, mit Größen wie Bob Krauss, Stanley Schach-

Die Flexibilität von Gruppengrenzen und Identitäten

Besser noch: Wir erweitern die Gruppengrenzen und ermöglichen dadurch dem Fremdling den Zugang zu unserer Gruppe. Erinnern wir uns an die Theorie der sozialen Identität: Der erste Schritt, den Tajfel beschrieb, war die Kategorisierung: »Wir sind wir, und die sind die.«

Wie Menschen andere kategorisieren und welche Gruppen sie definieren und für wichtig halten ist nicht naturgegeben, sondern ist eine reine Konstruktion: Kategorisierung beruht auf Konventionen, gesellschaftlich verhandelten Normen und Wertigkeiten. Wir halten solche Merkmale, die Anlass für Gruppenbildung sind, für zwingend oder natürlich. Aber wer schreibt uns eigentlich vor, dass wir Äußerlichkeiten wie Geschlecht, unterschiedliche Hautfarbe, mehr oder weniger Falten, die Qualität unserer Kleidung oder Zähne, die Tatsache, ob wir einen Rollstuhl brauchen oder nicht oder ob die anderen diesseits oder jenseits des Zauns leben etc. zum Anlass von Gruppenbildungen machen, die so starke gesellschaftliche Konsequenzen haben, dass wir von Diskriminierung auf breiter Ebene reden müssen? Wann ist z.B. jemand schwarz, und was heißt das überhaupt? Der Supreme Court legte 1896 im Fall Plessy vs. Fergusson jedenfalls fest, dass ein Mann, der sieben weiße Ahnen und einen schwarzen hat, als Schwarzer gilt. Ein Tropfen Blut genügte. Selbst Schwarzsein kann also eine Konstruktion sein; was schwarz ist, ist nicht immer naturgegeben, sondern eine Konstruktion derjenigen, die entscheiden, was schwarz ist und was nicht. In seinem Meisterwerk *Der menschliche Makel* erzählt Philip Roth die Geschichte eines Schwarzen, der durch eine gene-

---

ter und Walter Mischel zu sprechen, alle weit über siebzig. Diese alten Herren waren wach und motiviert, wie 30-Jährige es selten sind – und sie waren wandelnde Enzyklopädien! Walter Mischel machte sich manchmal einen Spaß mit europäischen Studenten, wenn sie das erste Mal in seine Sprechstunde kamen: »Ha! Gib's zu: Du dachtest, ich wäre tot, nicht?«, begleitet von einem unvergleichlichen Lachen. Er veröffentlicht immer noch, hochkarätig. Das Alter ist nichts als ein zu großes Tuch, das man über uns abwirft; unter den Falten sind wir immer noch die gleichen.

tische Ausnahme aussieht wie ein Weißer. Dem Mann ergeht es so lange gut, bis andere wissen, dass er ein Schwarzer ist. Menschen *schaffen* Gruppen, diese Kategorien werden mit wesenhaften Merkmalen versehen (»die sind faul«, »die klauen« oder »die sind kreativ«), die dann von Generation zu Generation weitergetragen werden, bis ihre Existenz schließlich mithilfe der Biologie, der Religion oder was uns sonst noch einfällt eine Rechtfertigung findet.

Auch die Bedeutung der Kategorien, denen wir angehören, ist flexibel: Wir sind ja vieles, zum Beispiel Briefträger, Familienvater, Mann, jung, sozial schwach, intelligent, Deutscher, Schachspieler und Bayernfan. Wann ist was wichtig? Wann fühlen Sie sich deutsch? Ich persönlich habe mich erst im Ausland als Deutscher gefühlt, vorher selten. Ich fühle mich als Mann, wenn ich vor einem feministischen Graduiertenkolleg einen Vortrag halte, eine Abteilungsleiterin fühlt sich eher als Frau, wenn sie die einzige Frau mit leitender Funktion des Unternehmens ist, und ein mathematikbegabtes Mädchen fühlt sich als Mädchen, wenn sie als Einzige zusammen mit lauter Jungen in den Mathematik-Leistungskurs geht. Die Beispiele illustrieren, dass ein *Minderheitenstatus* uns stärker an eine Gruppenzugehörigkeit erinnert. Auch *ausdrückliche Erinnerungen* wie »Herr Professor«, »Sie als Deutscher« oder »blöde Ziege« bringen uns unsere Kategorien oder Gruppenzugehörigkeit wieder ins Bewusstsein.[59] Und schließlich betonen *Kulturen oder historische Ereignisse* bestimmte Gruppenzugehörigkeiten stärker. In Nordirland ist die Frage, ob man protestantisch oder katholisch ist, wichtiger als in Deutschland, und seit dem 11. September kommt der Kategorie »Moslem« weltweit größere Bedeutung zu als vorher.

Wie häufig Kategorien aktiviert werden und die Rolle, die sie spielen, haben Konsequenzen. So wird sich ein deutscher Protestant seltener evangelisch fühlen als ein nordirischer Protestant, und er wird demnach auch seltener Katholiken diskriminieren (etwa indem er Protestanten für intelligenter hält) als sein irischer Glau-

---

[59] Viktor Klemperer sagte einmal, erst Hitler habe ihn zum Juden gemacht.

bensbruder. Erinnern wir uns: Je mehr wir uns als Mitglied einer Gruppe fühlen, umso stärker werden Vorurteile und umso mehr bevorzugen wir die Eigengruppe. In einer Mathematikklasse, die ausschließlich aus Mädchen besteht, wird sich ein Mädchen seltener daran erinnern, dass es ein Mädchen ist und dass Mädchen Mathe nicht können – und wird somit weniger durch dieses Stereotyp beeinträchtigt werden. Erinnern wir uns: Wenn wir uns unser eigenes Stereotyp ins Gedächtnis rufen, wird es zum Selbstläufer. Und eine Atheistin in einem katholischen Dorf wird dann mehr Respekt vor den Gläubigen haben, wenn sie nicht dauernd von ihnen gemahnt wird, wie wichtig das Glaubensbekenntnis ist. Erinnern wir uns: Minderheiten halten zu ihrer Gruppe. Die Kategorie, die uns in der jeweiligen Situation präsent ist, leitet unser (diskriminierendes) Verhalten.

Wenn diese Kategorien reine Konstruktionen sind, warum nehmen wir dann die Sache nicht selbst in die Hand und konstruieren unsere Wirklichkeit selbst? Warum kann man sich nicht einfach *als Mensch* fühlen? Kann man. Gehen Sie durch den Zoo, beobachten Sie die Tiere, bestaunen Sie die Vielfalt des Lebens. Fühlen Sie sich nicht als Mensch? Mir geht es so. Ich rede im Zoo gerne mit meinen Freunden darüber, was mir mein Bewusstsein wert ist, beneide die Tiere darum, dass sie nicht wissen, dass sie sterben müssen, und fühle mich als Mensch mit allen Schwächen und Stärken, sobald ich an den Käfigen, neumodischen Glasställen oder Wassergräben vorbeiflaniere. Als Mitglied der Spezies Mensch kann ich mich fühlen, wenn ich mich mit Tieren oder Pflanzen vergleiche. Als Lebewesen, wenn ich mich mit Steinen vergleiche.

Die Auflösung der Gruppengrenzen als Utopie

Die Kategorisierung in eine große Gruppe, in »Eine Welt«, kann zwar unter Umständen funktionieren, sie hat aber nicht immer die erwünschten Effekte. Da sind zunächst einmal diejenigen, die diese Idee haben und sich dauernd besser fühlen als der Rest der

Menschheit. Ich habe mich während meiner Twenzeit vor allem in der Eine-Welt-Szene herumgetrieben; das waren Leute, die Bücher lasen, die Welt verändern wollten, einen ökologischen Background hatten und mehr wollten als Konsum und Leistung. Man wollte es schaffen, die Welt nicht in eine Erste, Zweite oder Dritte einzuteilen, sondern in eine einzige, nach dem Motto »Wir alle sind Menschen; wir alle werden uns vertragen.«

Aber so ganz habe ich den Anschluss an diese Gruppe nie geschafft. Schuld waren meine Lackschuhe. Die Szene der Eine-Welt-Menschen ist eine furchtbar offene: Man darf die Haare tragen wie man will, man darf jede Hautfarbe haben, man darf mit Frauen und Männern schlafen – aber wehe, man betritt eine Eine-Welt-Kneipe mit Lackschuhen. Ich will das hier nicht vertiefen, aber schon als 20-Jähriger, während meiner Zivildienstzeit in Menden im Sauerland, merkte ich, dass ich als toleranter Mensch in den toleranten Eine-Welt-Kneipen einen sehr schweren Stand hatte. Wie jede Gruppe hatten Eine-Welt-Leute eine klare Vorstellung davon, was meine Welt und was ihre Welt war: Es hieß »Jute[60] *statt* Plastik[61]«. Lack und Dior waren unmöglich, das waren Symbole der Spießigkeit, des Konsums und der Unvernunft. Der protoypische Eine-Weltler trug indische Gewänder, die auf keinen Fall von Kindern gebatikt worden waren, ungebügelte T-Shirts aus Hanf und Birkenstock-Sandalen. Vor allem benutzte er aus ozonfreundlicher Gesinnung selten Deo und wusch sich kaum die Haare. Irgendwie schienen sich die Eine-Welt-Leute für die besseren Menschen zu halten. Ja, sogar für die typischeren Menschen. Oft musste ich mir anhören: Wenn ich erst kapieren würde, wie unwichtig solche Werte (Dior etc.) für den *Menschen an sich* seien, dann würde ich auch auf sie verzichten. Also war ich offensichtlich kein typischer Mensch.

Heute erstaunt mich diese Art von Diskriminierung nicht mehr. Auch die Gruppe der Eine-Welt-Leute musste sich als neue

---

[60] Eigengruppe
[61] Fremdgruppe

Gruppe zunächst einmal dafür rechtfertigen, warum es sie überhaupt geben sollte, sie musste sich definieren. Kleidung ist dabei ein prima Mittel, denn man sieht schnell, wer zu einem gehört und wer nicht. Forschungsergebnisse von Thomas Kessler und Amélie Mummendey zeigten, dass die Rekategorisierung in eine größere Gruppe häufig ein weiteres Problem mit sich bringt, nämlich das, dass man nach dem Zusammenschluss zu einer größeren Gruppe eine andere diskriminiert. Sind wir alle plötzlich Europäer und nicht mehr nur Deutsche, dann werden wir im Nu auch antiamerikanischer. Rekategorisierung verlagert also das Problem. Wie sagte Luther Burbank zynisch: »Wer nicht gern denkt, sollte wenigstens von Zeit zu Zeit seine Vorurteile neu gruppieren.«

Manchmal kommt mir der Kampf gegen das Vorurteil wie verhext vor, wie ein Hase-und-Igel-Spiel: Immer wenn wir denken, wir hätten es ausgetrickst, schreit es: Bin schon da, bin schon da! Der Kampf gegen das Vorurteil erscheint mir in gewissen Situationen genauso schwierig wie auf einen Dreitausender zu klettern, um dort in dünner Luft und mit Schwindel im Kopf das heilende Kraut zu pflücken. Aber die Tatsache, dass dieser Kampf schwierig ist, macht ihn nicht aussichtslos. Wir müssen die Aufgabe nur angehen.

Gespräche aus dem Elfenbeinturm

Um das Thema Kategorisierung weiter zu vertiefen, lade ich Sie jetzt zum Essen ein. Sie und ich sitzen zusammen mit Amélie Mummendey[62] in Jena in der »Scala«, einem Luxusrestaurant. Die Aussicht aus dem Restaurant, das in einem Turm 128 Meter über Jena thront, ist atemberaubend – so sagt man wohl, wenn man nicht schwindelfrei ist, denn mir schlottern die Knie. Amélie sagt: »Jens, du *musst* als Gast am Fenster sitzen, das ist das

---

[62] Haben Sie erwartet, dass ich jetzt erzähle, wie sie sich anzieht? Sag ich nicht (siehe Rita).

Recht jedes Gastes, der noch nicht hier war.« Welche Ehre! Ich wage nicht, dieses Angebot abzulehnen, schließlich »kennen Indianer keinen Schmerz«, und als Ostwestfale ist man bescheiden und widerspricht einer Berühmtheit nicht. Ich sitze also in einem schokofarbenen Boss-Anzug auf einem Designerstuhl und füge mich in mein Schicksal: Vor mir widerlegt ein traumhafter Zander mit essbarer Orchideenblüte mein Vorurteil, dass man im Osten nicht gut essen gehen kann; rechts von mir sitzt die große Amélie, und links gähnt hundert Meter tief die Fratze des nahen Todes. Und die Lichter Jenas, fegefeuergleich, rufen, gurren und schmeicheln: «Die Scheibe, die ist aus Zucker, die Erde ist ein Magnet; du sitzt auf wackelndem Stuhle, der Wind dich bald runterweht.«

Für Amélie ist die Sache mit den Lackschuhen ganz klar. Sie hat zusammen mit ihren Mitarbeitern die sogenannte *Eigengruppen-Projektionstheorie* entwickelt, die die Konsequenzen der Zusammenschlüsse von Gruppen eher differenziert sieht. Zwar gibt es genügend Theorien, denen zufolge Deutsche, die sich als Europäer fühlen, andere Europäer wie Polen oder Italiener weniger diskriminieren. Manchmal tritt aber auch genau das Gegenteil ein: In einem Experiment, das sie zusammen mit Sven Waldszus (der inzwischen nach Portugal ausgewandert ist) durchgeführt hat, hat sie gezeigt, dass deutsche Versuchspersonen eine negativere Einstellung gegenüber Polen haben, wenn sie an Polen und Deutsche als Europäer denken, also beide Völker als Untergruppen einer großen Gruppe sehen, als wenn sie Deutsche als Westeuropäer empfinden und damit die Gruppe der Polen als Fremdgruppe ansehen. Warum ist das so?

Ich schaukle mit dem Designerstuhl gefährlich über dem Abgrund und frage nach: »Heißt das, die Wiedervereinigung hat dazu geführt, dass die Wessis die Ossis noch weniger mögen als vorher?«

»Interessant«, sagt Amélie, »dass du nicht gefragt hast: ›... dass sich Wessis und Ossis nicht mögen‹ – relevanter findest du die Wessi-Perspektive? Das ist gerade der Punkt. Ich denke, es scheint vielen wichtiger zu sein, wann die Wessis die Ossis endlich akzeptieren, als umgekehrt.«

»Ja«, gebe ich zu, »Statusunterschiede! Es ist doch klar, dass die Ossis in die Westideologie reingepresst wurden. Wir hatten das Geld, und damit hieß es: Sozialismus ade und rein ins kapitalistische Paradies.«

»Hmm, es ist die allgemeinere Frage, die von größerer Bedeutung ist; es ist die Frage, wer von da an der prototypische Deutsche war. Es hat durchaus Kämpfe darum gegeben, was ab 1989 deutsch sein sollte und was nicht. Erinnere dich mal an die emotionsgeladenen Auseinandersetzungen um eine neue deutsche Verfassung!«

»Ja, und diesen Kampf haben die Wessis gewonnen!«

Wir trinken einen Weißwein von der Saale. Er schmeckt mir nicht so gut, aber ist es jetzt politisch korrekt, das zu sagen? Er passt auf jeden Fall zum Fisch, das ist keine Frage, und zu den Linguine mit Waldbeeren. Amélie lässt sich nicht beirren: »Nach kurzer Zeit, ach, was sage ich, von Anfang an waren die Wessis die typischen Deutschen! Und typisch zu sein, das ist nun einmal wichtig, wenn man einer Gruppe angehört; Abweichler werden betraft. Wenn jetzt mehrere Gruppen zusammenwachsen, dann geht ein Streit los: Wer ist der Typischere für die neue, größere Gruppe? Die Franzosen denken, sie sind die typischen Europäer, genauso wie die Deutschen, die Italiener... Und wenn sich jeder als typischer als der andere empfindet, dann kommt es zu Geringschätzungen oder Abwertungen. Schau, zahlreiche Untersuchungen zeigen, dass eine Eigengruppe einer Fremdgruppe übel mitspielt. Aber die Studie mit Sven Waldszus belegt außerdem, dass Fremdgruppen auch dann abgewertet werden, wenn wir sie in die große Gruppe der Europäer hineinlassen, die Polen etwa in die Gruppe der Europäer. Diese Diskriminierung innerhalb der neuen, großen Gruppe, so fanden wir heraus, ist umso stärker, je weniger typisch die Polen für die Gruppe der Europäer gehalten werden.«

Ich schiele etwas nach links, und mir wird leicht schwindelig – macht es einen Unterschied, von einem schicken Designerstuhl in den Tod zu kippen oder von einer Bierbank? Mir fällt ein, dass

Jesus, der Mensch gewordene Gott, vermutlich deshalb von Europäern immer so europäisch dargestellt wird, weil dies dem »typischen Menschen«, den Gott uns ja geschickt hat, mehr entspricht.

»Verstehe. Aber manchmal, Amélie, akzeptieren Gruppen auch die Werte der anderen, typischeren Gruppen. Die Ossis vielleicht nicht so – aber was ist mit den Türken, die in die EU wollen?«

»In bestimmten Situationen akzeptiert eine Gruppe, die den Anschluss an eine andere sucht, dass sie weniger typisch ist; dann gibt es aber auch keinen so starken Konflikt bezüglich der Werte, sie passt sich eben an, und es entsteht eine große Gruppe. Das entspricht aber nicht dem typischen Verhalten. Üblicherweise wollen beide Gruppen ihre Gruppenidentität innerhalb der großen Gruppe bewahren. In der Türkei gibt es ja auch EU-Gegner. Die haben genau diese Bedenken; sie wollen nicht einfach assimilieren.«

»Ach so, dann ist das so ähnlich wie beim Fusionieren von Firmen. Beide haben ein großes, gemeinsames Ziel und wollen gleichzeitig ihre Identität bewahren!«

»Ja, oder denk an den umgekehrten Fall: Wenn sich eine Firma oder eine Partei spaltet, dann ist jede von beiden diejenige, die die eigentlichen und wahren Werte der vormaligen Partei vertritt.«

»Das klingt vertraut, die Linkspartei und die SPD – beides die besseren Genossen!«

»Gehörst du zu einer neuen größeren Gruppe, ist es genauso wichtig, ein typisches Mitglied zu sein, wie wenn du zu deiner kleineren Eigengruppe gehörst. Abweichler werden bestraft, wie du mit den Lackschuhen damals. Wenn du dir den typischen ökologisch geprägten Eine-Welt-Typen vorstellst, ist das vermutlich auch in deiner Vorstellung kein Typ mit Lackschuhen und Seidenhemd. Und wenn Deutschsein Wessisein bedeutet, dann ist der Ossi der schlechtere Deutsche. Die Werte der Ossis, etwa Ernsthaftigkeit und Solidarität, gelten eben als nicht so deutsch wie die der Wessis, Leistungsfähigkeit und Fleiß.«

»Also, noch mal. Du sagst nichts gegen die Idee der Einen Welt. Wenn beide Gruppen ihre Identitäten aufgeben und sich nicht darum streiten, wer denn der Prototypischere von ihnen ist, kommt es tatsächlich zu weniger Diskriminierung.«

»Ja. Aber das ist recht unwahrscheinlich, in den meisten Fällen will man beides – die Identität der kleinen Gruppe bewahren und die der großen annehmen. Und weil jede Gruppe ihre Werte auf die große, übergeordnete Gruppe projiziert im Sinne von ›Wir sind sowieso die prototypischeren Mitglieder der neuen Gruppe!‹ gibt es Streit.«

»Hmm, die weniger komplizierte Alternative zur Erklärung dieses Streits ist, dass ich gar nicht an die übergeordnete Kategorie denke, sondern die anderen einfach weiterhin als eine völlig andere Gruppe wahrnehme und dann abwerte. Nehmen wir den Holocaust. Wurden die Juden umgebracht, weil sie atypisch für die Kategorie deutsch oder Mensch waren? Die Nazis haben ihnen doch das Menschsein kategorisch abgesprochen, sie wurden aus der Gruppe der Menschen einfach ausgeschlossen! Wie wir wissen ist der Vorläufer von starker Aggression die Dehumanisierung, die Aberkennung des Menschlichen. Also war es eher ein Kampf ›Mensch gegen Unmensch‹, oder?«

»Das kann man auch anders sehen! Zum einen waren die Juden aus der Perspektive der Nazis gerade für die Kategorie ›Deutscher‹ gefährlich; die Nazis hatten Angst, die Juden würden ihre Werte herausfordern. Genau das steckte doch hinter dem Vorwurf, Juden seien ›subversiv‹. Sie unterschieden sich deutlich vom Prototyp des blonden großen Ariers mit den ›deutschen‹ Tugenden wie Reinheit und dem ganzen Quatsch. Deshalb waren sie die schlechten *Deutschen* – und wurden umgebracht. Weil sie abwichen von der Gruppennorm, weil man glaubte, sie untergraben die deutschen Werte oder, wie wir heute sagen würden, die Werte der damaligen Leitkultur. Das ist der eine Punkt. Der andere ist, dass die Nazis im Speziellen ihr Arischsein und ihre ›Werte‹ auf die ganze Welt projizieren wollten. Dadurch wurden die Juden nicht nur die schlechten Deutschen, sondern sie wurden auch noch als untypische und damit *schlechte Menschen* deklariert, weshalb man sie in der ganzen Welt ausrotten wollte. Der Ausschluss der Juden aus der

Gruppe der Menschen war aus der Naziperspektive fast zwangsläufig. Zudem war es eine ›geschickte‹, gemeine Strategie, um die Morde an ihnen zu rechtfertigen. Schau, wenn jemand anders ist, aber sowieso zur Fremdgruppe gehört, dann ist diese Andersartigkeit bedrohlich und kann zu Auseinandersetzungen führen – deshalb haben Eroberer häufig die Ureinwohner abgeschlachtet; die zählten für sie von vornherein nicht zu der Kategorie der Menschen – ohne dass die Ureinwohner das unmittelbare Wertesystem der Eroberer bedroht hätten. Wenn aber jemand vor dem Hintergrund einer Gemeinsamkeit, die du mit ihm teilst, wie zum Beispiel Deutscher zu sein, sich anders verhält, stellt er deine Werte in Frage und wird für dich ebenso gefährlich.

Das ist doch auch der Grund dafür, warum es einigen ausländerfeindlichen Deutschen in der Türkei so gut gefällt. Sie fahren dorthin, um Urlaub zu machen, und haben damit kein Problem. Sie finden die Gesänge der Muezzin angenehm und romantisch – und fühlen sich nicht sonderlich bedroht durch sie. Aber wenn Muslime in Köln eine Moschee bauen wollen, dann bedrohen sie damit ihre Werte. Es verletzt die Norm ›Deutsche sind Christen‹. Lässt man es zu, würde man die Kategorie ›deutsch‹ umdefinieren. Man müsste dann sagen: Deutsch, das beinhaltet eben auch Muslime, Moscheen und Kopftücher!«

Ich kapiere langsam: »Hätten die Juden nicht in Deutschland gelebt und hätten sie deutsch nicht durch ihre Kunst und ihren Intellekt mit definiert, hätten die Nazis vermutlich nicht versucht, sie auszurotten. Ja, das ergibt Sinn.«

Ich denke zurück an die Woche davor, in der ich mit meiner Kollegin Nira Liberman von Haifa aus nach Daliat el-Karmel, einem Dorf mit hauptsächlich drusischer Bevölkerung, zum Essen gefahren bin.[63] Nira ist Jüdin russischer Herkunft, hat blaue Augen, und ihr Sohn Yotam, sechs Jahre alt, hat blonde Locken. Man dachte, wir wären ein Paar, und wir schmunzelten über diese Fehlwahrnehmung, ließen sie uns aber gefallen. Yotam

---

[63] Die Drusen pflegen eine Religion, die aus dem Islam entstanden ist.

bekam sein Essen umsonst. Es kamen zig kleine Schalen, Schatullen, Tiegel und Tellerchen auf den Tisch mit duftenden Speisen, alles frisch, alles anders gewürzt, alles köstlich. Was die Schärfe angeht, wurden wir vorher gefragt, wie viel wir vertrügen. Wir bekamen winzige Schälchen, die wie eine Skala nach Schärfegraden aufgereiht waren, und durften eins nach dem anderen probieren, bis wir es nicht mehr aushielten. Es war warm zur Mittagszeit, wir waren nach der Arbeit an der Universität müde, Nira nahm Yotam auf den Arm: »Wenn es doch immer so wäre«, sagte sie. Wir fühlten uns gut. Hier wurde nicht hinterfragt, ob wir das Essen wohl mochten; die Kellner wussten, dass wir deshalb hier waren oder setzten dies selbstbewusst voraus. Und sie nahmen uns Blonde ernst und ließen uns blond sein. Hier, ausgerechnet in Israel, an einem warmen, müden Tag bekam »das Andere« eine positive Bedeutung: »Wir mögen euch, und wenn ihr nichts Scharfes mögt, dann ist es in Ordnung, wir freuen uns trotzdem auf euch.« Wir waren beschwingt. Sie sollen sie sein, wir sind wir.

Hier, in Jena, im 29. Stock des ehemaligen Intershop-Turms, der in der Höhe zu schwanken scheint, bleibt die Frage: »Was ist Toleranz, Amélie? Wann können zwei Gruppen sich gegenseitig akzeptieren?«

Amélie wird etwas ungehalten und stochert in ihrer Rahmpolenta herum. »Ja, das ist so eine Definition der Sozialwissenschaften: Toleranz ist Akzeptanz, das Aushalten einer Gruppe, die man eigentlich nicht mag. Damit Toleranz aber dauerhaft zu Frieden führt, müssen sich die zwei Gruppen nicht nur ertragen, sondern sie müssen sich letztendlich auch mögen. Diese Toleranz ist vor allem dann möglich, wenn das Wertesystem der übergeordneten, größeren Gruppe nicht einseitig eine der beiden kleineren Gruppen bevorzugt.«

»Also, wenn es keine Leitkultur gibt, oder?«

»Na ja, zunächst könnte man auch Deutschsein umdefinieren; man könnte ja sagen: Deutsch ist, wer Verschiedenartigkeit toleriert.«

»Das ist aber dann eine etwas diffuse Definition von Deutschsein!«

»Richtig, das ist es ja! Die übergeordnete Kategorie muss diffus oder komplex organisiert sein, das heißt, sie muss die verschiedensten Eigenschaften beinhalten oder für sie offen sein. Ein Deutschsein, das sowohl Eigenschaften wie ›Fleiß‹ als auch ›Solidarität‹ zulässt, würde ermöglichen, dass *beide* Gruppen, Wessis wie Ossis, prototypisch für die Kategorie deutsch stehen. Jede mit ihren Stärken und Schwächen: Die eine glänzt mit Fleiß, die andere mit solidarischem Verhalten. Ein Deutschsein, das bestimmte Eigenschaften nicht klar definiert, würde es auch tun.«

»Wenn also nicht klar wäre, welche Religion mit Deutschsein verbunden ist, dann wäre es auch keine Normverletzung, wenn man Buddhist oder Moslem wäre!«

»Die übergeordnete Kategorie muss vage konstruiert sein, durchlässig, mit anderen Worten, sie muss schlecht definiert oder offen sein. Je offener sie ist, je mehr sie zulässt, umso weniger Streit gibt es zwischen den vielen Gruppen, die darin Platz finden.«

Irgendwo tief unten spielt eine Liveband – ich dachte immer, die Ossis sind alle um neun Uhr im Bett. Ich esse meine ebenfalls dem Stereotyp widersprechende Kokosecke mit Zitronengraseis und Schoko-Chili-Dip und denke: »Ja, jetzt müssen wir das alles nur noch so machen!«

Als das Lokal schließen will, merke ich, dass meine Beine erstarrt sind. Das sind sie immer, wenn ich lange Zeit Höhenangst habe. In Meran konnte ich mal buchstäblich keinen Schritt mehr vor oder zurück setzen. Ich kann meine Beine dann nicht mehr bewegen, sie wollen einfach nicht mehr und schützen mich so vor der Untiefe. Wie festbetoniert[64] sitze ich auf meinem Stuhl, bis Amélie sagt: »Los, komm, ein wenig Bewegung tut jetzt gut!« Mit großer Anstrengung erhebe ich mich – es geht ja. Man muss nur die richtigen Leute um sich haben.

---

[64] Kein Zufall, dass mir bei Osten Beton einfiel. Bis in die Erfindung von Metaphern hinein leiten uns Stereotype.

Kurz gefasst

Fassen wir zusammen: Der Kampf gegen Vorurteile, Stereotype und Diskriminierung ist kein leichter. Dies liegt vor allem daran, dass wir Gruppen gegenüber Assoziationen abgespeichert haben, die wir nicht so schnell vergessen können. Daran, dass wir Emotionen und Bewertungen mit diesen Gruppen verbinden. Und daran, dass wir Gruppen für unsere Identität benötigen. Nur längerfristig können wir umlernen, neue Gedanken und Emotionen den alten hinzufügen und es so vielleicht schaffen, den Einfluss alter Vorurteile zu verringern. Je früher wir das tun, desto besser. Es wäre keine schlechte Idee, Sozialpsychologie als Fach an den Schulen einzuführen.

Man wirft der kognitiven Sozialpsychologie immer wieder vor, dass sie sich zu sehr am Individuum orientiere und sich zu sehr auf menschliche Gedächtnis- und Urteilsprozesse konzentriere, die an der *sozialen* und *gesellschaftlichen* Realität vorbeigehen. Die Forschung zeigt jedoch genau das Gegenteil: *Weil* unser Gedächtnis und unser psychischer Apparat nach beschreibbaren Prinzipien funktionieren, sind gesellschaftliche Veränderungen enorm wichtig. Nur über den Weg eines gesellschaftlichen Wandels bewirken wir eine Änderung dessen, was wir im Gedächtnis haben, gerade *weil* wir Dinge gut behalten und nicht so schnell verlernen, solange sie bleiben, wie sie sind. Dank zahlreicher Bürgerbewegungen denken wir heute anders über Türken, Frauen, Schwarze und Homosexuelle als vor fünfzig Jahren. Aber es hat lange gedauert. Und wenn wir uns die menschlichen Gedächtnisprozesse anschauen, dann wissen wir auch warum: Wir lernen wahnsinnig gut, nur *ver*lernen fällt uns eben schwer.

Vorbilder – in den Medien wie im Leben – können dabei behilflich sein, neue Assoziationen zu schaffen. Durch Angela Merkels Wahl zur Kanzlerin etwa werden junge Mädchen jetzt auch schon mal davon träumen, später Kanzlerin zu werden. Deshalb sollten sich Vorbilder durchaus ihrer Funktion bewusst sein. So wie Angela Merkel, die niemals auf ihre weiblichen Reize vertraut, sondern immer auf ihre Kompetenz. Das verwirrt viele zunächst und geht vor allem gegen unser Vorurteil, *wie* Frauen Karriere machen.

Mithilfe unserer Methoden lassen sich strukturelle Eingriffe wie Quotierungen gut untersuchen. Sie zeigen uns die Nachteile, beispielsweise die Abwertung von Begünstigten der Quote, genauso wie die Vorteile, beispielsweise eine diversere Arbeitsumwelt und Kundschaft. Die Förderung bestimmter Gruppen zu einem *frühen* Zeitpunkt scheint daher fruchtbarer zu sein als die Quote, die bei vielen einen schlechten Ruf genießt und, wenn überhaupt, nur als Übergangslösung eingesetzt werden sollte.

Falls wir gegen unsere eigenen Vorurteile angehen wollen, sollten wir versuchen umzulernen, statt sie zu unterdrücken. Und falls wir unterdrücken, sollten wir uns fragen, ob es tatsächlich mit uns zu tun hat, dass wir uns so schwer tun dabei. Haben wir eine Emotion oder ein Stereotyp in unserem Kopf, können wir versuchen, ihren Einfluss auf unser Handeln zu korrigieren, indem wir uns bewusst machen, dass es sich um einen unerwünschten Einfluss handelt. Aber dafür bedarf es der nötigen Motivation und Zeit. Kontakt mit Minderheiten reduziert negative Empfindungen und Diskriminierung, und gegenseitige Abhängigkeit bei gemeinsamen Aufgaben fördert diesen Prozess zusätzlich. Wir können auch versuchen, eine übergeordnete Gruppe zu finden. Dies jedoch führt nicht selten zur Diskriminierung anderer Gruppen. Zudem streiten sich die Untergruppen häufig darum, welche von ihnen die prototypischere ist, und dies führt ebenfalls zu Diskriminierung. Toleranz sollte letztendlich dazu beitragen, dass Gruppen sich mögen, und dies ist am ehesten möglich, wenn das Wertesystem einer Gesellschaft nicht von vornherein starr und rigide eine bestimmte Untergruppe bevorzugt.

Warum nicht mit Humor?

Oh, ich habe noch etwas vergessen: Ich denke, dass Humor Vorurteile reduziert. Die Forschung zeigt, dass sexistische Witze Vorurteile, auch implizite, wecken können, und natürlich erinnern sie uns auch an Stereotype, die wir ja gerade verlernen wollen. Sexistische Witze sind heute in Stand-up-Comedys weit verbreitet und genauso beliebt wie Witze über die sogenannte Unterschicht. Das klassische Kabarett hat es sich immer zur Aufgabe gemacht, die Stärkeren zu karikieren und nicht diejenigen, die sowieso schon unten liegen. Die Tatsache, dass Comedians sich dieser Herausforderung nur selten stellen, finde ich bedauerlich. Allerdings hat Humor einen tollen Effekt, wenn man ihn *gegen* Diskriminierung einsetzt. Die Intoleranz lächerlich zu machen, zu karikieren, bloßzustellen, sich über jemanden kaputtzulachen, der nur in seinen engen Bahnen denkt, dem da oben, der immer in feinem Tuch daherkommt, die Hose runterzuziehen – das alles sind Methoden, von denen die oft bierernst angelegten Toleranztrainings und Podiumsdiskussionen zum Thema Diskriminierung profitieren könnten.

Spaß kann ansteckend sein. Wir sehen das bei den Schwulen- und Lesbenparaden in Köln, Berlin und anderswo, die mittlerweile immer mehr heterosexuelle Zuschauer anziehen. Diese Paraden wirken, weil fröhlich gefeiert wird, die Teilnehmer witzig aussehen und man zusammen Spaß hat. Als vor einigen Jahren an der International University Bremen von einigen wenigen Studenten eine nicht unbedenkliche Homosexuellenfeindlichkeit ausging, erfanden wir etwas Ähnliches: den *Glamour Day*, der einmal jährlich stattfindet. Unter dem Motto »Wir begegnen dem Hass mit feierlicher Robe« – *Glamour not hate!* – feiern hier die Mitglieder der Universität mit einem Umzug Toleranz und Diversität. Inzwischen ist das so eine Art Karneval geworden – männliche Elitestudenten kommen im Kleid und weibliche im Frack und mit Bart –, und wer dazu keine Lust hat, kann sich zum Zeichen der Solidarität eine Blume ans Revers stecken. Die Kostüme sind extrem komisch, manche aufwendig, manche sehr edel und schön. Es wird sehr viel gelacht – wer sollte dabei aggressiv werden? Hass hat gegen solche Freuden einen Nachteil: Hass ist nicht witzig, Hass ist vor allem hässlich.

KAPITEL 8

Vorurteile – eine Zusammenfassung und gleichzeitige Suche nach ihrem Sinn

Lieber Gernot,
nun hast du dieses Buch gelesen, und ich hoffe, es hat dir ein wenig gefallen. Es ist dir vermutlich etwas peinlich, dass du am Anfang und am Ende des Buches eine so prominente Rolle spielst, aber so ist es eben: *Take it easy!* Immerhin war ja dein plötzlich wieder stadtwärts gewandtes Fahrrad Ausgangspunkt einer sehr spannenden Reise in die menschliche Seele – einer Expedition, die für mich längst noch nicht beendet ist. Du siehst, wie viele Forscher in aller Welt dabei sind, dem Sinn und Unsinn der Vorurteile auf die Schliche zu kommen. Ich mache dir keinen Vorwurf mehr, mein Lieber, denn du warst damals ja nicht mal elf Jahre alt. Vermutlich hattest du zu Beginn etwas Angst davor, dass ich dich hier vor allen Leuten bloßstelle, aber dieses Buch handelt ja vielmehr davon, dass du, Gernot, gar nichts Besonderes bist. (Ich hoffe, du nimmst mir das nicht krumm!) Wir alle haben Vorurteile. Und dazu passen auch die Worte von Anatole France ganz gut, der über jemanden sagte: »Er schmeichelt sich, ein Mann ohne Vorurteile zu sein; und gerade diese Einbildung ist ein großes Vorurteil.«

Das bedeutet aber nicht, dass dieses Buch ein Freibrief für lustvolle Diskriminierung ist! Du hast mich damals sehr verletzt, und vor allem das Bild meiner Torte zerfetzenden Mutter werde ich nicht vergessen; wenn ich daran zurückdenke, habe ich vor allem sie vor Augen und meinen Vater, beide durch den Krieg – sie Flüchtling, er Waise – gezeichnet. Der für sie enorme wirtschaftliche Aufstieg erschien durch deine altklugen Worte nun so jämmerlich gering. Diskriminierung ist und bleibt eine aggressive Handlung, und wir müssen versuchen, sie verstehen zu lernen; wir müssen sie verstehen, damit wir sie verhindern können.

Inzwischen hast du sicherlich auch am eigenen Leibe erfahren, wie gemein und unfair Diskriminierung sein kann. Ich weiß nicht, was du jetzt machst und wo du dich so herumtreibst, aber sicherlich bist du auch schon schlecht behandelt worden: als Mann, als Single oder Familienvater, als mittlerweile 40-Jähriger, als Was-auch-immer-du-geworden-bist: Chemiker, Bauer, Ausländer, Dicker oder Arbeitsloser. Ich hoffe, es geht dir gut, mein Lieber.

Mein Lebensziel, ein paar Ungerechtigkeiten mehr aus der Welt zu schaffen, mag dir aufgrund der Tatsache, wie widerspenstig Vorurteile sind, als Größenwahn erscheinen. Auch dieses Buchprojekt trägt ein bisschen davon in sich: Ich musste so vieles auslassen, habe manches noch nicht verstanden und kenne nur einen Bruchteil der immensen Literatur zum Thema Vorurteile. Und dann sollte es ja ausdrücklich *kein* Buch für Psychologen werden, sondern für Leser, die einfach etwas über die Vorurteilsforschung erfahren wollen, die so selten ihren Elfenbeinturm verlässt. Und das weiß ich aus meinem Opernstudium: Manchmal ist es schwieriger, eine Operette zu singen als eine Opernarie.

Eine große Hilfe war mir Gordon Allport, dessen Werk mir beim Schreiben dieses Buches eine große Stütze war. Auch er spricht davon, wie viel Wissen es erfordert, um das Schubladendenken zu verstehen: »Es hat Jahre an Arbeit und Milliarden Dollar gekostet, um hinter das Geheimnis des Atoms zu kommen. Es wird dennoch ein größerer Aufwand nötig sein, um das Geheimnis der irrationalen Veranlagung beim Menschen zu lüften.«

Ich wollte in diesem Buch zusammenstellen, was mir aus den vielen Jahren meiner Forschung wichtig erscheint. Ich habe versucht, deutlich zu machen, wie Vorurteile im Gedächtnis abgespeichert sind, warum wir sie häufig bestätigen, wer sie bestätigt und welchen Einfluss sie auf Urteile, unser Gedächtnis, Fühlen und Verhalten haben. Ich habe davon berichtet, wie wir Vorurteile messen, welche Merkmale von Personen und Situationen in besonderem Maße zu Vorurteilen führen und wie wir sie korrigieren können. Ich habe auch versucht, Möglichkeiten aufzuzeigen, Ungleichheit zu reduzieren.

Die Antwort auf eine Frage aber bin ich dir bisher schuldig geblieben: Warum haben wir überhaupt Vorurteile? Wozu sind sie gut? Warum kommen wir Menschen ohne sie nicht aus? Die Frage nach den Vorurteilen ist eine Frage nach der Psyche des Menschen, ja für mich ist es eine Frage nach dem Menschen selbst. Lass mich an dieser Stelle noch einmal zusammenfassen, worum es in diesem Buch bislang vor allem ging.

Vorurteile hindern uns daran, vernünftig zu sein. Der Mensch, obwohl er sich gerne als Vernunftwesen sieht, wird diesem Anspruch nicht immer gerecht, sondern richtet sich oftmals nach anderen Bedürfnissen aus. Vorurteile befriedigen *verschiedene* menschliche Bedürfnisse. Das ist ein Grund dafür, warum sie so resistent sind. Vorurteile dienen der notwendigen Vereinfachung unseres Lebens, sie dienen dazu, die Welt zu verstehen und in der Welt zurechtzukommen, und sie helfen uns dabei, uns selbst zu definieren, eine Identität zu entwickeln. Lass mich das näher erläutern, Gernot.

Wir leben in einer sehr komplexen Welt. Tausende von Informationen und Reizen strömen tagtäglich auf uns ein, und manchmal könnte uns darüber schwindelig werden. Aber normalerweise haben wir keine Schwierigkeiten, sie einzuordnen und zu verstehen. Ein Rasiermesser in einem Friseursalon lässt uns nicht zusammenzucken, dasselbe Rasiermesser auf der Straße in der Hand eines Arabers aber sehr wohl. Abgespeichertes Wissen hilft uns, Umweltreize zu interpretieren. Betreten wir ein chinesisches Restaurant und sehen die Aquarien mit den geisteskrank wirkenden Goldfischen, wissen wir unmittelbar: Die müssen wir nicht essen, die haben die Chinesen, damit sie ihnen Glück bringen. Stehen wir vor einem Nudelregal mit sechzig verschiedenen Nudelsorten und wollen uns etwas Gutes tun, dann greifen wir zu den italienischen, weil wir abgespeichert haben, dass die italienischen besonders gut sein sollen.

Vorurteile und Stereotype erleichtern uns das Verständnis unserer Umwelt. Mit ihrer Hilfe können wir schnell erkennen, mit wem wir es zu tun haben, wir können Personen und Situationen besser beurteilen und schneller zu einer Entscheidung kommen. Und wenn diese Urteile und Entscheidungen auch manchmal falsch sind, so haben wir sie doch schnell getroffen und können zum nächsten Punkt der Tagesordnung übergehen. Unser Leben ist voller Ziele, und wir sollten es nicht vor einem Nudelregal verbringen! Das Bedürfnis, Urteile zu vereinfachen, hindert uns vielleicht manchmal daran, die beste Entscheidung zu treffen, aber mithilfe der Vorurteile treffen wir wenigstens überhaupt eine.

Nimm einmal an, du bist im Stress und du bist verliebt und willst für deine Freundin kochen. Du hast alles vorbereitet, nur kein Dessert, die auch nicht deine Stärke sind, und sie flötet dir um 16 Uhr ins Telefon: »Weißt du, Tigerchen, die Hauptgänge sind mir nicht so wichtig – was mich wirklich anmacht, ist so ein richtig geiles Dessert!« Du hast noch vier Stunden Zeit – wen fragst du nach einem Rezept? Deine Kollegin oder deinen Kollegen? Viele würden sich an die Kollegin wenden, und in den meisten Fällen wird sie auch eins kennen. Du kannst damit aber auch völlig falsch liegen: Möglicherweise hätte der Kollege das viel bessere Rezept für eine Mousse au chocolat gehabt. Wie dem auch sei: Du hast dich schnell entschieden und jetzt ein Rezept. Stereotype, diese emotionslosen Wissensstrukturen, dienen zur Vorbereitung von Verhalten, und sie befriedigen unser Bedürfnis, schnell zum Abschluss zu kommen.

Susan Fiske und Shelley Taylor haben dafür den Begriff des *kognitiven Geizhalses* geprägt. Denken kostet Energie, Zeit und Wachheit. Doch selbst wenn wir diese Ressourcen nicht zur Verfügung haben, können wir uns in der Welt bewegen: Wir entscheiden uns, beurteilen andere und reagieren auf sie – und dabei helfen uns Stereotype. Zahlreiche Experimente zeigen, dass Zeitdruck, Alkohol, Müdigkeit, Ablenkung und ein Bedürfnis nach Abschluss stereotypes Verhalten begünstigen. Mit anderen Worten, Versuchspersonen diskriminieren unter diesen Umständen stärker, als wenn sie Zeit haben oder frisch ausgeschlafen, fit und nüchtern sind.

Galen Bodenhausen hat ein schönes Experiment dazu gemacht. Er unterschied zwischen Morgen- und Abendleuten. Du weißt schon, manche Leute sind morgens fitter und manche abends. Morgenleute, also die, die morgens fitter sind, diskriminierten am Morgen weniger als am Abend, während bei Abendleuten das Gegenteil der Fall war.

Langes Nachdenken, das wir benötigen würden, um ein faires Urteile zu fällen, verursacht manchmal sogar schlechte Laune. Wer hat schon Lust, bei jedem Menschen, den er trifft, erst nachzufragen, nachzudenken und ihn näher kennenzulernen, um zu einem Urteil über ihn zu kommen? Erstens geht das faktisch gar nicht, dafür treffen wir zu viele Leute, und zweitens haben wir dazu häufig keine Lust. George Bernhard Shaw sagte einmal: »Der einzige Mensch, der sich vernünftig benimmt, ist mein Schneider. Er nimmt jedes Mal neu Maß, wenn er mich trifft, während alle anderen immer die alten Maßstäbe anlegen aufgrund der Vermutung, dass sie auch heute noch passen.« Ein Schneider nimmt sich dafür aber auch ausreichend Zeit.

Die selten vorhandene Lust nachzudenken ist auch einer der Gründe dafür, warum Leute in *guter Stimmung* eher diskriminieren als in schlechter. Langes Nachdenken passt dem Hedonisten und kognitiven Geizhals in uns nicht, und deshalb wählen wir den leichten, oberflächlichen Weg der stereotypen Beurteilung. Nachdenken könnte uns schlichtweg die Stimmung vermiesen. Falls du also gerade in deiner Midlife-Crisis bist – ich habe sie schon länger hinter mir –, dann habe ich gute Nachrichten für dich: Deine Urteile sind wahrscheinlich im Moment präziser als je zuvor – sofern deine momentane Seelenlage dich nicht ablenkt oder emotional bewegt. Starke Erregung wie Angst, Ärger und Euphorie lenken uns ebenfalls ab und kosten kognitive Energie – in solchen Stimmungen neigen wir ebenfalls zu vorschnellen Urteilen und Diskriminierung. Selbst die körperliche Erregung, die man beim Fitnesstraining erlebt, unterstützt Diskriminierung. Das sollte dich nun nicht davon abhalten, ins Studio zu gehen (das machst du doch, oder? Musst du machen, das ist nämlich für die Seele wichtig!), allerdings solltest du dort ebenfalls Vorsicht bei deinen Urteilen walten lassen. Wie auch immer: *Stereotype erleichtern die Urteilsfindung.*

Wenn wir ein Verhalten bewerten müssen, haben wir dank der Stereotype automatisch einen Vergleichsstandard im Kopf. Bäckst du einen Apfelkuchen und er gelingt dir, wird deine Freundin ihn vermutlich viel mehr loben als den viel besseren ihrer Mutter, nach dem Motto »Für einen Mann war das Spitze!« Ich weiß nicht, ob du noch auf Freiersfüßen wandelst, mein Lieber, aber ich empfehle meinen heterosexuellen Freunden gerne, wenn sie eine neue Freundin haben, für sie zu kochen – selbst wenn sie es gar nicht so gut können (war ein Spaß). Stereotype helfen uns, Leistungen einzuordnen. Das kann zu unfairen Urteilen führen, dann, wenn die Mutter eigentlich ein größeres Lob verdient hätte als du. Aber es führt zu einer schnellen Interpretation: *Stereotype dienen der effizienten Interpretation der Welt.*

Auch hier gilt: Unter Erregung, Zeitdruck oder wenn wir abgelenkt sind, treten Urteilsverzerrungen häufiger auf. Schlimmer wird es, wenn Zeitnot und Erregung zusammentreffen. Dem Polizisten, der entscheiden muss, ob eine Person eine Waffe in der Hand hält oder nicht, bleibt dafür nur der Bruchteil einer Sekunde. Wir haben ja gesehen, dass Leute in einem Ballerspiel schneller auf einen Schwarzen schießen als auf einen Weißen – was auf eine zusätzliche Funktion von Vorurteilen verweist: Wir wollen und müssen unsere Umgebung manchmal schnell verstehen, um Gefahr abzuwenden. Deshalb machen wir schnell kehrt, wenn wir in New York nachts auf eine Clique schwarzer Jugendlicher in weiten Hosen treffen. Stereotype sind Faustregeln und ermöglichen uns, blitzschnell zu reagieren. Unsere Reaktionen können vollkommen falsch sein, aber das schert uns oftmals nicht. Unsere eigene Haut ist uns meist wichtiger als eine faire Beurteilung. *Stereotype dienen dazu, die Umwelt zu kontrollieren.*

Vorurteile erleichtern uns auch die Kommunikation. Wenn du eine nette Frau auf einer Fete triffst – irgendwie fallen mir bei dir vor allem Flirtbeispiele ein, nimm es mir nicht übel, Gernot –, beginnst du deinen Flirt sicher nicht mit dem letzten Bundesligaspiel, oder? Deine Erwartungen darüber, was Frauen gerne mögen, würden vermutlich zu einer anderen Konversation führen. Auch zu einem anderen Konversationsstil. Wenn ich auf meinen Tourneen an die verschiedenen Theater komme, denken die studierten Theaterintendanten, ich sei Chansonnier, und halten mich meist für talentiert, aber doch etwas dumm. Ein weltfremder, spinnerter Künstler, so haben sie offensichtlich gelernt, der muss nicht unbedingt sehr helle sein. Die ersten Fremdwörter fallen meistens erst dann, wenn sie erfahren, dass ich auch Professor bin. Diese Anpassung des Sprachniveaus erfolgt häufig unbewusst – das ist im Prinzip ungeheuer effizient. Man will ja nicht mehr, als verstanden werden. Deshalb brüllen manche Leute alte Menschen auf Verdacht an oder sprechen automatisch mit dunkelhäutigen Wesen Türkendeutsch.

Stereotype helfen uns auch, ohne viele Worte zu kommunizieren. Da Stereotype gesellschaftlich geteiltes Wissen sind, reichen manchmal wenige Hinweisreize aus, um verstanden zu werden. Sage ich beispielsweise: »Ich war in einem französischen Restaurant«, brauche ich erst gar nicht zu erklären, dass es mehrere Gänge gab, der Preis beachtlich und das Essen ausgezeichnet war. Mein Gegenüber weiß sofort, was ein französisches Restaurant normalerweise alles beinhaltet. Im Gegenteil, es würde uns regelrecht merkwürdig erscheinen, wenn jemand solche sozusagen selbstverständlichen Informationen überhaupt noch erwähnt. Uns beiden, lieber Gernot, würde es ja auch komisch vorkommen, wenn jemand von »brutalen Sportlehrern« reden würde. Sportlehrer waren für uns gleichbedeutend mit brutal. Ich erinnere mich noch daran, wie du barfuß um den Sportplatz laufen musstest – auf Rotgranit! –, weil du Daniela Bärwinkel Kletten in den BH gesteckt hattest. (Seid ihr eigentlich noch zusammen?)

Diese kommunikative Komponente prädestiniert Stereotype und Vorurteile auch für Witze. Witze müssen kurz und gut verständlich sein. Sagst du »Blondine«, »Ostfriese« oder »Politiker«, weiß ich sofort, was du damit meinst – und zwei, drei Sätze später biege ich mich vor Lachen. *Stereotype erleichtern uns die Kommunikation.*

Wenn also Vorurteile unsere Entscheidungen, Urteile, Interpretationen, Kommunikationen und Verhalten erleichtern, ist klar, warum wir sie nicht so schnell verlernen – selbst dann nicht, wenn wir allen Grund dazu hätten, diese Vorstellungen aufzugeben. Es wäre ja auch nicht besonders clever, das, was uns schon einmal wirksam durchs Leben geführt hat, von der Wachsplatte unseres Gedächtnisses zu kratzen – frei nach dem Motto *Never change a running system!* So jedenfalls, funktionieren wir, lieber Gernot, und deshalb werden wir unsere Vorurteile nicht so schnell los.

Vorurteile resultieren aus der Zugehörigkeit zu einer Gruppe. Wir sind Rudeltiere, und es ist uns nicht gleichgültig, was andere von uns denken. Unser Selbstwert hängt ganz stark davon ab, wie erfolgreich »wir« im Gegensatz zu »denen« sind und was unsere Leute von uns denken. Wir verinnerlichen die Normen und Ansichten unserer Gruppe, befolgen sie, und wenn wir es nicht tun, bekommen wir Schwierigkeiten und werden wieder auf den richtigen Pfad gebracht – oder suchen uns andere Freunde. Gruppenzugehörigkeit ist ein wesentlicher Bestandteil unserer Identität. In der Gruppe können wir uns anderen ähnlich fühlen und gleichzeitig als etwas Besonderes, als Individuum. Unsere Leute kennen uns, sie sehen und schätzen unsere Einzigartigkeit; und gleichzeitig fühlen wir uns gut aufgehoben bei ihnen, denn im Großen und Ganzen teilen sie unsere Meinung und vermitteln uns das Gefühl, damit richtig zu liegen. Die anderen aber, das sind diejenigen, die uns nicht verstehen, die uns mit allen anderen über einen Kamm scheren. Wir verstehen sie ebenfalls nicht und wollen sie häufig auch nicht verstehen.

Die Idee, die Gruppengrenzen aufzulösen und uns als eine große Gruppe zu fühlen, scheint nicht zu funktionieren; jedenfalls nicht, solange wir in der großen Gruppe darauf pochen, ihre prototypischsten Mitglieder zu sein. Zudem führt es wohl dazu, dass wir andere Gruppen befeinden.

Empfinden wir uns als »Menschen«, vergleichen wir uns mit den Tieren, und als »Lebewesen« haben wir die Steine und das ganze All gegen uns. Zwar wäre es nicht so schlimm, wenn wir mit Steinen statt mit Menschen stritten, aber andererseits bietet eine so riesige Gruppe wie die der »Lebewesen« wenig Möglichkeiten, eine Identität zu finden. Dazu ist sie einfach zu groß, ihre Normen wären zu unbestimmt (was weiß ich, welche moralischen Standards die Seegurke hat), und wir würden gar nicht mehr wissen, was wir machen müssten, damit uns einer aus unserer Gruppe auf die Schulter klopft (und der Gedanke, dass mir eine Seegurke auf die Schulter klopft, ist mir alles andere als geheuer).

Lohnenswerter scheint mir da schon, bestehende Gruppen*grenzen* zu verändern; sie durchlässiger zu gestalten und immer wieder aufs Neue zu überlegen, welche Abgrenzungen zu anderen wirklich wichtig sind. Könnten wir uns beispielsweise dazu entschließen, dass deutsch heute nicht mehr unbedingt bedeutet, Christ zu sein, dann würden sich auch Muslime und Buddhisten hier willkommen fühlen können. Müssen wir uns wirklich unter anderem dadurch definieren, dass wir einen christlichen Hintergrund haben? Können wir uns nicht als multikulturelles, aufgeklärtes Volk zeigen, in dem viele Denkgebäude und Ideologien einen Platz haben? Ist denn eine solche Veränderung bestehender Denkweisen wirklich so utopisch und größenwahnsinnig?

Lieber Gernot, ich denke, wir könnten alle ein bisschen mehr gesunden Größenwahn gebrauchen angesichts der großen Aufgabe, die wir nach wie vor vor uns haben: *Wir müssen Diskriminierung bekämpfen*!

Diskriminierung richtet gesellschaftlichen wie wirtschaftlichen Schaden an, sie ist die Basis für aggressive Konflikte, sie schürt Kriege und führt zu persönlichem und kollektivem Leid.

Ich werde die Hoffnung nicht aufgeben, dass diese Welt irgendwann besser wird. Denn bei aller Unvernunft, die uns Menschen ausmacht, weiß ich, dass wir sehr wohl dazu in der Lage sind, uns unseres eigenen Verstandes zu bedienen. Wir haben zum Beispiel die Wissenschaft. Sie bietet uns die Möglichkeit, gesellschaftliche Phänomene so objektiv wie möglich zu erforschen.

Jedoch ist Wissenschaft wenig wert, wenn wir nicht im Alltag ständig an uns arbeiten. Unsere Forschung zeigt, wie hart und anstrengend der Kampf gegen Vorurteile ist. Das heißt aber nicht, dass er von vornherein zum Scheitern verurteilt sein muss. Wenn wir verstehen, warum es Vorurteile gibt, können wir neue, kreative Wege beschreiten, sie zu ändern. Wir könnten heute schon anfangen, unsere eigenen Ansichten zu überprüfen und die Gesellschaft, wo nötig, zu verändern. Es wäre doch gelacht, wenn wir den *kognitiven Geizhals* in uns nicht wenigstens bei den wichtigen Entscheidungen unseres Lebens austricksen könnten. Ich stimme hier mit Tony Morrison überein, die uns in ihren Büchern immer wieder zeigt: Das Paradies ist kein bereitgestelltes Schlaraffenland, das Paradies ist ein Garten, in dem wir hart arbeiten müssen.

Mein Lieber, das war es erst mal von mir! Ich hoffe, dass es dir gut geht, und ich bin gespannt, wie du reagierst. Na ja, vielleicht bin ich das auch nicht. Kommt drauf an, wie du dich so entwickelt hast.

Dein Jens

Epilog

Liebende

Und wenn es keine Grenzen gibt
Und wenn es mich als Menschen gibt
Wenn es nur Du gibt, Du gibt, Du
Wenn es das Du seit Jahren gibt
Und Grenzen: keine
Mich als Mensch

Und Du, vor allem Du, nur Du
Und ich mal ich, mal wir, mal Du,
Vielleicht – und auch vielleicht ist gut

Und wenn es keine Grenzen gibt
Dann bist das Du, dann bist das Du.
Dann gibt es Jahre, Zeit, Gezeiten –
Tut alles gut und tut nichts Not
Und Grenzen: keine
Ich, die, wir

Und Du, vielleicht mal ich, mal Du
Und wir, vielleicht mal Du, mal ich
Ich komm, Du gehst, ich geh, Du kommst

Und ich: verfahren, lustig, tuend,
Und ich: mal ich, mal wir, mal ihr
Und ich, ich schreibe, mache, tue
Tut alles gut und tut nichts Not
Und Grenzen: keine keine keine
Die machen andre – wir sind wir

Dank

Ich danke Frank G. Hirschmann und Manfred Nußbaum für die Durchsicht, Anregungen und Kommentare. Bettina Hannover sei gedankt für die Zusendung von Literatur. Kai Epstude, Amina Özelsel und Amélie Mummendey danke ich für die Durchsicht bestimmter Passagen. Thomas Piegeler danke ich für seine Beratung.

Markus Denzler, Ron Friedman, Tory Higgins, Nira Liberman, Fritz Strack und Lioba Werth sei gedankt für Gespräche und Gedankenaustausch.

Besonderer Dank gebührt Julia Klotz. Sie hat dieses Buch kritisch durchgesehen und mit weit über 3000 nötigen Kommentaren und Kommas versehen.

Der Deutschen Forschungsgemeinschaft danke ich für die jahrelange großzügige Unterstützung meiner Forschung während meiner Zeit in Deutschland.

Besonderen Dank möchte ich Christiane Naumann von der Deutschen Verlags-Anstalt für die hervorragende Zusammenarbeit aussprechen.

Literatur

Kapitel 1

Allport, G. W. (1954). *The nature of prejudice*. Reading, MA: Addison Wesley.

Grün, H. (1995). *Das Buch der Vorurteile. Frauen wollen immer nur das Eine und Männer können nicht Auto fahren*. Frankfurt am Main: Eichborn.

Hilton, J. L., und von Hippel, W. (1996). Stereotypes. In: *Annual Review of Psychology*, 47, S. 237–271.

Levy, B., und Langer, E. (1994). Aging free from negative stereotypes: Successful memory in China and among the American deaf. In: *Journal of Personality and Social Psychology*, 66, S. 989–997.

Lippmann, W. (1922). *Public opinion*. New York: Harcourt, Brace.

Stroebe, W., Hewstone, M., und Stephenson, G. M. (1996). *Sozialpsychologie. Eine Einführung*. Berlin: Springer.

Werth, L., und Mayer, J. (2007/im Druck). *Sozialpsychologie*. Heidelberg: Spektrum Akademischer Verlag.

Kapitel 2

Fishbach, A., Friedman, R. S., und Kruglanski, A. W. (2003). Leading us not unto temptation: Momentary allurements elicit overriding goal activation. In: *Journal of Personality and Social Psychology*, 84, S. 296–309.

Hannover, B. (im Druck). Vom biologischen zum psychologischen Ge-schlecht: Die Entwicklung von Geschlechtsunterschieden. In: A. Renkl (Hg.), *Pädagogische Psychologie*. Bern: Huber.

Harris, M. J., und Rosenthal, R. (1985). Mediation of interpersonal expectancy effects: 31 meta-analyses. In: *Psychological Bulletin*, 97, S. 363–386.

Kessels, U. (2005). Fitting into the stereotype: How gender-stereotyped perceptions of prototypic peers relate to liking for school subjects. In: *European Journal of Psychology of Education*, 20, S. 309–323.

Rosenthal, R., und Jacobson, L. (1966). Teachers' expectancies: Determinants of pupils' IQ gains. In: *Psychological Reports*, 19, S. 115–118.

Seibt, B., und Förster, J. (2004). Risky and careful processing under stereotype threat: How regulatory focus can enhance and deteriorate performance when self stereotypes are active. In: *Journal of Personality and Social Psychology*, 87, S. 38–56.

Steele, C. M., und Aronson, J. (1995). Stereotype threat and the intellectual test performance of African Americans. In: *Journal of Personality and Social Psychology*, 69, S. 797–811.

Werth, L., und Förster, J. (im Druck). The effects of regulatory focus on braking speed. In: *Journal of Applied Social Psychology*.

Whitley, B. E., Jr. (1990). The relationship of heterosexuals' attributions for the causes of homosexuality to attitudes toward lesbians and gay men. In: *Personality and Social Psychology Bulletin*, 16, S. 370–378.

Kapitel 3

Banaji, M. R., Hardin, C., und Rothman, A. J. (1993). Implicit stereotyping in person judgment. In: *Journal of Personality and Social Psychology*, 65, S. 272–281.

Devine, P. G. (1989). Stereotypes and prejudice: Their automatic and controlled components. In: *Journal of Personality and Social Psychology*, 56, S. 5–18.

Förster, J., und Liberman, N. (im Druck). Knowledge activation. In: E. T. Higgins und A. W. Kruglanski (Hg.), *Social Psychology: Handbook of basic principles* (2. Auflage). New York: Guilford.

Förster, J., Liberman, N., und Higgins, E. T. (2005). Accessibility from active and fulfilled goals. In: *Journal of Experimental Social Psychology*, 41, S. 220–239.

Gilovich, T. (1981). Seeing the past in the present: The effect of associations of familiar events on judgment and decision. In: *Journal of Personality and Social Psychology*, 40, 797–808.

Higgins, E. T., Rholes, W. S., und Jones, C. R. (1977). Category accessibility and impression formation. In: *Journal of Experimental Social Psychology*, 13, S. 141–154.

Lepore, L., und Brown, R. (1997). Category and stereotype activation: Is prejudice inevitable? In: *Journal of Personality and Social Psychology*, 72, S. 275–287.

Levy, B. (1996). Improving memory in old age through implicit self-stereotyping. *Journal of Personality and Social Psychology*, 71, S. 1092–1107.

Meyer, D. E., und Schvaneveldt, R. W. (1971). Facilitation in recognizing pairs of words: Evidence of a dependence between retrieval operations. In: *Journal of Experimental Psychology*, 90, S. 227–234.

Mußweiler, T., und Förster, J. (2000). The sex ⊠ aggression link: A perception–behavior dissociation. In: *Journal of Personality and Social Psychology*, 79, S. 507–520.

Srull, T. K., und Wyer, R. S., Jr. (1980). Category accessibility and social perception: Some implications for the study of person memory and interpersonal judgments. In: *Journal of Personality and Social Psychology*, 38, S. 841–856.

Wittenbrink, B., Gist, P.L., Hilton, J. L. (1997). Structural properties of stereotypic knowledge and their influences on the construal of social situations. In: *Journal of Personality and Social Psychology*, 72, S. 526–543.

Wittenbrink, B., Judd, C. M., Park, B. (1997). Evidence for racial prejudice at the implicit level and its relationship with questionnaire measures. In: *Journal of Personality and Social Psychology*, 72, S. 262–274.

Kapitel 4

Bargh, J. A., Chen, M., und Burrows, L. (1996). Automaticity of social behaviour: Direct effects of trait construct and stereotype activation on action. In: *Journal of Personality and Social Psychology*, 71, S. 230–244.

Brewer, M. B. (1997). On the social origins of human nature. In: C. McGarty und S. A. Haslam (Hg.), *The message of social psychology: Perspectives on mind in society* (S. 54–62). Cambridge, MA: Blackwell.

Cesario, J., Plaks, J. E., und Higgins, E. T. (2006). Automatic social behavior as motivation preparation to interact. In: *Journal of Personality and Social Psychology*, 90, S. 893–910.

Chartrand, T. L., und Bargh, J. A. (1999). The chameleon effect: The perception–behavior link and social interaction. In: *Journal of Personality and Social Psychology*, 76, S. 893–910.

Cooper, J., und Cooper, G. (2002). Subliminal motivation: A story revisited. *Journal of Applied Social Psychology*, 32, S. 2213–2227.

Correll, J., Park, B., Judd, C. M., und Wittenbrink, B. (2002). The police officer's dilemma: Using ethnicity to disambiguate potentially threatening individuals. In: *Journal of Personality and Social Psychology*, 83, S. 1314–1329.

Dijksterhuis, A., und van Knippenberg, A. (1998). The relation between perception and behavior, or how to win a game of trivial pursuit. In: *Journal of Personality and Social Psychology*, 74, S. 865–877.

Ellemers, N., Wilke, H., und van Knippenberg, A. (1993). Effects of the legitimacy of low group or individual status on individual and collective identity enhancement strategies. *Journal of Personality and Social Psychology*, 64, S. 766–778.

Epstude, K. und Förster, J. (2006). *The unconscious adaptation of social norms*. Manuskript, University of Illinois.

Fein, S., und Spencer, S. J. (1997). Prejudice as self-image maintenance: Affirming the self through derogating others. *Journal of Personality and Social Psychology*, 73, S. 31–44.

Förster, J. und Denzler, M. (im Druck). Die Theorie des regulatorischen Fokus. In: V. Brandstätter und J. Otto (Hg.), *Handbuch der Psychologie, Band »Motivation und Emotion«*. Berlin: Hogrefe.

Förster, J., Friedman, R., Butterbach, E. M., und Sassenberg, K. (2005). Automatic effects of deviancy cues on creative cognition. In: *European Journal of Social Psychology*, 35, S. 345–360.

Förster, J., Higgins, E. T. und Strack, F. (2000). When stereotype disconfirmation is personal threat: How prejudice and prevention focus moderates incongruency effects. In: *Social Cognition*, 18, S. 178–197.

Förster, J., Higgins, E. T., und Werth, L. (2004). Threat of stereotype disconfirmation: Motivational antecedents and cognitive consequences. In: *Social Cognition*, 22, S. 54–74.

Goldin, C., und Cecilia R. (2000). Orchestrating impartiality: the impact of »blind« auditions on female musicians. In: *American Economic Review*.

Greenwald, A. G., Oakes, M. A., und Hoffman, H. (2003). Targets of Discrimination: Effects of Race on Responses to Weapons Holders. In: *Journal of Experimental Social Psychology*, 39, S. 399–405.

Hogg, M. A. (2000). Subjective uncertainty reduction through self-categorization: A motivational theory of social identity processes. In: *European Review of Social Psychology*, 11, S. 223–55.

Krueger, J. (2000). The projective perception of the social world: A building block of social comparison processes. In: J. Suls und L. Wheeler (Hg.), *Handbook of social comparison: Theory and research* (S. 323–351). New York: Kluwer Academic/Plenum Publishers.

Platz, S. J., und Hosch, H. M. (1988). Cross-racial/ethnic eyewitness identification: A field study. In: *Journal of Applied Social Psychology*, 18, S. 972–984.

Prinz, W. (1990). A common coding approach to perception and action. In: O. Neumann und W. Prinz (Hg.), *Relationships between perception and action* (S. 167–201). Berlin: Springer.

Mummendey, A. (1995). Positive distinctiveness and social discrimination: An old couple living in divorce. In: *European Journal of Social Psychology*, 25, S. 657–670.

Mummendey, A., und Wenzel, M. (1999). Social discrimination and tolerance in intergroup relations: Reactions to intergroup difference. In: *Personality and Social Psychology Review*, 3, S. 158–174.

Otten, S. (2002). »Me and us« or »us and them«? The self as a heuristic for defining minimal ingroups. In: *European Review of Social Psychology*, 13, S. 1–33.

Otten, S., und Wentura, D. (1999). About the impact of automaticity in the minimal group paradigm: Evidence from affective priming tasks. In: *European Journal of Social Psychology*, 29, S. 1049–1071.

Rudman, L. A., und Fairchild, K. (2004). Reactions to counterstereotypic behavior: The role of backlash in cultural stereotype maintenance. In: *Journal of Personality and Social Psychology*, 87, S. 157–176.

Sassenberg, K., Kessler, T., und Mummendey, A. (2003). Less negative = more positive? Social discrimination as avoidance or approach. In: *Journal of Experimental Social Psychology*, 39, S. 48–58.

Schein, V. E., Mueller, R., Lituchy, T., und Liu, J. (1996). Think manager – think male: A global phenomenon? In: *Journal of Organizational Behavior*, 17, S. 33–41.

Shah, J. Y., Brazy, P. C., und Higgins, E. T. (2004). Promoting us or preventing them: Regulatory focus and manifestations of intergoup bias. In: *Personality and Social Psychology Bulletin*, 30, S. 433–446.

Sherif, M., Harvey, O., White, J., Hood, W., und Sherif, C. (1961). *Intergroup conflict and cooperation: The robber's cave experiment*. Norman: University of Oklahoma, Institute of Intergroup Relations.

Tajfel, H. (1978). *Differentiation between social groups: Studies in the social psychology of intergroup relations*. London: Academic Press.

Tajfel, H., Billig, M. G., Bundy, R. P., und Flament, C. (1971). Social categorization and intergroup behaviour. In: *European Journal of Social Psychology*, 1, S. 149–178.

Kapitel 5

Arendt, H. (1986). *Eichmann in Jerusalem. Ein Bericht von der Banalität des Bösen*. München: Piper.

Kant, I. (1787). *Kritik der reinen Vernunft*. Reclam.

Kelly, G. A. (1986). *Die Psychologie der persönlichen Konstrukte*. Paderborn: Junfermannsche Verlagsgesellschaft

Lewin, K. und Graumann, K. F. (1982). *Kurt Lewin Werkausgabe, Bd.4, Feldtheorie*, Stuttgart: Klett.

Ustinov, P. (2005). *Achtung! Vorurteile*. Nach Gesprächen mit Harald Wieser und Jürgen Ritte. Reinbeck: Rowohlt.

Wilson, Timothy D., Hull, Jay G. und Johnson, Jim (1981). Awareness and self-perception: Verbal reports on internal states. In: *Journal of Personality and Social Psychology*, 40, S. 53–71.

Kapitel 6

Abrams, D., Viki, G. T., Masser, B., und Bohner, G. (2003). Perceptions of stranger and acquaintance rape: The role of benevolent and hostile sexism in victim blame and rape proclivity. In: *Journal of Personality and Social Psychology*, 84, S. 111–125.

Adorno, T. W., Frenkel-Brunswik, E. F., Levinson, D. J., und Sanford, R. N. (1950). *The authoritarian personality*. New York: Harper & Brothers.

Altemeyer, B. (1988). *Enemies of Freedom: Understanding right-wing authoritarianism*. San Francisco, CA: Jossey-Bass Publishers

Altemeyer, B. (1996). *The authoritarian spectre*. Cambridge, MA: Harvard University Press.

Baumeister, R. F., Smart, L., und Boden, J. M. (1996). Relation of threatened egotism to violence and aggression: The dark side of high self-esteem. In: *Psychological Review*, 103, S. 5–33.

Crocker, J., und Luthanen, R. (1990). Collective self-esteem and ingroup bias. In: *Journal of Personality and Social Psychology*, 58, 60–67.

Fazio, R. H., Sanbonmatsu, D. M., Powell, M. C., und Kardes, F. R. (1986). On the automatic activation of attitudes. In: *Journal of Personality and Social Psychology*, 50, S. 229–238.

Freud, S. (1901). *Zur Psychopathologie des Alltagslebens*. Frankfurt am Main: Fischer

Fiedler, K., und Bluemke, M. (2005). Faking the IAT: Aided and unaided response control on the Implicit Association Test. In: *Basic and Applied Social Psychology*, 27, S. 307–316.

Greenberg, J., Pyszczynski, T., und Solomon, S. (1986). The causes and consequences of a need for self-esteem: A terror management theory. In: R. F. Baumeister (Hg.), *Public self and private self* (S. 189–212). New York: Springer-Verlag.

Glick, P., und Fiske, S. T. (2001). An ambivalent alliance: Hostile and benevolent sexism as complementary justifications for gender inequality. In: *American Psychologist*, 56, S. 109–118.

Jost, J. T., Glaser, J., Kruglanski, A. W., und Sulloway, F. J. (2003). Political conservatism as motivated social cognition. In: *Psychological Bulletin*, 129, S. 339–375.

Kemmelmeier, M. (1997). Need for closure and political orientation among German university students. In: *Journal of Social Psychology*, 137, S. 787–789.

Kühnen, U., Schießl, M., Bauer, N., Paulig, N., Poehlmann, C., und Schmidthals, K. (2001). How robust is the IAT? Measuring and manipulating implicit attitudes of East- and West-Germans. In: *Zeitschrift für Experimentelle Psychologie*, 48, S. 135–144.

Kruglanski, A. W., und Webster, D. M. (1996). Motivated closing of the mind: »Seizing« and »freezing.« In: *Psychological Review*, 103, S. 263–283.

Lavine, H., Lodge, M., Policak, J., und Taber, C. (2002). Explicating the Black Box through Experimentation: Studies of Authoritarianism and Threat. In: *Political Analysis* 10(4), S. 343–361.

McConahay, J. B. (1986). Modern racism, ambivalence, and the modern racism scale. In: J. F. Dovidio und S. L. Gaertner (Hg.), *Prejudice, discrimination, and racism* (S. 91–125). Orlando, FL: Academic Press.

Neumann, R., Ebert, M., Gabel, B., Gülsdorff, J., Krannich, H., Lauterbach, C., und Wiedl, K. (1998). Vorurteile zwischen Bayern und Norddeutschen: Eine neue Methode zur Erfassung evaluativer Assoziationen in Vorurteilen. In: *Zeitschrift für experimentelle Psychologie*, 45, S. 99–108.

Pyszczynski, T., Solomon, S., und Greenberg, J. (2003). *In the wake of 9/11: The psychology of terror*. Washington, DC: American Psychological Association.

Sidanius, J., und Pratto, F. (1999). *Social dominance: An intergroup theory of social hierarchy and oppression*. Cambridge, UK: Cambridge University Press

Swim, J. K., Aikin, K. J., Hall, W. S., und Hunter, B. A. (1995). Sexism and racism: Old-fashioned and modern prejudices. In: *Journal of Personality and Social Psychology*, 68, S. 199–214.

Kapitel 7

Aronson, E., und Patnoe, S. (1997). *The jigsaw classroom* (2. Auflage.). New York: Longman.

Crosby, F., Clayton, S., Alksnis, O., und Hemker, K. (1986). Cognitive biases in the perception of discrimination: The importance of format. In: *Sex Roles*, 14, S. 637–646.

Crosby, F. J., Clayton, S., Downing, R. A., und Iyer, A. (2003). Affirmative action: Psychological data and the policy debates. In: *American Psychologist*, 58, S. 93–115.

Crosby, F. J., und Herzberger, S. D. (1996). For affirmative action. In: R. F. Tomasson, F. J. Crosby und S. D. Herzberger, *Affirmative action: The pros and cons of policy and practice* (S. 5–109). Washington, DC: American University Press.

Förster, J., und Liberman, N. (2001). The role of attribution of motivation in producing post-suppressional rebound. In: *Journal of Personality and Social Psychology*, 81, S. 377–390.

Förster, J., und Liberman, N. (2005). A motivational model of post-suppressional rebound. In: *European Review of Social Psychology*, 15, S. 1–32.

Heilman, M. E., und Blader, S. L. (2001). Assuming preferential selection when the admissions policy is unknown: The effects of gender rarity. In: *Journal of Applied Psychology*, 86, S. 188–193.

Kawakami, K., Dovidio, J. F., Moll, J., Hermsen, S., und Russin, A. (2000). Just say no (to stereotyping): Effects of training in the negation of stereotypic associations on stereotype activation. In: *Journal of Personality and Social Psychology*, 78, S. 871–888.

Kessler, T., und Mummendey, A. (2001). Is there any scapegoat around? Determinants of intergroup conflicts at different categorization levels. In: *Journal of Personality and Social Psychology*, 81, S. 1090–1102.

Liberman, N., und Förster, J. (2000). Expression after suppression: A motivational explanation of post-suppressional rebound. In: *Journal of Personality and Social Psychology*, 79, S. 190–203.

Monteith, M. J., Spicer, C. V., und Tooman, J. D. (1998). Consequences of stereotype suppression: Stereotypes on and not on the rebound. In: *Journal of Experimental Social Psychology*, 34, S. 355–377.

Pettigrew, T. F., und Tropp, L. R. (2006). A meta-analytic test of intergroup contact theory. In: *Journal of Personality and Social Psychology*, 90, S. 751–783.

Rudman, L. A., Ashmore, R. D., und Gary, M. L. (2001). »Unlearning« automatic biases: The malleability of implicit prejudice and stereotypes. In: *Journal of Personality and Social Psychology*, 81, S. 856–868.

Schiappa, E., Allen, M., und Gregg, P. B. (im Druck). »Parasocial Relationships and Television: A Meta-Analysis of the Effects.« In: R. Preiss, B. Gayle, N. Burrell, M. Allen und J. Bryant (Hg.), *Mass media research: Advances through meta-analysis*. Mahwah, NJ: Lawrence Erlbaum.

Strack, F. (1992). The different routes to social judgments: Experiential versus informational strategies. In: L. L. Martin und A. Tesser (Hg.), *The construction of social judgments* (S. 249–275). Hillsdale, NJ: Erlbaum.

Strack, F., und Deutsch, R. (2004). Reflective and impulsive determinants of human behavior. In: *Personality and Social Psychology Review*, 8, S. 220–247.

Strack, F., und Hannover, B. (1996). Awareness of influence as a precondition for implementing correctional goals. In: P. M. Gollwitzer und J. A. Bargh (Hg.), *The psychology of action: Linking cognition and motivation to behavior* (S. 579–596). New York: Guilford Press.

Waldzus, S., und Mummendey, A. (2004). Inclusion in a superordinate category, in-group prototypicality, and attitudes towards out-groups. In: *Journal of Experimental Social Psychology*, 40, S. 466–477.

Wegner, D. M., Schneider, D. J., Carter, S., und White, L. (1987). Paradoxical effects of thought suppression. In: *Journal of Personality and Social Psychology*, 53, S. 5–13.

Kapitel 8

Bodenhausen G. V. (1990). Stereotypes as judgmental heuristics: evidence of circadian variations in discrimination. In: *Psychological Science 1*, S. 319–322.

Fiske, S. T., und Taylor, S. E. (1991). *Social Cognition*. New York: McGrawHill.

Für alle, die nicht paranoid sind, aber trotzdem verfolgt werden

Dennis DiClaudio
Der kleine Neurotiker
Lexikon für Verrückte
und solche, die es werden wollen
208 Seiten, gebunden
ISBN 978-3-421-04324-5

»Ein anregendes Kompendium, das uns die neurotische Bandbreite spielerisch vor Augen führt. Es zeigt, wer wir sind, mit all unseren Macken, auch wenn diese in ihrer Bedrohlichkeit natürlich ganz unterschiedliche Ausmaße annehmen. Wer sich gerne kompromisslos seinen Schrullen widmet, der wird mit diesem Buch sehr viel Spaß haben.«

Frankfurter Allgemeine Zeitung

www.dva.de